检察调研与指导

2024年第3辑（总第50辑）

主办 / 最高人民检察院法律政策研究室
中国检察出版社

主编 / 高景峰

中国检察出版社

图书在版编目（CIP）数据

检察调研与指导. 2024 年. 第 3 辑 ：总第 50 辑 / 高景峰主编. -- 北京：中国检察出版社，2024. 12.
ISBN 978 - 7 - 5102 - 3148 - 3

Ⅰ. D926. 304 - 53

中国国家版本馆 CIP 数据核字第 2024FX1165 号

检察调研与指导（2024 年第 3 辑）

高景峰　主编

责任编辑：钟　鉴
技术编辑：王英英
美术编辑：徐嘉武

出版发行：中国检察出版社
社　　址：北京市石景山区香山南路 109 号（100144）
网　　址：中国检察出版社（www. zgjccbs. com）
编辑电话：（010）86423786
发行电话：（010）86423726　86423727　86423728
（010）86423730　86423732
经　　销：新华书店
印　　刷：河北宝昌佳彩印刷有限公司
开　　本：787 mm × 1092 mm　16 开
印　　张：15. 5
字　　数：247 千字
版　　次：2024 年 12 月第一版　　2024 年 12 月第一次印刷
书　　号：ISBN 978 - 7 - 5102 - 3148 - 3
定　　价：60. 00 元

目录 CONTENTS

·实务研究·

· 案例剖析 ·

"枫桥法则"赋能社会治理检察建议高质效发展的路径探析

——以Z省H市检察实践为观察范式

杭州市人民检察院课题组*

20世纪60年代初，群众依靠自身智慧，在实践中摸索出了治理能力与治理谱系相辅相成的"枫桥经验"，而历史演进后的新时代"枫桥经验"仍与现代化社会治理高度契合。在以检察工作现代化服务中国式现代化历史新征程上，通过主动监督"如我在诉"精准定位风险漏洞、依法履职"置身其中"显著提升社会治理效能、综合施策"直达肌理"有力实现标本兼治，更是呼应新时代"枫桥经验"再出发、锻造法治初心和彰显司法权威的检察之为。

一、从自治到法治："枫桥经验"与社会治理检察建议的价值契合

"枫桥经验"的基层社会治理方式是自治、法治、德治相结合，其中

* 课题组负责人：史笑晓，浙江省杭州市人民检察院检察委员会专职委员、法律政策研究室主任，全国检察机关调研骨干人才。课题组成员：陈诚，浙江省杭州市人民检察院法律政策研究室四级高级检察官，南京师范大学博士研究生；谢凯，浙江省杭州市桐庐县人民检察院第六检察部主任，全省检察理论研究人才；马天歌，浙江省建德市人民检察院办公室副主任；常馨月，浙江省建德市人民检察院第一检察部四级检察官助理；朱雨稼，华东政法大学刑事司法专业研究生。

自治也要引入法治轨道，做到依法自治。[①] 检察机关作为国家法律监督机关，肩负引导和维护基层依法自治之责，如何在落实检察建议制度发展“枫桥经验”过程中寻找价值源头与契合点，切实在“现代化之治”中发挥出“治本之策”“利民之事”“法治之维”的重要作用，系当下检察机关的政治“必修课”和业务“必答题”。

（一）新时代“枫桥经验”催生检察履职嵌入经济社会治理大局

党的二十大报告强调，“在社会基层坚持和发展新时代‘枫桥经验’，完善正确处理新形势下人民内部矛盾机制”“健全共建共治共享的社会治理制度，提升社会治理效能”。于检察机关而言，当锚定检察权能属性，紧扣时代定位，探寻检察建议与“枫桥经验”的内生逻辑。第一，从检察机关政治定位看，其与“枫桥经验”一脉相承。“枫桥经验”的形成、实践和创新发展始终是在党的领导下进行的。检察机关是党全面领导、绝对领导下的政法机关。从政治上着眼，牢牢把握新时代“枫桥经验”的本质和内核，将社会治理检察建议植入高质量发展协同推进中国式现代化建设大局，是检察机关义不容辞的政治责任。第二，从法律监督机关的权能定位看，其与“枫桥经验”共生共进。新时代“枫桥经验”具有法治理念、法治思维、法治方式为基本内涵的法治品格。[②] 人民检察院是国家法律监督机关，[③] 必须把“高质效办好每一个案件”作为新时代检察工作的基本价值追求，以制度机制建设为载体，加强对“枫桥经验”的总结提炼，增强法律监督刚性与韧劲，从而充分释放检察机关在法治监督体系中的聚合、联结、共赢效应。[④] 第三，从社会治理演进的趋势看，“枫桥经验”的实质内涵与时代变迁、社会进步同频共振。在治理的结构特征上，为克服

---

① 中国法学会“枫桥经验”理论总结和经验提升课题组：《“枫桥经验”的理论构建》，法律出版社 2018 年版，第 42 页。

② 张文显：《习近平社会治理思想引领“枫桥经验”创新发展》，载《国家检察官学院学报》2019 年第 3 期。

③ 应勇：《坚持以习近平法治思想为指引　加强中国特色社会主义检察理论研究》，载《人民检察》2023 年第 13 期。

④ 叶伟忠：《深悟“高质效办案”价值意蕴　创新监督力提升路径》，载《检察日报》2023 年 6 月 26 日。

传统法律刚性规制的低效与不足，[①] 提升社会治理效能必将形塑法治、德治、自治相结合的体系化结构。对检察机关而言，亟须创新和发展新时代“枫桥经验”，在办案中带着规范的“显微镜”，仔细分辨隐遁案件背后的普遍性、倾向性问题，通过制发社会治理检察建议，推动有关职责主体建章立制、加强监管、改进工作。

（二）新时代“枫桥经验”驱动“四大检察”高质效融合发展

“四大检察”融合发展是推进检察工作现代化的动力前驱，是中国特色社会主义检察制度的优势标识。新时代“枫桥经验”所孕育的源头治理目标之达成，社会和谐状态之实现，端赖“四大检察”高质效融合展现新作为、新气象、新担当。首先，“枫桥经验”内蕴“捕人少、治安好”的谦抑慎刑思想，契合刑事检察轻微犯罪治理的刚性功能期待。轻微犯罪治理已成为关乎国家长治久安与人民幸福安康的新时代议题。检察机关办理轻微犯罪案件，要扎实做好办案的“后半篇文章”，通过制发社会治理检察建议、开展普法警示教育等，推动治已病与治未病有机结合，促进社会内生稳定，涵养社会治理法治化水平。其次，“枫桥经验”社会和谐之价值内核，契合民事检察为民安民惠民工作主轴。民事检察工作要深挖监督线索，积极探索以数字化方式推动落实“个案办理—类案监督—社会治理”的检察建议办理机制，及时发现、深度剖析案件中折射出的民生领域社会治理风险点位，助力实现“办一案、牵一串、治一片”，从源头上消除矛盾纠纷发生，从根本上减轻当事人诉累。再次，“枫桥经验”“矛盾不上交、小事不出村、大事不出镇”的矛盾化解理念，对以“穿透式”监督做实行政检察具有点睛示范意义。随着法治观念深入人心，涉及农村土地权益、城镇房屋拆迁、生态环境保护等行政纠纷问题大幅增加，亟待找准“病灶”实现源头治理。检察机关以社会治理检察建议为抓手，从个案办理向社会治理延伸，义正词严讲清“法理”，循循善诱讲明“事理”，感同身受讲透“情理”，寻根源解心结，有效破解行政诉讼程序“空转”等顽疾，努力构建“政通人和”的社会秩序。最后，“枫桥经验”“以人民为中心”之核心元素，与增益社会公众福祉的公益诉讼不谋而合。“枫桥

---

① 汪世荣：《“枫桥经验”视野下的基层社会治理制度供给研究》，载《中国法学》2018 年第 6 期。

经验”以人民幸福为本体。作为公共利益的忠诚捍卫者，检察机关充分发挥公益诉讼检察制度效能，在社会治理检察建议的落实上做文章、在推动建章立制上花心思，切实以“我管”促“都管”，推动“一案一事整改”向“一类问题治理”拓展，实现从“治标”向“治本”升级。

二、从法则到实践：“枫桥经验”引领下社会治理检察建议的现实图景

新时代“枫桥经验”正在完成从预防化解矛盾向基层社会治理的转变与拓展，为检察机关参与社会治理廓清理论迷雾，提供实践镜鉴。2022 年 1 月至 2024 年 6 月，H 市检察机关针对履职中发现的问题，在公共安全、社会公共利益等方面共制发社会治理检察建议 155 件，在“高质效办好每一个案件”中，因地制宜、因案施策，以高层次的综合治理促进更高水平的社会治理。

（一）时代面向：经济社会发展助推与保障

新时代“枫桥经验”扎根城乡基层，提出了“靠富裕群众减少矛盾、靠组织群众预防矛盾、靠服务群众化解矛盾”①。检察机关深刻领会“枫桥经验”民安物阜的丰富内涵，运用好社会治理检察建议“正和博弈”杠杆作用，为社会治理现代化注入强劲法治动能。一是筑牢金融经济安全底座。H 市检察机关以社会治理检察建议为载体，强化数字经济安全风险防控的法治举措，服务保障杭州高水平重塑全国数字经济第一城。例如，H 市院办理的一起盗窃案中，针对总结发现的网络套现犯罪新情况和第三方支付风险防控薄弱点，向第三方支付网络技术有限公司制发社会治理检察建议。二是促推民营企业治理完善。坚持和发展新时代“枫桥经验”，就必须回答好如何将其转化为“枫桥经济”的问题。置身于“民营经济之都”的 H 市检察机关，发挥了社会治理检察建议“营造一流法治化营商环境，护航企业健康发展”的刚性成效。例如，在某公司被侵犯著作权一案中，H 市院向该公司制发社会治理检察建议，提出完善和加强软件源代

① 谌洪果：《“枫桥经验”与中国特色的法治生成模式》，载《法律科学（西北政法大学学报）》2009 年第 1 期。

码等重要商业秘密存储管理、安装全套安保系统等整改措施，体系化保护信息安全和商业秘密。

（二）周延互动：转型社会风险化解与消弭

新时代“枫桥经验”从过去的化解矛盾纠纷、维护社会稳定，到今天的“矛盾不上交、平安不出事、服务不缺位”，拓展应用至经济、政治、文化、社会、生态等各领域的安全风险预防化解。当前中国社会正处于转型期，可以说，社会治理检察建议便是检察“反思现代性”[①] 最为具象、直观的权能。一是推动知识产权纠纷化解。加强社会监督共治，对于打造知识产权保护链条，统筹协调、综合施策，形成知识产权保护合力具有重要作用。[②] 针对知识产权权利人民事赔偿维权困难等问题，H 市检察机关向区司法局制发社会治理检察建议并提出，共建知识产权刑事案件赔偿保证金提存公证协作机制，通过引导犯罪嫌疑人、被告人参与知识产权刑事案件赔偿保证金提存公证，保障后续权利人民事维权胜诉权益及时兑现，真正实现“案结事了人和”，消弭社会风险。二是消解生态环境污染风险。身处风险社会，检察机关需保持对潜在风险的警惕性，旨在制止可能对社会公共利益造成重大风险的污染环境、破坏生态行为。H 市检察机关针对第三方环境监测服务行业存在监测水平参差不齐、市场陷入低价恶性竞争等现象，向市场监督管理局制发检察建议，督促加强对环境监测机构服务质量的监督检查，强化追责惩处，开展专项整治，实现生态环境风险防范化解。

（三）协同赋权：公共利益代表与守护

新时代“枫桥经验”不仅重视个人权益保障，而且愈发强调对关乎人民福祉的社会公共利益的保护。社会治理检察建议是检察机关担当好“法律守护者”和“公益监护人”双重角色定位的重要利器。一是消除消防安全隐患。H 市检察机关针对消防技术有限公司出具虚假证明文件，消防技

---

① ［德］乌尔里希·贝克：《风险社会》，何博闻译，译林出版社 2004 年版，第 16—19 页。

② 陈为：《音乐短片作品小权利人批量诉讼维权模式研究》，载《人民司法》2021 年第 28 期。

术服务行业转包分包、“人图分离”、违规“挂证”等乱象，向区消防救援支队制发检察建议，对存在的监管漏洞进行说明，督促区消防救援支队依法履职、加强监督检查，强化问题导向和源头治理，为人民群众生命财产安全筑起检察“防火墙”。二是加强国有资产保护。养老保险金是重要的国有资产，随着养老金的社会化发放，“已去世人员领取养老金”现象时有发生，造成了社保基金的流失，进而影响到养老保险制度的安全运行。H市检察机关以办理的诈骗案件为切入点，深挖案件反映出的监管漏洞，并制发社会治理检察建议，精准全面打击虚报冒领贪污侵占养老金诈骗犯罪，以检察监督促养老金监管质效提升。

三、从具象到挑战：社会治理检察建议践行“枫桥经验”的现实壁障

处于新形势下的中国特色社会主义社会治理现代化，必须对治理“传导链”之上的治理对象、治理主体、治理效果所体现的社会失范现象进行反思。[①] 新时代检察机关在加快推进社会治理现代化的道路上，仍面临理念、格局、模式等方面的现实挑战。

（一）法治保障与“刚性落地”需互进

社会治理检察建议作为检察权的自然延伸，由于缺乏强制力做后盾，在实践中始终面临“软法”约束刚性不足的困扰。其一，社会治理检察建议是否为制发对象所采纳，很大程度上取决于被建议单位对建议内容的接受和认可程度。对被建议单位未采纳检察建议，或整改落实不到位的情形，被建议单位是否应该承担相应的不利后果，法律未进行明确。虽然相关规定提出，检察机关可以向被建议单位的上一级机关或者有关部门反映有关情况，但于检察机关而言，这种保障措施依然不可控。其二，由于跟踪回访和督促落实机制不够完备，检察机关对检察建议具体落实、治理效果等情况很难及时、准确掌握，建议回复的质量距良法善治的期待也仍有相当距离，导致社会治理检察建议的执行力度有限，无法直击“治理社会

---

① 张爱民：《新时代“枫桥经验”的理论逻辑及其示范性价值》，载《新视野》2021年第4期。

问题”的痛点，难以达成监督促进治理、社会矛盾化解的法治效果，与新时代“枫桥经验”法治化的价值诉求无法契合。

（二）治理转型与“数字赋能”需互通

晚近以来，网络技术在给社会带来扁平化、交互式、快捷性的同时，区域信息建设不平衡、人民群众相关知识缺乏的基层社会现状，导致了“数据鸿沟”“信息孤岛”现象的大量存在，[①] 新技术与传统治理手段未完全实现真正融合。一方面，社会治理检察建议的效能发挥高度依赖于社会治理数据的质和量。而检察机关与城市管理系统对社会治理数据的统盘、统管、统用尚未互联互通，影响检察机关数据运用和线索研判的能力，从而进一步阻碍对协同治理规律的认识和把握。另一方面，与现代技术相伴相生的海量信息供给，对治理理念实现由“传统”向“现代”的更新提出要求，而部分检察办案仍固步于消极“守夜人”的功能设定，怠于运用数据驱动、人机协同等信息手段，检察机关与治理主体、治理对象之间的联通互动仍困于传统理念。

（三）监督理念与“共建共治共享”需互促

检察机关践行新时代“枫桥经验”离不开多元主体的和衷共济，需要党委政府科学判断、精准施策以及社会力量和人民群众积极动员、广泛参与。[②] 然而，目前社会治理检察建议推动形成社会治理共同体的作用发挥仍受不少因素的制约。其一，在检察建议质量本身难以量化的情况下，社会治理检察建议分析往往就事论事、就案论案，缺乏由点及面、由现象到本质的论证，理论深度难以升维，因而也未能够通过理论上的归纳总结，推动党委、政府出台相关领域的规范性文件，促进同类问题在更大范围内进一步深入整治。[③] 其二，邀请人大代表、政协委员、媒体、法学专家等

---

① 李芳、师英强：《新时代“枫桥经验”融入基层社会治理的现实困境及创新路径》，载《新西部》2023 年第 4 期。

② 王斌通：《新时代“枫桥经验”与矛盾纠纷源头治理的法治化》，载《行政管理改革》2021 年第 12 期。

③ 王林、王柏洪：《社会治理类检察建议的权力边界及规范化》，载《广西大学学报（哲学社会科学版）》2021 年第 2 期。

第三方主体参与检察建议的制发过程，可以提供客观性、中立性的建议整改意见，也能强化社会治理检察建议的公正公信力，进而贴合社会整体价值取向，但目前检察建议的制发过程仍处于相对封闭的状态，社会参与程度不深。

四、从传承到转型：高质效社会治理检察建议的未来向度

“枫桥经验”在检察系统的应用，不在于将检察机关塑造为基层社会治理中单一的调解机构，而是将两者有机结合，在检察职能法定范围和法定职权方式基础上的体制机制优化。[①] 以此为基准，将“枫桥经验”内核融贯社会治理检察建议，不仅是“枫桥”理想的再宣示，也是法律监督现代化的题中之义和现实表达。

（一）“法治”向度：自筑社会治理检察建议规范化藩篱

检察机关以检察建议为抓手，融入基层社会治理，亦需锚定法治化轨道，以规范化促推过硬质量、形塑刚性内核。第一，觅求内在衡平，实现质效自洽。社会治理检察建议意在“治已病，防未病”，故而始终要坚持问题导向，统筹好“有质量的数量”与“有数量的质量”之间的辩证关系。换言之，一定数量的社会治理检察建议虽能够体现出检察机关的履职担当，但忽视质量则容易出现滥竽充数、有损权威等问题。制发社会治理检察建议“在精不在多”，要回归必要性原则，坚决杜绝“凑数发”“为发而发”。第二，锻造独立品格，遵循案件化思维。检察机关提出检察建议权是行使法律监督权的体现，必须依照宪法的原则和法律规定的程序进行，其主体、程序、行为、后果都要符合法律的规范性要求。为此，亦需推动社会治理检察建议案件化办理。案件化是司法权运行的基础原理，是检察建议工作规范化的根本保障。故而，要求构建起统一、完整的办案流程，划分线索受理、立案、调查核实、制发建议、督促落实、结案归档等

① 曹化、诸春燕、金渊：《社会治理视域下“枫桥经验”的检察植入》，载《上海法学研究》集刊2022年第14卷。

重要节点。[①] 第三，超脱预设对立，达至共识真理。社会治理检察建议正式发出之前，前端需要强化调查核实，通过详细查阅相关证据材料、实地走访等途径，对制发检察建议的可行性进行充分的调研论证[②]；中端需要加强审核把关，除三级审核、法律政策研究部门审核外，亦可借助检察官联席会议、检察委员会、检察听证等载体，抑或健全完善专家咨询论证机制，[③] 通过内外并举，确保建议精准；末端需要主动听取被建议单位意见，以协商方式优化整改对策，确保既不“强人所难”又不“流于形式”。通过前中末全流程履职，从事实、法律和理论三个层面提升检察建议的说服力，助推刚性落地。

（二）“智治”向度：擘画社会治理检察建议数字化蓝图

随着信息革命的到来，虚实交融打破了物理时空，一体化平台突破了地域层级，数据可视超越了经验理性，从而形成了以信息为中枢的数智治理。[④] 与此同时，检察建议亦应紧跟数字化浪潮，一体架构基层治理现代化的多维路径。其一，探索研发社会治理检察建议智能辅助系统。线索发现环节，加快与相关职能部门行政执法数据库的联通融通，一并积蓄数据池，开发数据抓取、智能分析、自动推送等功能，确保线索及时、高效发现。调查取证环节，如针对同一类公益诉讼案件中发现的有关单位存在的普遍性、倾向性问题，可通过数字化手段固定证据。制发建议环节，依托智能辅助办案系统，实现证据比对、事实认定、法条检索、文书生成等方面智能化处理。[⑤] 其二，深化运用枫桥式检察 e 站。H 市检察机关坚持以“枫桥经验”赋能基层治理，迭代检察室基层治理职能，同步研发枫桥式检察 e 站，双线并举扩大基层智治成效。由此，亦为社会治理检察建议问

---

① 黄文艺、魏鹏：《国家治理现代化视野下检察建议制度研究》，载《社会科学战线》2020 年第 11 期。

② 姜雨奇、葛路、陈杰文：《社会治理检察建议法治化的检视与建构》，载《中国检察官》2021 年第 15 期。

③ 邹云翔等：《社会治理检察建议的特征与运行机制》，载《人民检察》2021 年第 17 期。

④ 马长山：《数智治理的法治悖论》，载《东方法学》2022 年第 4 期。

⑤ 黄文艺、魏鹏：《国家治理现代化视野下检察建议制度研究》，载《社会科学战线》2020 年第 11 期。

题线索的发现、调查取证的联动、制发跟踪的协同提供了“强引擎”。其三，优化社会治理检察建议多方参与模式。设计开放性社会治理检察建议程序，构建开放性协商共识会议模式，以智库、智能化平台，凝聚共同意志，形成认同共识，推动建议精准性形成、系统化流转。[①] 同步助推研发细分领域的大数据法律监督模型，助力行业治理、源头治理。

（三）“善治”向度：优化社会治理检察建议闭环式流程

在当前社会面临重大变革下，“单靠硬法显然无法胜任全面实现法治目标的重任，法治目标的全面实现有赖于硬法与软法的优势互补，形成法治合力”。[②] 检察建议虽自带柔性，亦应以实实在在的成效，架构起基层治理闭环，也就是要实现从“办理”向“办复”转变。一要以持续治理破除静态终局旧思想。最高人民检察院应勇检察长强调，必须从“法定职责必须为”的高度加强认识。具体要立足检察实践“敢于制发”“善于制发”，树牢跟进监督理念，通过督促被监督对象的整改落实，实现双赢多赢共赢以及检察建议的司法价值，切实让被监督对象更深刻认识从“办理”到“办复”的政治意义、法律意义。[③] 二要以实质评价填补形式空洞。通过对社会治理检察建议办复情况进行定期通报等方式，推动被监督单位及时履职。同时，就整改成效，还可邀请人民监督员进行现场评议和监督，抑或委托第三方机构开展测评，确保评估的客观性和全面性。[④]

（四）“共治”向度：培塑社会治理检察建议协同式矩阵

新时代“枫桥经验”旨在深入贯彻党的群众路线，厚植党的执政基础，致力于打造“良法促善治、发展添活力”的社会治理新实践。从这个意义上说，亟待检察机关通过高质效履行监督职能，促进社会治理检察建

---

① 李立景：《协同赋权：新时代中国检察建议的范式转型与重构》，载《湖南社会科学》2020 年第 5 期。

② 罗豪才、宋功德：《认真对待软法——公域软法的一般理论及其中国实践》，载《中国法学》2006 年第 2 期。

③ 参见《推动检察建议从“办理”向“办复”转变》，载《检察日报》2023 年 8 月 14 日。

④ 范志飞：《检察建议从“办理”向“办复”转变的路径》，载最高人民检察院官网 2023 年 8 月 25 日，https：//www. spp. gov. cn/spp/llyj/202308/t20230825_626035. shtml。

议之刚性落实，综合治理及源头治理效果之呈现。其一，开拓法治命运共同体共生刚性。党委、人大、行政、司法、社会、舆论等监督中通过发现和创造监督重叠共识，增强监督合力。[①] 比如，紧扣《中共中央关于加强新时代检察机关法律监督工作的意见》等落地契机，借人大之力，健全完善代表建议与检察建议双转化机制，探索建立社会治理检察建议备案、督办或者联办机制，增强建议的权威性。其中对于被建议单位无正当理由拒不回复整改的可视情抄送人大备案，对于怠于整改落实的亦可视情提请人大进行督办。其二，叠加“四大检察”高质效融合原生优势。立足检察一体化，加强上下级检察机关的常态化联动，注重社会治理检察建议在不同层级的统计分析，形成行业、区域、年度等宏观、中观以及微观相结合的多维度、多梯次的检察建议矩阵，深度嵌入国家治理体系，形成协同共振效应。[②] 顺应“四大检察”全面协调充分融合发展，明确案管部门统筹线索管理，实现履职线索互移互通，合力挖掘社会治理堵点，系统研判检察建议“三性”，推动高质效协同履职。

---

① 李立景：《协同赋权：新时代中国检察建议的范式转型与重构》，载《湖南社会科学》2020 年第 5 期。

② 李立景：《协同赋权：新时代中国检察建议的范式转型与重构》，载《湖南社会科学》2020 年第 5 期。

基层检察机关社会治理检察建议“办复”的实践与展望

刘松茂　王　腾*

一、问题的提出

检察建议是检察机关履行法律监督职能的重要方式，也是检察机关参与社会治理、促进依法行政、维护司法公正的有效手段。2023 年 7 月，在全国大检察官研讨班上，最高人民检察院检察长应勇提出要充分发挥检察建议在督促纠正违法，推动社会治理、基层治理等方面的作用，推动检察建议从“办理”向“办复”转变。在全面推进现代化建设的背景下，切实发挥检察建议的作用，促进社会治理，对检察机关有效履行法律监督职能，在法治轨道上维护稳定、促进发展、保障善治具有重要意义。

2019 年 2 月，最高人民检察院公布的《人民检察院检察建议工作规定》，明确了检察建议的五种主要类型。[①] 社会治理检察建议作为检察建议的五种主要类型之一，是人民检察院在办理案件中发现的社会治理工作问

* 刘松茂，江苏省南京市玄武区人民检察院法律政策研究室负责人、一级检察官；王腾，南京航空航天大学人文与社会科学院助理教授、硕士生导师。

① 《人民检察院检察建议工作规定》第 5 条规定，检察建议主要包括以下类型：（1）再审检察建议；（2）纠正违法检察建议；（3）公益诉讼检察建议；（4）社会治理检察建议；（5）其他检察建议。

题，向有关单位和部门提出改进工作、完善治理的检察建议。[①] 与其他类型的检察建议不同，社会治理检察建议不受限于检察业务类型的束缚，加之其刚柔并济的特点，能有效地将“法律监督”和“社会治理”相结合，[②] 契合了当前“四大检察”全面充分协调发展的形势，对检察现代化建设和完善社会治理有着重要意义。然而，从实践来看，虽然各地检察机关在推动社会治理检察建议从“办理”到“办复”转变过程中进行了很多有益的实践探索，但仍然存在着调查核实薄弱，强制约束缺失等问题。这些问题制约着社会治理检察建议从“办理”到“办复”的有机转变。因此，如何有效地破解前述问题，就成为检察机关贯彻落实检察建议工作要求不容回避的现实问题。

有鉴于此，笔者立足于一线办案实践，以 2022 年至 2024 年 6 月 30 日 N 市 X 区检察院制发的社会治理检察建议为例，检视基层检察机关在贯彻落实最高人民检察院社会治理检察建议“办复”要求过程中存在的问题，希冀进一步完善社会治理检察建议的“治理”功能。

二、社会治理检察建议“办复”的基层实践及存在的问题

N 市 X 区检察院历来高度重视通过社会治理检察建议参与社会治理。2018 年曾通过制发检察建议，推动 N 市开展非急救转运社会化服务工作，助力 N 市非急救转运服务从无序扩张到高质量发展。《人民检察院检察建

① 《人民检察院检察建议工作规定》第 11 条规定，人民检察院在办理案件中发现社会治理工作存在下列情形之一的，可以向有关单位和部门提出改进工作、完善治理的检察建议：（1）涉案单位在预防违法犯罪方面制度不健全、不落实，管理不完善，存在违法犯罪隐患，需要及时消除的；（2）一定时期某类违法犯罪案件多发、频发，或者已发生的案件暴露出明显的管理监督漏洞，需要督促行业主管部门加强和改进管理监督工作的；（3）涉及一定群体的民间纠纷问题突出，可能导致发生群体性事件或者恶性案件，需要督促相关部门完善风险预警防范措施，加强调解疏导工作的；（4）相关单位或者部门不依法及时履行职责，致使个人或者组织合法权益受到损害或者存在损害危险，需要及时整改消除的；（5）需要给予有关涉案人员、责任人员或者组织行政处罚、政务处分、行业惩戒，或者需要追究有关责任人员的司法责任的；（6）其他需要提出检察建议的情形。

② 参见杨书文：《检察建议基本问题研究》，载《人民检察》2005 年第 9 期。

议工作规定》出台后，N 市 X 区检察院充分发挥法律政策研究室统管职责，积极组织干警学习检察建议工作要求，推动区委、区人大常委会等部门出台文件[①]支持检察建议工作等，不断提升社会治理检察建议的质量和刚性，推动从“办理”到“办复”转变，取得了一定的效果。2020 年至 2024 年 6 月 30 日，N 市 X 区检察院发出社会治理检察建议共 39 份，收到回复 39 份，到期回复率为 100%，实现了件件有回复。另外，有 5 份社会治理检察建议获评全市优秀检察建议，3 份入选全省《优秀社会治理类检察建议》专刊，无论是制发数量还是制发质量均位于 N 市前列。看到成效的同时，也应当看到当前社会治理检察建议的基本理念和内涵已经随着时代的发展而变化，逐步成为社会治理体系的重要组成部分。[②] 对社会治理检察建议工作的要求不仅仅要有回复，更要整改落实到位，看到实实在在的成效。与最高人民检察院的“办复”要求相比，当下基层检察院社会治理检察建议的“办复”实践仍然存在以下问题。

（一）调查核实薄弱导致文书内容格式化

在制发检察建议前，检察官应当对有关事项进行调查核实，确保事实

---

① 2022 年 1 月，N 市 X 区检察院推动区委出台《关于深入学习贯彻中共中央关于加强新时代检察机关法律监督工作意见的通知》，明确“各单位要增强自觉接受检察监督意识，抓好检察建议的整改和回复”“对无正当理由拒绝协助调查和接受监督的单位和个人，检察机关可以建议检察机关或者该单位的上级主管机关依法严肃处理，保障检察监督的刚性约束”；2022 年 6 月，N 市 X 区检察院推动区人大常委会出台《关于加强和规范检察建议工作的决议》，明确：针对检察建议指出的问题，被建议单位应当及时明确办理部门和责任人，通过组织专项检察，召开专题会议等形式查找问题根源，采取积极有效措施进行整改，并规定了对涉及事项社会影响大、群众关注度高、违法情形具有典型性的检察建议书，可以抄报区委、区人大常委会等；2023 年 8 月，N 市 X 区检察院推动区委政法委出台《关于加强党委政法委执法监督与检察机关法律监督衔接的工作意见》，规定：未在规定时间内书面回复或者无故不落实检察机关法律监督意见的、无正当理由对检察机关依法履职过程中的调查核实工作不予配合的，可以向党委政法委提出执法监督建议。

② 参见杜建伟、秘明杰、徐娜：《国家治理体系下检察建议研究》，载《安徽警官职业学院学报》2023 年第 1 期。

清楚准确。[①] 但实践中，调查核实环节是最薄弱的环节之一。由于缺少实实在在的调查，根本无法了解到问题的根源，导致提出的检察建议依据不准确、原因分析不到位，提出的整改举措过于笼统，无法对照整改。甚至部分制发的社会治理检察建议直接照搬其他检察建议内容。例如，建议“完善规章制度”“加强法治教育”，几乎所有发出的社会治理检察建议都涉及这两条。但具体应该如何完善规章制度，完善哪方面的规章制度，如何加强法治教育，因为调查核实并不充分，基本无法提供除上述宏观建议以外的其他建议。

1. 缺少调查核实程序

发出的39份社会治理检察建议，从检察长批准调查日期到调查结束日期，平均用时3.5天，如果扣除其中1个调查日期为2个月的，则平均用时2天，[②] 29份检察建议制发前没有进行除讯问犯罪嫌疑人之外的必要调查，而是根据案情直接推断。调查核实程序不被检察官重视的现象非常普遍，这主要是因为多数检察官认为该工作不是办案工作的一部分，而是办案工作之外的负担。缺少调查核实程序往往会导致承办检察官在撰写检察建议文书时，寻求参照类似检察建议内容，缺少对案件本身特殊性的考虑。

2. 调查核实措施单一

在实施了必要调查的9份检察建议中，均听取了被建议单位的意见，但仅有2份社会治理检察建议制发时，听取了行业协会人员意见，另有5份检察建议检察官进行了现场走访。但这与检察官可以采取的丰富的调查

① 《人民检察院检察建议工作规定》第13条规定，检察官在履行职责中发现有应当依照本规定提出检察建议情形的，应当报经检察长决定，对相关事项进行调查核实，做到事实清楚、准确。

② 部分制发的检察建议可能在确定要制发后，才进行案卡填录工作，启动调查时间与调查终结时间填录在1天，虽然该数据可能存在偏差，但平均调查时长与规定的2个月相差甚远，另外，依据工作经验，多数制发检察建议的承办人确实没有进行必要的调查。

核实措施①相比，仍然非常单一。由于缺少多方面的调查核实，承办检察官在分析问题产生的原因及提出对策时，很容易从自身的主观认识出发，无法抓住问题本质，提出的对策也很难具有针对性和可操作性。

3. 类案检察建议占比低

发出的39份社会治理检察建议，只有5份系类案检察建议，占比仅12.8%，呈现出重个案、轻类案的特点。社会治理检察建议并非业务部门考核的重点，对类案的调查整理难度也远远大于个案检察建议，承办检察官缺少对类案研究的时间、精力和动力。然而，重个案、轻类案背离了社会治理检察建议的目的，个案反映的问题可能并不具有普遍性，从个案出发分析会导致文书内容在社会治理角度深层次剖析不足。

4. 内部无力审核把关

司法改革后，多数人数偏少的基层检察机关没有单独设立法律政策研究室，很多人员只是兼职从事法律政策研究工作，没有足够的精力对检察建议的制发是否存在必要、内容是否合法、格式是否规范、说理是否充分、措施是否具有可操作性等内容进行审核把关。即使时间允许，从事法律政策研究工作的人员也难以承担此重任。社会治理检察建议涉及政治、经济、社会、文化等各个方面，法律政策研究室的人员没有参与调查核实，其实际掌握的资料也没有承办检察官全面。实际操作过程中，法律政策研究室更多的是从形式上进行审核，主要看文字表达是否通顺、有无明显错误的表述、相关法条有无引用错误、提出异议日期和回复日期是否有误等。

（二）制度执行不严导致强制约束形式化

作为柔性监督手段的社会治理检察建议，属于非诉讼的法律监督方式，其本身并无强制力，必须通过相应的制度保障来实现其刚性监督。当前有制度依据的可以提升其刚性的送达方式和“党委、人大、政府”多方

---

① 《人民检察院检察建议工作规定》第14条第1款规定，检察官可以采取以下措施进行调查核实：（1）查询、调取、复制相关证据材料；（2）向当事人、有关知情人员或者其他相关人员了解情况；（3）听取被建议单位意见；（4）咨询专业人员、相关部门或者行业协会等对专门问题的意见；（5）委托鉴定、评估、审计；（6）现场走访、查验；（7）查明事实所需要采取的其他措施。

联动均未实际发挥作用。缺乏必要的强制约束，导致社会治理检察建议，无法引起被建议单位足够重视，部分被建议单位对建议的内容进行引申，形成回复内容，并答复检察机关。从书面上看，被建议单位已全部采纳建议内容并整改，但实际上整个过程完全流于形式。

1. 缺少第三方人员监督

人大代表、政协委员、人民监督员、特约检察员等第三方人员均已经深度参与到检察机关的案件办理、公开听证、不起诉宣布等活动。社会治理检察建议作为检察机关参与社会治理的重要手段，第三方人员却很少参与其中。制发的39份社会治理检察建议中，仅有1份在调查核实阶段邀请了人大代表参与，有2份在现场宣告送达环节邀请了人大代表见证。第三方人员参与，既是对检察工作的监督，更是对检察工作的支持，可以对被建议单位形成一定的监督压力。

2. 多方联动尚未形成实效

近年来，N市X区陆续推动区委、区委政法委、区人大常委会出台支持检察建议工作的相关文件，但截至目前，这些文件尚未实际发挥作用。主要原因在于通过沟通和协商，被建议单位通常都会按时进行回复。但回复不等于“办复”，被建议单位是否依据检察建议的要求举一反三、深入整改缺乏多方联动的持续性监督机制。此外，启动程序不明、对接不畅、程序烦琐也是上述机制尚未发挥作用的原因之一。未曾实际发挥作用，就必然会降低检察建议的权威，势必影响被建议单位对建议的重视程度。

（三）督促落实不足导致问题整改过场化

督促落实工作是社会治理检察建议工作的难点和重点。在当前内卷的社会状态下，检察官更多的是忙于手头的更加紧迫的工作。对被建议单位的问题整改情况，缺少精力和手段进行督促落实，加之除送达检察建议时上门外，再无其他上门检查措施，被建议单位的整改动力随着时间的推移而大打折扣，整改过场化愈演愈烈。

1. 承办检察官将回复作为工作终结的标志

按照《人民检察院检察建议工作规定》第19条的要求，提出社会治理检察建议一般应当要求被建议单位自收到检察建议书之日起两个月内回复。但实践中部分承办检察官将回复作为检察建议工作终结的标志，认为只要收到回复就完成了所有任务，而非真正关注整改落实情况，导致承办检察官在送达检察建议与被建议单位沟通过程中，往往会催促被建议单位尽快回复，以至于有的单位在收到检察建议书后半个月便进行了回复，更有N市某区市场监管局等3家单位在收到检察建议书后3日内便进行了回复，其整改效果可想而知。“以回复作为工作终结的标志”的理念容易诱导被建议单位更加关注回复而非整改落实。

2. 对回复缺乏实质审核

经过几年的发展，N市X区未再出现接收检察建议书后不进行回复的现象，但回复的质量如何以及是否纸面回复、纸面采纳等，承办检察官并未进行过多的审核。只要在回复中写明采纳的情况以及采取的整改措施，至于被建议单位有无实际采取整改措施，以及整改措施效果如何，则在所不问。收到回复后，承办检察官便将回复归档，并认为已经收到回复且检察建议内容被采纳。缺乏实质审核客观上削弱了被建议单位进行实质整改的动力。

3. 缺少长期跟踪落实

在已经收到回复的39份社会治理检察建议中，仅有7份进行了跟踪落实，都是收到回复后一个月左右进行了回访座谈，并未采取其他措施，而且也只进行了一次回访，其余的32份社会治理检察建议在收到回复时便进行了案件终结。社会治理问题的整改往往是一个过程，这个过程通常会持续一段时间，整改效果的显现则需要更长的时间。不进行长期跟踪落实，既无法评估被建议单位整改的长期效果，也易使被建议单位的整改措施短期化、临时化、功利化。

三、对社会治理检察建议“办复”的展望

推动社会治理检察建议由“办理”到“办复”转变，全面提升社会治理效能，需要从文书内容实质化、强制约束实质化、督促落实实质化三方面进行不断完善，以期真正实现实质化“办复”。

（一）以深化调查核实提升文书内容实质化

社会治理检察建议是在办案过程中发现的社会治理问题而制发的检察建议，其目的是解决社会治理问题。解决问题的前提要了解问题，知道问题发生的原因以及解决问题的对策。只有经过深入调查核实，才能去伪存

真、由表及里，达到对问题本质的理性认识。对于检察建议的调查核实权行使得越充分，其后续的办理难度就越小。[①] 只有深度的调查核实才能对问题有深度了解和认识，这也是文书内容实质化的前提和重点。

1. 提升线索发现能力

“在办案中发现”是社会治理检察建议线索的唯一来源，然而一个案件反映出的问题，往往不会是整个问题的全貌，可能只是问题的一个方面或者一个部分，甚至仅仅是问题的一个线索。承办检察官需要对案件进行更加深入的思考，对线索进行分析、研判、筛选，揭开现象背后的“真问题”，筑牢文书内容实质化的基础。

2. 深度调查核实

深度的调查核实既可以让承办检察官深入问题本质，也为承办检察官提出针对性的对策建议提供更多的思路和指导。一是向涉案人员了解情况。虽然涉案问题可能只是一个社会治理问题的结果或者表象，但涉案人员是经历者，其对问题本身的描述会更加清楚，也更可能了解问题的本质。二是向案外知情人员了解情况。虽然涉案人员对问题更加熟悉，但现实中涉案人员往往会出于各种考虑，不愿意对相关问题进行实事求是的陈述，甚至进行虚假陈述，案外知情人员由于没有涉案，不涉及利害关系，更容易从其处获取真实情况。三是现场走访查验。现场走访查验可以为承办检察官提供最直观的认识，对于发现问题的症结有着不可替代的作用。承办检察官要带着相关问题进行现场走访查验，可以通过暗访和明访相结合进行。四是听取专业人员和被建议单位意见。社会治理检察建议，属于法律监督职权的扩大和延伸，涉及的范围较广、领域较宽，检察机关可能并不存在专业优势。[②] 社会治理检察建议涉及社会治理的方方面面，检察官不可能对所有方面均有深入研究。专业人员和被建议单位作为“专家智库”，可以帮助承办检察官了解问题的根本原因，并协助提出解决问题的针对性、可行性办法。即使是对于所依据的法律法规和规章制度，承办检察官也不应当以自己是法律专业人员而排斥咨询，防止出现因“实然”与“应然”的巨

① 参见刘加良：《检察公益诉讼调查核实权的规则优化》，载《政治与法律》2020年第10期。

② 参见黄文艺、魏鹏：《国家治理现代化视野下检察建议制度研究》，载《社会科学战线》2020年第11期。

大差别，导致“外行”建议“内行”现象的出现，产生负面效果。[①]

3. 加强对类案问题的研究

个案社会治理检察建议多以解决个别问题为目标，不利于发现一段时间或一个领域内具有的普遍问题。类案建议更有利于对社会热点、民生诉求等问题作出及时回应。[②] 类案建议才是社会治理检察建议的重点和目的，更有利于实现“办理一案，规范一片”的社会效果。同时，对类案发出的建议文书质量要求也会更高。对此，可由案件管理部门或者法律政策研究室牵头，定期对全院案件情况所折射的共性问题进行分析研判，形成类案社会治理检察建议线索，具体制发过程可由业务部门检察官完成。

4. 规范文书形式和说理

从形式上，检察建议书要做到要素齐全、格式正确、文字表达通顺流畅，统一以检察院名义制发，全院统一文号等。从内容上，检察建议书要强化说理性，对问题的分析要深入、独到，点出问题的本质，所提出的建议应当有相应的法律依据，针对性强，并且具有实际操作的可能性。文书的规范和说理均应建立在深入调查核实的基础之上。在文书成文之后，仍可就相关内容听取专家、行业协会、被建议单位意见，以提高精准度。此外，法律政策研究室要做好与承办检察官的沟通工作，在制发重要检察建议时，可以参与到检察官的前期调查核实过程，为后续的把关审核提供支持。

（二）以相关制度落实推动强制约束实质化

作为柔性的法律监督方式，除了通过其自身的高质量、专业性来强化其刚性外，优化送达方式和多方联动形成监督合力也是必不可少的支持手段和力量，这也是实现社会治理检察建议的必要后盾。

1. 加强第三方人员监督

第三方人员参与不但可以提升文书的质量，也可以增强被建议单位对文书内容的认同。一是邀请人大代表、政协委员、行业协会人员等第三方参与调查核实环节，在监督检察办案的同时，可以听取第三方人员意见，

---

① 参见刘艺：《社会治理类检察建议的特征分析与体系完善》，载《中国法律评论》2021 年第 5 期。

② 参见刘艺：《社会治理类检察建议的特征分析与体系完善》，载《中国法律评论》2021 年第 5 期。

并将合理意见写入文书，增强第三方人员的参与感和后续跟踪动力。二是对于不涉及国家秘密、商业秘密等依法不得公开的检察建议，可以根据建议内容和种类，邀请人大代表、政协委员、人民监督员、行业协会人员、主管部门人员、媒体代表等出席。三是邀请第三方人员参与对被建议单位整改落实情况检查工作。优先邀请前期参与调查核实和宣告送达的第三方人员，听取其对被建议单位整改情况的意见。同时将被建议单位的回复、采纳、整改情况通报被建议单位的上级主管机关、行业协会等。四是对于优秀的社会治理检察建议及回复、整改落实举措，可以通过检察机关的门户网站、微信公众号、微博等进行宣传，提升社会公众对检察建议的知晓度和影响力。

2. 多方联动形成监督合力

社会治理检察建议目标的实现，更多地需要依靠与有关单位和部门的沟通、协调，依靠党委和政府的高度重视与大力支持。[①] 社会治理检察建议的柔性监督特点明显，需要多方联动来提升建议的刚性。一是落实相关文件要求。对于涉及事项社会影响大、群众关注度高、违法情形具有典型性的检察建议书，报送区委、区人大常委会、区政府或者被建议单位的上级机关等。对于不予整改、不予回复或整改不到位的，采取相关措施推动落实。二是推动社会治理检察建议与代表建议、政协委员提案实现双向衔接。推动人大监督、政协民主监督与检察监督有机贯通、相互协调，增强工作合力。对于需要长期跟踪治理的社会治理检察建议，通过邀请人大代表、政协委员转化为代表建议、政协提案的形式共同督促被建议单位长期整改落实。三是建立联合惩戒机制。对被建议单位在规定期限内不回复或无正当理由不采纳检察建议，经催办仍拒不回复或采纳的，检察机关将组织人员进行线索评估，在综合考虑问题原因和影响、建议依据、整改防范措施、整改期限效果等因素基础上，涉嫌职务违法或职务犯罪案件线索的，移交同级纪委监委处理。对于有上级主管机关或者行业协会的，将相关情况通报上级主管机关或者行业协会，并建议进行相应处理。

---

① 参见黄文艺、魏鹏：《国家治理现代化视野下检察建议制度研究》，载《社会科学战线》2020 年第 11 期。

（三）以内部流程优化实现落实整改实质化

切实解决发现的社会治理问题，是制发社会治理检察建议的最终目的。督促落实工作是提升治理效果的必要手段，必须下大力气做深做实督促落实工作，确保发出的社会治理检察建议取得实实在在的社会治理效果。

1. 优化案卡设置

虽然全国检察业务应用系统中也有回访评估案卡，但未作为案卡结案的节点，回访评估无法获得检察官重视。建议在系统中将回访评估设置为社会治理检察建议办结的节点，没有进行回访评估，检察建议不得办结。回访评估要有回访照片或者谈话笔录等材料进行印证，否则不视为进行了回访评估。

2. 丰富督促落实举措

回访评估是常见的督促落实举措，回访评估的节点可以设置在收到回复后的第 3 个月和第 6 个月。回访评估以两次为最佳，第一次主要评估落实建议内容的具体举措，第二次主要评估制度落实现状以及宏观治理方面发生的变化情况。公开听证也可以作为督促落实的一项举措，针对被建议单位的落实情况，可以邀请代表、委员、行业专家等在被建议单位组织公开听证，由被建议单位介绍具体落实举措，听取代表、委员、专家意见，督促被建议单位进一步整改。组织公开听证和第三方评估更适合用于《人民检察院检察建议工作规定》第 11 条第 2、4 项[①]问题的整改。

---

① 《人民检察院检察建议工作规定》第 11 条第 2 项规定，“一定时期某类违法犯罪案件多发、频发，或者已发生的案件暴露出明显的管理监督漏洞，需要督促行业主管部门加强和改进管理监督工作的”；第 4 项规定“相关单位或者部门不依法及时履行职责，致使个人或者组织合法权益受到损害或者存在损害危险，需要及时整改消除的”。

犯罪预防视野下社会治理类检察建议的实践优化

方海明　钱建美　陈　楚*

2018年10月，修订后的人民检察院组织法明确规定“人民检察院行使……法律监督职权，……并依法提出抗诉、纠正意见、检察建议”。检察建议的性质定位首次由人民检察院组织法作出规定，从之前的检察机关办案职能的延伸补充，转化为同抗诉、纠正意见并列的法律监督重要方式，成为检察机关参与社会治理工作、服务经济社会高质量发展的重要抓手。2021年《中共中央关于加强新时代检察机关法律监督工作的意见》进一步明确检察机关“依法向有关单位提出纠正意见或者检察建议的，有关单位应当及时整改落实并回复”，这一规定从加强法律监督工作的角度，专门对检察建议工作作出了政策支持。有学者综合考虑检察建议的性质、功能，以及现有规范性文件中已有的检察建议类型，将检察建议分为法律监督类检察建议（包括纠正违法、再审、公益诉讼等类型）和社会治理类检察建议。[①] 社会治理类检察建议是促进深层次治理的先进制度，是检察机关做实基础工作、推动检察履职融入社会治理，推进社会治理现代化的重要举措。犯罪治理作为社会治理的重要环节，不仅需要抓末端、治已病，办好每一个刑事案件，更需要抓前端、治未病，做好犯罪预防工作。检察机关直接参与刑事案件办理，能够及时发现和监督犯罪预防工作中的

* 方海明，浙江省湖州市人民检察院党组成员、副检察长；钱建美，浙江省湖州市人民检察院法律政策研究室主任；陈楚，浙江省湖州市人民检察院法律政策研究室四级检察官助理。

① 张薰尹：《检察建议的谱系脉络及分类发展构想》，载《政治与法律》2024年第3期。

风险漏洞，继而以社会治理类检察建议为抓手，督促相关主体自我纠错，加强机制建设，提升犯罪预防的针对性、实效性，实现由案到治的目标。

一、社会治理类检察建议对犯罪预防的重要意义

（一）实现检察履职与社会参与的融合

检察机关作为司法机关，系国家的公权力部门，为社会公众提供公共法律产品。[①] 社会治理类检察建议作为检察机关直面社会问题、开展法律监督的重要方式，有助于更好地发挥检察机关的创造性优势，为社会提供更好的公共法律产品，而不是消极地就案办案，机械司法。党的二十大报告指出“健全共建共治共享的社会治理制度”，不但为检察机关开展犯罪预防工作提供了启发，而且体现了多元主体共同参与犯罪治理的要求。检察机关主动制发社会治理类检察建议，不仅有助于提升自我在犯罪预防工作中的价值，而且能够将法律监督的效果辐射至整个社会层面，为相关行政执法机构、社会组织参与犯罪预防提供支持和助力，并将矛盾化解、隐患排除和犯罪预防更有效地纳入法治轨道之中，提升检察影响力。同时，社会治理类检察建议展现出的价值取向和共治理念，为检察机关助推犯罪预防提供社会基础，对全社会法律意识和法治进步也起到一定的促进作用。

（二）推动高质效办案价值追求的实现

“高质效”包含对刑事检察办案质量、效率、效果的更高要求，需要从三个层面加以落实：实体上要确保公平正义，程序上要让公平正义更好更快地实现，效果上让公平正义以人民群众能感受、可感受、感受到的方式来实现。[②] 这也是党的二十大报告中要求的“努力让人民群众在每一个司法案件中感受到公平正义”的贯彻与落实。如果说高质效办案中的质量和效率应主要侧重于检察个案办理，那么在效果的实现上，检察机关的犯

---

① 参见［意］莫诺·卡佩莱蒂：《比较法视野中的司法程序》，徐昕、王奕译，高鸿钧校，清华大学出版社 2005 年版，第 22 页；［美］欧文·费诗：《如法所能》，师帅译，中国政法大学出版社 2008 年版，第 68 页。

② 参见应勇：《以高质量检察履职践行全过程人民民主 保障人民当家作主》，载《民主与法制》周刊 2023 年第 21 期。

罪预防与社会治理作用应当得到充分发挥。对此，检察机关在办理刑事案件中不应仅仅停留在案件法律意义层面上的判断，而是要把握矛盾纠纷产生和诱发犯罪的实质原因，积极参与预防和化解工作。由于检察建议制度能够实现司法内外治理功能，具备方式柔和性、手段灵活性、启动主动性和适用广泛性等优势，建议内容也易为被建议单位接受，有利于提升检察机关参与犯罪治理成效。[①] 故检察机关就办案中发现的犯罪预防层面上的问题，及时向有关单位制发社会治理类检察建议，切实发挥纠错、整改、预防和引领作用，督促被建议单位加强矛盾化解和机制建设等工作，在保障案件质量的基础上，实现检察履职的延伸，增强办案效果。

（三）促进法律监督层次的提升

犯罪预防要求检察机关坚定监督立场，既需对案件中直观展现出的表层问题进行纠正，也要能够让法律监督工作在助推社会治理现代化、构建规范高效执法司法制约监督体系中发挥更大作用。由于刑事案件产生的深层原因往往反映出执法司法的突出问题、社会治理的薄弱地带、公共利益的短板弱项。因此，办好此类案件，解决此类问题，不仅能够满足人民群众对风险防范和犯罪预防不断提升的需求，而且关系到法治社会进程和公平正义的实现。为更好预防和解决刑事案件及其背后反映的深层次问题，检察机关开展法律监督就不能被动等待监督线索，而是要具备一定的主动性，否则在犯罪预防工作上必然会出现消极性、滞后性等问题。人民检察院组织法第 21 条、《人民检察院检察建议工作规定》第 13、14 条等对检察机关调查核实权作出了规定，为检察机关主动发现问题，提高检察建议质量和专业性提供了路径。虽然目前检察机关的调查核实权还存在措施单一、不够深入等问题，需要进一步完善，[②] 但该职权的存在为社会治理类检察建议监督质效提供了基础性保障。同样，检察机关行使调查核实权的过程也是对该职权完善的一种实践与探索，两者能够相得益彰，共同体现在以社会治理类检察建议助推犯罪预防的实践之中，“将个案办理到类案监督再到社会治理这一链条拉长、拉实，在升华办案境界，提升监督层次

---

① 参见魏鹏：《检察建议制度研究》，吉林大学 2020 年博士学位论文。

② 参见邢晓芸：《提升社会治理类检察建议调查核实工作质效的实践路径》，载《中国检察官》2024 年第 7 期。

的同时，最大限度发挥司法活动对社会治理工作的评价和反馈作用”①。以监督促进治理，积极促推监督办案“动能”转化为犯罪预防“效能”。

二、犯罪预防中社会治理类检察建议的实践限度

（一）以依法规范履职为前提

习近平总书记强调：“法律的生命力在于实施，如果有了法律而不实施，或者实施不力，搞得有法不依、执法不严、违法不究，那制定再多法律也无济于事。”② 检察机关作为法律监督机关，在监督别人的同时自身更应该缘法而行，依法而为，既不能超越法定职责开展工作，也不能代替监督对象履行职责，这也是法治原则中公权力机关履职“法定性”的必然要求。犯罪预防是一项系统工程，检察机关在制发检察建议的过程中既要防止不尽职责，也要避免逾越职权，与党政部门、司法机关、基层社会组织等各方在参与犯罪预防工作中按照自身的职能边界，各行其是、互相配合，保持适度平衡，助推犯罪预防在法治轨道上行稳致远。同时，要坚持谦抑性原则，确保检察建议的必要性，对一般性质、轻微违法问题，应优先通过磋商、沟通等方式交换意见，口头提醒对方纠正问题，避免小问题大处理。③ 需要说明的是，依法履职并非死抠法条字眼、机械司法。由于我国政策对法律的适用具有重要的指导作用，检察机关应认真把握法律政策的重要意义、实质内涵，只有统筹兼顾、融会贯通，才能更好地彰显制度优势、释放检察履职效能。

（二）立足检察办案主责主业

社会治理类检察建议推动犯罪预防必须立足于办案，是检察办案的延续和有机组成部分。案件承办人或者办案组应当结合类案或个案办理，有针对性地开展犯罪风险预防和矛盾化解工作。只针对模棱两可的社会现

---

① 参见童建明：《如何提升“高质效办好每一个案件”能力的几点思考》，载《检察日报》2024年1月2日。

② 习近平：《论坚持全面依法治国》，中央文献出版社2020年版，第20页。

③ 刘启立、彭丹阳：《强化“四种思维”促进检察建议工作》，载《检察日报》2024年8月14日。

象、不结合检察办案，就没有检察建议制发的立足点，提出的对策建议也会因缺乏针对性而达不到预期监督效果。在办理刑事案件的过程中，当然需要注重个案对犯罪预防的宣教作用。例如，采取以案释法的方式，开展法治宣传，提升群众的法律意识。但在社会治理检察建议制发工作中，更应把对个案正义的要求提升到实现类案监督、促进系统治理的更高价值追求上，更多聚焦类案反映出的普遍性、共同性、倾向性问题。因为经个案分析、类案研判的问题规律更易形成固定的管理规则、治理方法，提升检察监督质效，推动相关领域建章立制，堵塞问题漏洞，系统化解矛盾。以“超市盗”防治为例，北京市检察院针对全市1600余件案件，以类案调研数据为支撑，总结全市检察机关前期治理经验，就完善商超自助结账防损机制等深层次治理问题向市商务局发出综合治理检察建议，取得了良好的共治效果，2022年以来，“超市盗”案件同比下降28.6%。[①]

三、社会治理类检察建议在犯罪预防实践中的问题检视

目前，社会治理类检察建议在促进犯罪预防方面存在一些亟待改进的问题。一方面，社会治理类检察建议这一监督手段在犯罪预防上未能得到充分运用。另一方面，由于监督理念滞后、后续衔接举措和协同配合的缺乏，制约了建议的质效。[②]

（一）社会治理类检察建议运用不充分

由于制发社会治理类检察建议是检察办案的延续和有机组成部分，故社会治理类检察建议的“制发主体”是案件承办部门的检察官或者检察官办案组。然而，一些检察官在办理刑事案件中缺乏“问题意识”，觉得“办理诉讼案件才是硬任务，制发检察建议是副产品”，甚至认为检察建议是统筹部门的事，尚未认识到将犯罪预防作为检察机关参与社会治理切入口的重要意义。从制发的检察建议来看，也存在以下问题影响了建议精准

---

① 参见张朝霞等：《轻罪治理的框架、实践与展望》，载《人民检察》2023年第Z1（增刊）期。

② 参见刘亦峰：《检察建议制度的发展路径探析——以提升“检察建议刚性”为核心点》，载《辽宁公安司法管理干部学院学报》2021年第1期。

性，影响了建议效能充分发挥：一是存在提及问题发现途径时只是笼统表述“在履行监督职责中发现”，没有直接体现依托检察办案制发检察建议促进社会治理的原则。二是有些检察建议对发现的问题深入分析不够，缺乏具体案例予以佐证，显得调查核实工作做得不够充分和深入。三是有的检察建议仅仅是根据个案呈现出的偶发性、片面化的问题提出建议，对系统性、领域性问题关注得较少，融合履职程度不够。

（二）社会治理类检察建议效果有待进一步提升

1. 与被建议单位欠缺沟通协作意识

在社会治理类检察建议助推犯罪预防过程中，检察机关与被建议单位之间，不仅仅是监督与被监督的关系，更是法治共同体层面之间的协作配合关系。实践中，一些检察人员未能遵循共赢理念，沟通协调能力不强，工作前期不能够正面与被建议单位进行接触，害怕被建议单位得知相关线索后己方失去主动权。这不仅不利于与被建议单位就相关案件的性质认定、证据收集等工作形成共识，未减少办案阻力，而且不能让被建议单位有充分的时间开展问题整改的准备工作，甚至会引发对方的反感和抵触。此外，根据最高人民检察院颁布的《人民检察院检察建议工作规定》，社会治理检察建议的送达方式包括书面送达和宣告送达。宣告送达能够向被建议单位进行充分示证说理，更好听取被建议单位意见，并促进双方深入沟通，更有效推动检察建议落实。检察机关需进一步加强与被建议单位的沟通，使其增强对宣告送达的认同力度，对检察建议工作给予更大的支持，提升建议效果。

2. 缺乏实质性跟踪督促

社会治理类检察建议送达后存在“一发了之”的问题。《人民检察院检察建议工作规定》的检察建议回复期一般是 2 个月，实践中被建议单位往往会按期作出书面回复，而有的检察人员只是以被建议单位制发的回复函进行衡量判断是否落实到位，对被建议单位的整改落实情况缺乏实质性跟踪督促，更缺乏在整改过程中立足自身优势，与被建议单位共同推进问题解决。此外，仅从被建议单位的书面回复函来看，也存在着未专门针对检察建议写明整改情况、笼统回复下步如何整改、落实材料缺乏等种种问题。这些问题的存在固然与被建议单位不重视有关，但更重要的是检察机关缺乏跟踪督促，放任了这种问题的产生。因此，只凭被建议单位书面回复函作为认定建议是否落实到位的依据，必然会产生“走过场”的问题，不仅削弱了建议的效果，也会对检察监督权威产生不利影响。

3. 行政执法机关对检察监督支持配合力度不足

犯罪预防作为社会治理的重要组成部分，既需要检察机关从司法层面发挥源头化解矛盾的独特优势，夯实共治共享基层治理格局的法治底座，督促各地各部门依法办事，将矛盾纠纷预防化解纳入法治轨道，也需要行政执法机关的直接参与。随着政府已从消极的行政转为积极的行政，在主动提供公共服务、促进社会治理创新的过程中，离不开法治建设，需要把政府公权力放在制度的牢笼中。[①] 实践中，一些行政执法机关为了追求行政行为的高效，无意导致对公民权利的侵犯，或者在矛盾纠纷预防化解方面不作为、慢作为，这些都可能导致矛盾激化和产生社会管理漏洞，诱发违法犯罪。此时，更加需要作为护法者的检察机关履行好法律监督职责。因行政执法机关数量较多，职能较广，检察机关与行政执法机关监督联动工作机制不完善、不健全，加之立法层面尚未就社会治理类检察建议监督的范围、方式及程序设置等诸多方面进行规定，导致有些行政执法机关将社会治理类检察建议视为一种工作建议，选择性、浅表性履行，支持监督力度不够。

四、社会治理类检察建议助推犯罪预防的有效路径

为提升犯罪预防成效，检察机关要在系统总结刑事案件办理经验的基础上，充分发挥社会治理类检察建议在促进犯罪源头预防中的积极作用，着力围绕措施配套、机制优化、流程规范、理念更新、刚性强化等方式方法实现质效提升，协同推进相关单位齐抓共管，形成犯罪预防合力。

（一）数字赋能调查核实

没有调查核实就没有发言权。“调查核实”是制发社会治理类检察建议的必经程序，是确保社会治理类检察建议问题精准、建议科学、确保刚性的坚实基础。刑事案件个案示范效应较为单一，而同类案件整体发案趋

① 参见王勇：《社会治理创新与政府积极作为》，载《国家行政学院学报》2017 年第 1 期。

势则可能反映出治理问题。鉴于社会治理类检察建议“办理一案、治理一片”的价值取向，同数字检察“个案办理—类案监督—系统治理”的治理路径高度统一，故社会治理类检察建议调查核实工作要以数字赋能为支撑，加强类案研究。具体而言，检察机关系统内部应充分共享、深度挖掘检察业务应用系统、网上信访信息系统、检察案例库等平台数据，深刻把握各类刑事案件的发案特征，如发案数量、变化趋势等；对外则应加强与行政执法、司法单位协作，统筹规划数据接口、算法模型等协同方式，确保数据资源有效共享、数据安全充分维护，努力打破地方数据壁垒。在信息数据共享的前提下，深入分析发案原因和犯罪预防中的行业性、系统性问题，同时加强对苗头性问题的预警预测及对矛盾纠纷形势的综合研判，实现矛盾隐患源头控制精准化、风险评估实时化和对策建议合理化。

（二）遵循“检察一体化”履职原则

“检察一体化”是指“各级检察机关是一个不可分割的有机整体，每个检察官的活动都是整个检察机关活动的有机组成部分，各级检察机关在工作中要相互配合，协调一致，共同完成检察任务”①。传统观点认为社会矛盾是由刑事、治安案件引起的，但事实上民事、行政案件也是社会矛盾集中的领域，民事、行政案件引发的矛盾处理不好容易上升为刑事案件。例如，乡镇农村有大量涉及老人赡养、儿童抚养、食品药品安全等矛盾纠纷的案件，这些案件也许尚未发展为刑事案件，但不加以重视治理则有可能上升为刑事案件乃至重罪案件。所以说，犯罪预防并非只是刑事检察部门的责任，而是检察机关整体的职责。对此，在制发社会治理类检察建议的过程中，当涉及犯罪预防和综合治理等相关问题时，刑事检察部门要注重系统观念，敏于发现其他检察业务问题线索，加强内部联合，发挥四大检察整体优势，多部门共同推进，全方面、多角度提升建议内容的系统性与可操作性，从而实现履行法律监督职能的整体性、互动性、共享性。

（三）提升对策内容精准性

社会治理类检察建议的本质是法律监督。监督并非高人一等，但要技

---

① 张智辉、谢鹏程主编：《中国检察》（第5卷），中国检察出版社2004年版，第663页。

高一筹、精准监督，关键在于提出针对性强、行得通、真管用的对策建议。对此，首先，要保证制发对象的精准性。检察建议发送的对象应当是对建议所涉问题具有实际管理、指导、实施等具体职权的单位或部门，当某一领域犯罪预防问题涉及面广，需要多个部门共同解决的，应由检察机关向牵头的行政执法部门制发检察建议书，并将检察建议书抄送至其他相关职能部门。其次，建议书内容用语要精准。描述问题时不宜只用“管理不到位”等概括性词语，而是要阐明问题的关键节点和具体细节，同时相关法律规范引用、建议书格式等方面也应规范，保证建议的可操作性。最后，建议对策要能够解决问题。“为使社会治理类检察建议更具正当性、确切性、可采性，可以在某些专业领域借助‘外脑’，广泛征求专家、专业机构等多方主体的意见建议。”[①] 出于实现对建议内容质效审核把关需要，应将社会治理类检察建议纳入案件化管理流程，围绕“必要性、合法性、规范性、说理性”建立立案、调查核实、释法说理、文字内容、制发送达的完整流程，加强对对策内容的质量管控。

（四）以共赢理念为指引深化建议落实

犯罪预防并非检察机关一家能够完成的长远任务，相关公权力机构和公共机制都应当将其作为统一的国家事业。对此，检察机关应树立良性的建议与协作配合的共赢理念，与被建议单位形成衔接关系。一是要加强宣告送达。检察官当面向被建议单位相关负责人员宣读建议内容，并进行释法说理，有条件的还可以引入第三方监督人员参与宣告送达，更好地促进被建议单位重视、接受和采纳检察建议，也反过来推动检察机关夯实工作基础、提升建议质量。二是做好跟踪落实工作。在跟进监督过程中，要注意站在对方的角度考虑问题，对于司法层面可以配合协助的问题，要积极支持、配合被建议单位做好工作，有条件的还要促推建章立制形成长效机制。三是积极寻求外部支持。推动落实代表议案和检察建议联办、检察建议提请人大督办等制度，以及检察建议与行政建议、监察建议、司法建议贯通协调机制等，增强检察建议实效。

---

① 赵培显、白秀峰：《社会治理检察建议的生成机理与优化》，载《人民检察》2024年第5期。

新疆社会治理检察建议质效实证分析与优化路径研究*

辛　影　刘冉升**

检察建议是人民检察院组织法明确规定、检察机关依法履行法律监督职责的重要方式。“检察建议作为中国检察实践的原创，是基于法律监督的属性要求和检察职权的发展需求在不变与变中相互融通、统一表达的生成结果。”[①] 其中，社会治理检察建议是检察机关将办案职能向社会治理领域延伸，立足司法办案参与社会治理，推动国家治理体系和治理能力现代化的重要法律监督手段。据统计，2018 年至 2022 年，全国检察机关共制发社会治理检察建议六万余件，采纳率 98% 以上。[②] 近年来，新疆检察机关通过不断提升社会治理检察建议制发质效，促进源头治理、深层治理，在推动提升新疆社会治理体系和社会治理能力现代化水平方面取得了一定成效。但对比其他兄弟省院的检察建议工作实践，虽然新疆检察建议工作总体形势发展较快，但是也暴露出一些问题。例如，部分地区检察建议落实缺少监督“刚性”，存在检察建议收而不理、收而不办甚至不接收的问题。本文以如何提升社会治理检察建议质效作为切入点，通过对 2021 年

* 本文系 2024 年度最高人民检察院检察应用理论研究课题《总体国家安全观下检察机关参与健全社会治理体系研究——以新疆检察为视角》阶段性成果。

** 辛影，新疆维吾尔自治区人民检察院法律政策研究室主任、三级高级检察官；刘冉升，新疆维吾尔自治区人民检察院法律政策研究室一级检察官助理。

① 张薰尹：《检察建议的谱系脉络及分类发展构想》，载《政治与法律》2024 年第 3 期。

② 参见《检察机关五年共发出社会治理检察建议 6 万余件》，载 https：//www. spp. gov. cn/spp/c107228chdfgmcggeqcnpgbshkfhvbehkvkggbtrdknsecdkvppnbsmfrm/202302/t20230223_603 784. shtml，最后访问日期 2024 年 5 月 16 日。

至2023年新疆检察机关制发社会治理检察建议情况进行分析研究，在总结新疆本地工作成效基础上，剖析工作中存在的问题和问题产生的原因，并就提升制发检察建议质效促进源头治理，提出较为完善的优化路径建议。

一、社会治理检察建议在源头治理中的实然价值

“社会治理检察建议的制发对象、适用范围、适用情形广泛，加之社会治理内涵的复杂性与宽泛性，几乎能够成为检察建议的‘开放性口袋’。然而，被统归为社会治理检察建议的各种检察建议内部也存在诸如适用性、程序步骤和落实方式上的区别化需求。”[①] 检察建议是新疆检察机关完整准确全面贯彻新时代党的治疆方略的重要法律监督实施手段，特别是在以社会治理检察建议促进源头治理方面，体现了新疆检察机关深化检察改革的现实所需。实践中的价值主要体现在以下四个方面：

（一）社会治理检察建议是推进依法治疆、建设法治新疆的战略所需

党的二十大报告专章部署“坚持全面依法治国，推进法治中国建设”，专门强调“加强检察机关法律监督工作”，这在历届党的代表大会报告中是第一次，充分彰显了党中央对法治建设，对检察机关法律监督工作的高度重视。同时，报告还对推进多层次多领域依法治理，提升社会治理法治化水平，完善社会治理体系，提升社会治理效能提出明确要求。踏上全面建设社会主义现代化国家新征程，检察事业欣逢最好发展时期，检察建议工作是检察机关履行法律监督职责法定方式之一，在促进源头治理中发挥了重要作用，也迎来了最好发展阶段。新疆检察机关应锚定检察建议的历史方位和发展方向，顺势而为、乘势而上，不断开创以检察建议促进源头治理推动社会治理、以检察履职推动中国之治的新局面。新疆检察机关作为法治新疆建设的重要参与者，在深入推进依法治疆、建设法治新疆进程中担负着重要使命，对在检察监督办案中发现的制度建设、依法行政、司

---

① 秦前红、王雨亭：《检察建议类型的制度反思及功能性重构》，载《中南民族大学学报（人文社会科学版）》2023年第6期。

法实践、社会治理等工作中存在的深层次、普遍性问题，通过制发检察建议促进科学立法、严格执法、公正司法、全民守法，具有重要的意义，其将为新疆检察机关依法履职，促进建设法治新疆、法治政府、法治社会提供有力司法保障。

（二）社会治理检察建议是深化中央、自治区党委部署的大势所趋

《中共中央关于加强新时代检察机关法律监督工作的意见》（以下简称《中央意见》）专门规定，“依法向有关单位提出纠正意见或者检察建议的，有关单位应当及时整改落实并回复”。同年8月26日，自治区党委印发《自治区党委贯彻〈中共中央关于加强新时代检察机关法律监督工作的意见〉的实施意见》，在明确《中央意见》关于检察建议相关内容的基础上，又专门规定“自治区各级人民代表大会及其常委会要加强新时代检察机关法律监督、调查核实、检察建议等立法工作，监督和支持检察机关依法履行职责”。2022年6月8日，自治区人大常委会出台《关于加强新时代检察机关法律监督工作的决议》，通过地方立法对检察建议的效力作出原则性规定。特别是新疆维吾尔自治区第十四届人民代表大会常务委员会第十一次会议于2024年5月30日通过《新疆维吾尔自治区人民代表大会常务委员会关于加强新时代检察机关检察建议工作的决议》（以下简称《决议》），这是新疆历史上第一次就检察建议工作专门出台地方立法，也是全国第三家省级人大常委会出台关于检察建议工作的地方立法。进一步加强和规范检察建议工作，不仅是党中央的战略部署和顶层设计，也是自治区党委、人大赋予的重要职责，也是新疆检察机关强化自身履职、做好检察建议工作的应有之义。

（三）社会治理检察建议是深化检察改革的现实所需

为强化检察机关法律监督职责，进一步从制度上支持和保障检察建议督促落实效果，推动检察建议从“办理”向“办复”转变，2023年5月，新疆维吾尔自治区检察院制定并由自治区党委深改委第二十二次会议审议通过《新疆维吾尔自治区人民检察院关于检察建议宣告、公告的规定》（以下简称《规定》）。《规定》实施以来，检察建议在促进依法行政、规范司法行为以及促进源头治理等方面价值日益凸显，落实效果也呈现由点及线、由线拓面的积极态势。以社会治理检察建议为例，《规定》实施一

年来，全区检察机关宣告送达率同比上升近10个百分点、宣告送达的采纳率100%，有力提升了检察建议的刚性和韧性。检察公告，不仅可以提高社会能见度、公共可视度，让检察建议的内容为公众知悉，引起界别共情、引发共鸣，还能让公众对检察建议的质量和落实情况进行监督，有效提升检察建议的社会影响力。因此，开展社会治理检察建议工作专题研究，也是探索将司法改革成效特别是司法体制综合配套改革中涉及检察建议工作的成果予以总结提炼的重要方式之一。

二、新疆检察机关制发社会治理检察建议实践中存在的问题与原因分析

作为一项极具中国特色的司法手段，“检察建议本是检察机关对案件当中发现的一些普遍性、规律性问题的总结和提升，其优点在以‘礼貌的、客气的’口吻指出被建议单位存在的漏洞或问题，以温和善意的方式指出被建议单位的机制漏洞、监管缺陷或管理不足，充分体现释法说理的水平和批评的艺术”①。对于社会治理检察建议而言，最重要的不只是提高其强制约束力，要以“柔性监督”的方式实现“刚性监督”的效果，更要超越“刚柔思维”，强调“效果思维”，避免以“一己之力”强推检察建议，而应积极寻求有效途径推动检察建议的真落地、真落实，达到预期效果。如何实现既发挥检察机关发现源头治理方面存在的问题和制度建设、依法行政、司法实践等方面不足的能力，又不过度干涉其他权力机关的自主空间，是一个必须面对的重大理论和现实问题。检察建议已经成为新疆检察机关用之成为促进源头治理推动社会治理“主力军”的有力武器，但依然存在一些需要注意解决的突出问题。

（一）实践中存在问题的多维度分析

1. 从工作落实上看，新疆检察机关对最高人民检察院第一至十一号检察建议落实情况仍有不到位之处

经对全区检察机关落实最高人民检察院系列检察建议进行专题梳理分

---

① 王文惠、袁江：《检察机关参与社会治理的内在逻辑与路径分析——以检察建议为视角》，载《贵州师范大学学报（社会科学版）》2022年第3期。

析，针对最高人民检察院制发的一至十一号检察建议，新疆维吾尔自治区检察院相关部门下发了贯彻落实的具体通知，与自治区相关单位召开了座谈会，开展了一系列落实工作，取得了阶段性成效，特别是落实一号检察建议中，新疆维吾尔自治区检察院在充分调研分析新疆近三年性侵未成年人案件情况的基础上，形成专题报告提请自治区党委政法委牵头，由新疆维吾尔自治区检察院联合自治区公安厅、妇联等13家自治区相关单位，共同开展了为期两年的“护蕾”行动，受到了自治区党委的充分肯定。但调研中也发现，部分地区和个别业务条线对落实检察建议工作整体的统筹谋划和部署还有待加强，对基层相关落实工作的指导和督促力度不够。个别基层院仅仅局限于与相关部门召开座谈会沟通或者开展专题法治宣传，没有制定具体措施，开展形式单一，贯彻落实的具体举措千篇一律，缺乏切实有效的督促落实手段，一体落实的整体合力还有待加强。

2. 从制发层级来看，分州市院示范作用不充分

长期以来，自治区、分州市两级检察机关制发社会治理检察建议数量和占比较低。部分地区的市级院制发社会治理检察建议占比长期低于3%，其中个别市级院甚至存在制发“空白”现象；全区近96%的社会治理检察建议仍由基层院制发，说明新疆维吾尔自治区检察院和分州市院“以上率下”作用发挥不充分。

3. 从制发质量来看，存在类案群发、凑数发等质量问题

一是个别院仍存在类案群发、凑数发、滥发等现象。虽然在以往最高人民检察院和新疆维吾尔自治区检察院关于检察建议工作情况通报中，多次指出一些地区为了完成任务或者考核指标而出现滥发检察建议的情形，但通过全国检察业务应用系统核查抽查和各地报送的检察建议工作情况报告和正反典型案例发现，全区普遍存在调查核实不充分、法律文书质量不高、制发程序不规范、释法说理偏弱、所提对策不精准等问题，个别地区甚至仍然存在拆分案件片面追求制发数量现象。比如，某基层检察院制发的××县检建〔2023〕26号检察建议书，仅用一句话笼统概述被建议单位在制度建设、干部管理等方面存在问题，但没有指出存在问题的具体表现方面，即未提出职务犯罪的预防性检察建议。又如，××分州市院制发的××市检建〔2023〕3号检察建议书，未按规定在全国检察业务应用系统中上传被建议单位回复函等相关文书，也未严格按照规定在制发前发送该院法律政策研究部门审核，制发后也未报送上级院法律政策研

究部门备案。

二是存在混用法律文书情况。《人民检察院检察建议工作规定》第9条明确规定纠正违法类检察建议的适用情形，《检察机关开展检察建议工作有关问题的解答》对纠正违法类检察建议应如何具体适用作出明确解释，但部分地区检察机关未认真学习理解上述规定，对纠正违法检察建议、纠正违法通知书不能正确区分适用，仍然存在文书混用情况，应制发其他类型法律文书而制发检察建议书情形。比如，××市院制发的××市检建〔2023〕××号检察建议，针对市人民法院怠于执行个案刑事裁判涉案财产刑问题，发出纠正违法检察建议，而根据刑事诉讼法和刑事诉讼规则，对此类个案违法问题应提出纠正意见，即制发纠正违法通知书。又如，针对作出不起诉决定后需要给予被不起诉人依某某行政处罚的情形，检察机关向××县公安局制发的××县检建〔2023〕××号检察建议，根据刑事诉讼法相关规定，检察机关决定不起诉后，对被不起诉人需要给予行政处罚的，应当提出检察意见而不是检察建议，属于适用法律文书错误。

三是推荐报送的典型案例审核把关不严。在2023年度全区优秀社会治理检察建议评选中，与往年相比，各地推荐报送的优秀社会治理检察建议备选案例主题更加突出、业务条线分布更加广泛、覆盖领域更加多元，说明各地更加注重优秀检察建议的发掘、办理、培育和筛选工作。但从推荐报送的备选案例来看，个别分州市院未严格落实审核把关职责，对不同类型的检察建议适用情形把握不准确，或者撰写案例不符合报送要求。比如，行政违法监督工作中制发的检察建议应属于“其他检察建议”，有个别地区推荐的备选案例中，存在将行政违法行为监督中制发的检察建议作为备选优秀社会治理检察建议典型案例推荐报送的情形。

4. 从统管检察建议工作来看，审核备案还有欠缺

从2021—2023年新疆各地报送的季度、半年和年度社会治理检察建议工作情况来看，部分院报送的社会治理检察建议工作情况报告较为简单，没有系统梳理查找本地存在的突出问题，提出的整改意见和对策建议较为笼统，针对性和可操作性不强，说明业务部门报送审核工作和法律政策研究部门的审核工作均存在不足。

5. 从整改落实效果情况来看，跟踪督促措施不到位

目前，从回复和采纳情况看，绝大多数单位对社会治理检察建议能够

及时采纳回复，但仍存在一些迫切需要解决的问题，主要表现为：被建议单位回复主动性不高；部分被建议单位及其上级主管部门对检察建议重视程度不够，仍然存在不接受、不采纳或整改落实不到位的情形，有的被建议单位甚至还存在“纸面整改”的现象，这就要求我们检察机关要主动与被建议单位做好沟通交流，不仅仅局限于发出检察建议书和收到书面回复，更要聚焦如何采取切实有效举措推动检察建议工作由“办理”向“办复”转变，持续推动整改做深做实。

（二）原因分析

1. 司法理念亟待更新

通过调研发现，受传统司法理念影响，办案检察官源头治理和综合治理意识有待提高，对高质效办好每一件社会治理检察建议，进而促进源头治理推动社会治理的重要意义认识还不到位。部分检察官甚至个别基层院的主要领导仍存在“重案件办理、轻社会治理”的认识偏差，还抱着“多一事不如少一事”的想法，把检察建议当作“软任务”，片面认为制发社会治理检察建议无形中会增加工作量，一些检察官“不愿干”，甚至可以说是“不愿意会干”。还有的在监督司法行政机关、审判机关中底气不足，“不敢干”，害怕制发检察建议的方式伤了彼此“和气”。

2. 依法履职存在欠缺

通过对新疆检察机关制发社会治理检察建议“回头看”情况来看，特别是与部分基层院检察官座谈交流、面对面了解深层原因之后发现，一些检察人员不能将“高质效办好每一个案件”的检察履职价值追求真正融入社会治理检察建议工作中，部分检察人员对“为什么制发检察建议”“具体怎么做到高质效制发”“制发后如何跟踪督促落实”等方面学习不足、理解不透彻、贯彻执行不到位。前文提出，《规定》已印发近一年时间，但从全国范围来看，我们的检察建议宣告工作仍然相对滞后，在制发检察建议时，个别办案检察官仍然习惯于传统的书面送达方式，不会用、不善用宣告送达方式，加之部分被建议单位和第三方代表参与意愿不强等情形，导致部分地区检察宣告工作长期滞后。

3. 没有树立正确政绩观，存在“干不好”的问题

由于制发一件高质量的社会治理检察建议要经过调查核实、综合分析、沟通交流、送达回复、督促落实等诸多环节，有的检察建议工作量甚

至超过办理一些简单案件，一些地方还没有将社会治理检察建议视为办理新的案件并纳入检察官工作考核，影响了检察官制发此类检察建议的积极性、主动性。另外，对社会治理检察建议的考核标准不精准、不科学，存在片面追求数据指标等情形。一些地区还存在片面追求社会治理检察建议数量的现象，导致“数量为王，质量放一旁”的情形屡屡出现，一定程度上影响了社会治理检察建议的质量和“刚性”，损害了新疆检察机关法律监督的权威。

三、提升社会治理检察建议质效，促进源头治理、推动社会治理的优化路径

“在当前中国语境下，社会治理是在执政党领导下，由政府主导并负责，多种主体共同参与，协同全面管理社会公共事务、供给优质公共服务产品、共同维护社会秩序、化解社会矛盾和纠纷、满足社会公共利益需要的活动。社会治理检察建议工作需要特别注意社会治理的主导、协同、全面等特征。”[①] 即形成“党委领导 + 政府主导 + 各方参与 + 司法保障”的检察建议工作格局。社会治理体系和治理能力的现代化，要求检察机关在制发社会治理检察建议的过程中，立足法律监督职能，围绕自治区中心工作，坚持为大局服务、为人民司法、为法治担当。聚焦推进反恐维稳法治化常态化、优化法治化营商环境、防范化解金融风险、生态环境和资源保护、食品药品安全、安全生产、文物和文化遗产保护等重点领域，紧盯涉及民生民利、执法司法和社会治理中的突出问题，通过检察建议推动系统治理、依法治理、综合治理、源头治理，构建齐抓共管的社会治理格局。要严格坚持严格依法、准确及时、必要审慎、注重实效的原则。加强对检察建议必要性、合法性、规范性、说理性的审核把关，注重政治效果、法律效果、社会效果相统一。注意提升社会治理检察建议的制度刚性、规范化程度和民主化程度，最终实现治理效能，达到“个案办理到类案监督再到社会治理”的良好效果。

---

① 刘艺：《社会治理类检察建议的特征分析与体系完善》，载《中国法律评论》2021 年第 5 期。

（一）更新司法理念，以“合力”保障“治理”

坚持将“高质效办好每一个案件”的要求落实到制发每一件社会治理检察建议工作中，要加大对本院各业务部门和下级院学习适用《人民检察院检察建议工作规定》和《检察机关开展检察建议工作有关问题的解答》的监督指导力度，创新依法履职，积极担当作为，持续推进检察建议的案件化、规范化办理，进一步发挥检察建议在加强源头治理、促进社会治理、推进国家各方面工作法治化中的积极作用，以更高层次综合治理促进更高水平社会治理，助力中国式现代化的建设和实现。

一是新疆三级检察机关都要将检察建议特别是社会治理检察建议作为法律监督重要业务之一，将监督与办案有机融合，使司法办案和检察监督既齐头并进、均衡发展，又相互促进、相得益彰。

二是要积极争取支持，按照《决议》相关规定和“运用好宣告送达、抄送通报等方式督促落实”的要求，新疆各级检察机关要积极向同级党委、人大汇报检察建议相关工作情况和报送专项工作报告，争取大力支持。

三是检察机关与其他国家机关协同赋权检察建议之能效。“检察建议的协同赋权范式旨在树立作为党领导下的社会监督系统子系统的协同检察监督观，通过检察机关与被建议方的协同合作赋权，检察系统内部、外部协同赋权，主体、技术、制度与机制协同赋权，融通政治监督、党纪与行政监察、法律监督、民主监督、舆论监督、社会监督的观念藩篱，增强协同监督力，研究提升新时代检察建议刚性的现实可行性道路，建构中国检察理论话语体系，消解检察建议刚性不足的制度性焦虑。”①

（二）带头示范，进一步强化引领和指导作用

认真贯彻最高人民检察院对检察建议工作的一系列要求，全区各级检察机关抓好最高人民检察院第一至十一号检察建议的跟进落实，协同有关职能部门进一步深化源头治理。同时，在充分调查研究的基础上，要针对本地社会治理中某一行业领域存在的突出问题，提前谋划好社会治理检察建议的制发方向，积极制发高质量检察建议，推动法律监督由个案办理向

---

① 李立景：《协同赋权：新时代中国检察建议的范式转型与重构》，载《湖南社会科学》2020 年第 5 期。

类案监督再到社会治理拓展。坚持“治罪与治理并重”“末端处理与前端治理相结合”，认真学习最高人民检察院连续四年发布的全国检察机关优秀社会治理检察建议和新疆维吾尔自治区检察院连续三年发布的全区检察机关优秀社会治理检察建议，充分发挥典型案例的指引作用，在办案中依法履职，力争制发一批建议质量高、落实质量好的社会治理检察建议。同时，注重建立健全优秀社会治理检察建议典型案例的培育机制，定期召开新疆检察机关社会治理检察建议工作推进会，做好先进经验的总结和推广。

（三）多措并举，抓好检察建议全过程工作

检察建议的“刚性”首先取决于建议的质量，决不能凑数，否则“自砸招牌”；其次取决于落实的“韧性”。检察机关发出社会治理检察建议的对象要避免范围过大或者过小，特别是要避免社会治理检察建议的泛化。[①]这就要求新疆三级检察机关在制发社会治理检察建议过程中，从问题线索发现、调查核实、文书质量、送达方式、督促回复、跟踪落实等各个环节求极致，要采取查询调取复制相关证据材料、向当事人、有关知情人员或者其他相关人员了解情况、咨询专业人员、相关部门和行业协会等对专门问题的意见以及听取被建议单位意见等方式深入开展调查核实，通过座谈交流、检察听证等方式加强与被建议单位沟通协调，赢得被建议单位认可，推动被建议单位自觉认识和整改问题、自觉采纳检察建议、自觉接受监督，多措并举推动检察建议整改落实到位。

（四）各司其职、各尽其责，以“我管”促“都管”

抓好社会治理检察建议工作，不是某一部门或者某一条线的工作，需要相关部门加强沟通协调和配合，形成合力。新疆维吾尔自治区检察院各业务部门要切实担负起“第一责任人”职责，加大条线指导和监督力度，规范和提升本条线制发工作质效；案件管理部门要加大社会治理检察建议业务数据分析研判、流程监控、质量评查工作力度，加强指标应用督导，定期开展数据质量检查，严防“反管理”问题；法律政策研究部门要加大

---

① 王林、王柏洪：《社会治理类检察建议的权力边界及规范化》，载《广西大学学报（哲学社会科学版）》2021年第2期。

指导和督促提醒力度，落实实名通报制度，严格执行备案、审核工作要求，及时发现和纠正文书格式、建议内容、监督效果等方面存在的突出问题，合力提升工作质效。

（五）紧盯督促落实，持续推动从“办理”向“办复”转变

检察建议发出后要持续跟进监督，逐案跟踪，全区各级院都建立制发工作台账，逐案登记回复、采纳情况。通过督促提升回复率和采纳率，强化检察建议落实效果，推动问题切实得到解决，不断提升检察建议的“韧性”。对被建议单位无正当理由不回复、不采纳及不落实整改的，通过上级检察机关通报该单位的上级机关、行政主管部门、行业自律组织依法依规处理。必要时，提请同级人大常委会进行监督。

（六）优化工作机制，以“问效”提升“质效”

应勇检察长反复强调，“有数量的质量”和“有质量的数量”必须统筹在更加注重质量上面。要坚决摒弃“唯数量”“唯排名”“凑数发”等惯性思维和做法。建议新疆维吾尔自治区检察院各业务部门、案管部门、法律政策研究部门和检务督察部门要共同研究、优化完善检察建议工作，通过点对点指导、点名通报、反面典型案例、流程监控、案件质量评查、业务数据分析等多种方式，引导各地从数量论“英雄”向质效、精品转变，真正做到既善于制发，又不能滥发，让检察官不被数据所困，不被考核所累，把精力聚焦到高质效办好每一个社会治理检察建议。

最后需要特别需要重视的是，一方面，在国家治理现代化背景下，社会治理检察建议“应坚持司法化、谦抑化、协同化、智能化方向，加快实现现代化转型”。[①] 充分发挥检察建议在法治监督、权力制约、权利保护、公共利益监护、社会治理上的重要功能，把检察建议制度优势转化为国家治理效能。另一方面，要加强检察机关制发社会治理检察建议事前、事中和事后的把控，即事前坚持源头治理，“办理一案、治理一片”；事中加强沟通联系，提高检察建议的质量和效果；事后主动跟踪落实，促进检察建议真正发挥作用，实现政治效果、法律效果和社会效果的有机统一。

---

① 黄文艺、魏鹏：《国家治理现代化视野下检察建议制度研究》，载《社会科学战线》2020 年第 11 期。

减刑、假释实质化审理背景下检察监督机制完善路径研究

周蕴露　林宣好　俞铭珊*

一、问题的提出

刑事执行是刑事诉讼的“最后一公里”，刑事执行检察是刑事司法环节的最后一道关口，事关司法公正能否落到实处。《中共中央关于加强新时代检察机关法律监督工作的意见》指出，要完善刑罚变更执行的同步监督机制，有效防止和纠正违法减刑、假释、暂予监外执行。2021 年 12 月 1 日，“两高两部”联合印发《关于加强减刑、假释案件实质化审理的意见》（以下简称《意见》），对推进减刑、假释案件实质化审理提出明确要求。2023 年 3 月 3 日，“两高两部”又联合印发了《关于依法推进假释制度适用的指导意见》。这些规范性文件的发布对检察机关开展刑罚变更执行监督提出了新的更高要求。

减刑、假释案件的实质化审理是以审判为中心的刑事诉讼制度改革的应有之义，要求开庭审理的案件，庭审进程对案件审理结果产生实质影响，实现证据核查在法庭、事实认定在法庭、意见发表在法庭、裁判理由形成在法庭。未开庭审理的案件，有关职能单位也必须对事实证据进行真正实质性的审查。实质化审理离不开实质化审查，实质化审查有赖于实质化监督。《意见》要求检察机关在对减刑、假释案件进行审查时，应坚持主客观改造表现并重，全面依法严格审查证据材料。尽管《意见》、最高

* 周蕴露，上海市杨浦区人民检察院党组成员、副检察长；林宣好，上海市杨浦区人民检察院第三检察部检察官；俞铭珊，上海市虹口区人民检察院第四检察部检察官。

人民法院《关于办理减刑、假释案件具体应用法律的规定》、《人民检察院办理减刑、假释案件规定》等法律规范对减刑假释案件的审查程序作了相对明确的规定，但此类案件在办理中仍存在一些不甚清晰之处。比如，减刑、假释审查权究竟是“行政权”还是“司法权”；又如，检察机关如何突破传统法律监督模式下存在的困境，实现实质化监督。这些问题都需通过研究进一步阐释明确。

一方面，基于我国传统的刑罚变更执行模式，有观点认为，减刑、假释审查权属于“行政权”范畴。有观点则认为，随着法院、检察院在减刑、假释案件中发挥越来越重要的作用，减刑、假释案件的审查权更应该被定性为“司法权”。《意见》的下发及其对减刑、假释实质化审理的强调，将促进减刑、假释审查权在实质层面纳入司法权范围。为筑牢检察机关法律监督基础，首要任务是明确减刑、假释审查权的性质。另一方面，目前减刑、假释案件的检察监督“办事”色彩仍然浓厚，具体表现在方法层面实质化审查不充分、程序层面程序推进乏力、实质层面庭审实质监督不足等，造成部分案件审查流于形式，法律监督没有发挥应有作用，进而导致诸如郭文思、孙小果等案发生，损害司法权威和公信。总之，在实质化审理的背景下，如何探索更为有效的手段，进一步发挥检察机关在减刑、假释监督工作中的作用，已刻不容缓。

二、减刑、假释检察监督的理论依据

减刑是基于罪犯在服刑期间的良好表现，由有关机关减轻依原判决还未被执行的刑罚量的刑罚变更执行制度。假释是国家权力机关依据一定程序对确有悔改、人身危险性降低、再犯可能性小的罪犯予以提前释放的刑罚变更执行制度。[①] 讨论检察机关减刑、假释监督问题，必须溯清减刑、假释程序究竟是何性质，检察机关是否拥有监督权。

（一）“行政权说”的否定

“行政权说”认为，作出司法判决是司法行为，执行司法判决是行政行为，执行工作归属于行政活动，具有行政性质。我国刑罚是由行政机关

① 孙琳：《减刑假释程序研究》，中国人民公安大学出版社 2011 年版，第 4 页。

执行的。[1] 也有学者认为减刑、假释的实质是对刑罚的变通执行，并非减少或改变原判刑期，而是减少原判决的执行，因此，减刑、假释不是审判的组成部分，而完全是一种刑罚执行方式。[2] 这一模式下减刑无须司法机关审查，不进行举证质证、辩论等司法环节，行政化审批色彩较为浓厚。

诚然，在我国传统减刑、假释案件办理模式下，执行机关发挥了主导作用。尽管刑事诉讼法明确罪犯的减刑、假释由执行机关提出建议书，报请人民法院审核裁定，但法院更多的是以书面审查为主，即依据执行机关提交的证据材料及申请意见作出裁判。罪犯、律师、被害人等诉讼参与人难见身影，审理中也缺少举证、质证等环节。检察机关虽也参与其中，但更多的是与执行机关保持一致，法庭对抗少，赞同意见多，案件审理流于形式的问题较为突出。据此，认为减刑、假释审查权是行政权的观点有一定道理，因为在传统模式下真正决定罪犯能否获得减刑、假释的主体是执行机关，司法机关在案件审查中并未充分发挥作用。但上述现象的存在并不意味着减刑、假释审查权就是行政权，首先，行政权行使的依据是行政类法律法规，但减刑、假释的依据是刑法及相应司法解释，相较于行政法律法规，稳定性更好、强制性更强、法律效力更高。其次，在行政法律关系中，行政机关和行政相对人并非平等主体，是管理与被管理的关系。但在刑事法律关系中，虽然罪犯因为先前犯罪行为对社会造成了危害而承担了义务，导致罪犯部分权利受限，但是其与普通公民在适用法律上，仍处于平等的法律地位。最后，行政权在作出决定时并不需要司法权的介入，行政事务的最终决定权由行政机关掌握，但是减刑、假释的裁决最终是由法院作出的。因此，片面地以行政机关执行刑罚为由而将减刑、假释审查权定性为行政权是不合理的。

（二）“司法权说”的肯定

“司法权说”在我国一直占主导地位。该说认为，减刑、假释审查权是刑事诉讼法的重要组成部分，即刑事执行是刑事审判的自然延伸，与刑事审判一样，同为司法行为。从国家运用刑罚实践的立场上看，减刑、假

---

① 谭世贵主编：《中国司法改革研究》，法律出版社 2000 年版，第 294 页。

② 李豫黔：《我国减刑制度司法实践的反思与探讨》，载《中国监狱学刊》2003 年第 3 期。

释审查权是刑事司法权的最后一个环节，是刑罚权的实践性一环，只有通过减刑、假释审查活动才能实现刑罚。因此，减刑、假释审查权属于刑事司法权性质，是国家刑罚权有机组成部分。[①] 从性质上看，减刑、假释是对刑罚的变更，是由法院对终审判决作出的变更，关系到罪犯、被害人的合法权益以及社会的稳定，因此须纳入司法权范围。通过法院这一中立第三方防止行政机关可能出现的权力滥用等情况，特别是对罪犯的服刑期间表现情况的认定、证明材料都是由监狱等司法机关出具的，如果再将减刑、假释的审查权定性为行政权，监狱等行政机关在对罪犯减刑、假释的审查上就会陷入既当运动员，又当裁判员的局面，这不仅对罪犯不公平，也违背了现代法治原则和正当程序要求。故有学者指出："在刑事执行程序的制度设计上，至关重要的问题是确定刑罚执行权的行政权属性，以及执行过程中刑罚变更事项的司法裁判权性质。"[②]

2021 年发布的《意见》通过强化执行机关的举证责任、检察机关的监督职能和法院的审判职能，推动减刑、假释的实质化审理，从而促使减刑、假释审查权在实质层面纳入司法权范围。支持这一结论的理由有以下几点：

首先，减刑、假释是对原判刑罚的变更，是在不改变原判事实、罪名认定的前提下，通过综合考察罪犯犯罪性质、情节、财产性判项履行情况、服刑期间悔改表现等因素后对量刑部分的变更，是对原生效判决内容的实质性变更，是司法权的延伸。因此，减刑、假释审查权都应归属于司法权。

其次，《意见》要求减刑、假释审查程序应当符合庭审实质化要求。即通过庭审的方式认定案件事实并在此基础上决定被告人的定罪量刑。[③] 长期以来，减刑、假释庭审虚化的问题始终存在，法院在案件审理中过于依赖执行机关提交的报请材料，不少案件审理流于形式，检察监督也缺少有效手段，导致有的案件关键事实未能查清，矛盾和疑点被放过，甚至一

---

① 张绍彦：《刑罚权与行刑权的运行机制探析》，载《法学评论》1999 年第 3 期。

② 陈瑞华：《问题与主义之间——刑事诉讼基本问题研究》，中国人民大学出版社 2003 年版，第 27 页。

③ 汪海燕：《论刑事庭审实质化》，载《中国社会科学》2015 年第 2 期。

些虚假证据得以蒙混过关，审判机关的职能作用没有得到充分发挥。[①]《意见》的制定，使得减刑、假释案件实现从“审批”到“审理”的转变，实现由行政化审查向实质化审理的转变，赋予了减刑、假释案件办理更强的司法属性。《意见》规定要充分发挥庭审功能、健全证人出庭作证制度、有效行使庭外调查核实权。这些规定的具体落实，体现了对程序的高度重视，[②] 有助于减刑、假释案件在审理中引入诉讼化机制，实现庭审实质化。

最后，减刑、假释审查权归属于司法权有助于从根本上解决减刑、假释领域的顽瘴痼疾。目前我国司法机关对减刑、假释案件的审查办理程序尚不完善，在防止司法腐败方面发挥的作用还不充分。为此，《意见》分别从实体条件以及监督保障两个方面，进一步细化实质化审理的工作要求，将案件审理聚焦于证据，要求检察机关与法院严格围绕证据的真实性和证明力进行审理，并通过内部监督、外部监督、上级监督指导等全方位监督体系，加强权力运行的制约，规范减刑、假释工作。

三、减刑、假释检察监督模式的实践困境

（一）“办事化”色彩较浓厚

“办事化”色彩浓厚是刑事执行检察工作长期存在的问题。刑事执行检察监督工作存在启动随意、程序不规范、评价标准不明确、监督效力不高等问题，使得监督不规范、质效较低，缺少监督刚性。虽然2015年全国刑事执行检察工作会议明确提出，工作模式上要从以“办事”为主向以“办案”为主转变。[③] 但在2021年全国检察机关开展的“九类重点案件”排查整治中仍发现，案件化办理程度低仍是普遍现象，具体表现为“批量式”审查、“台账式”审查，“单页纸”卷宗等不规范现象仍大量存在，各项工作的开展缺少程序规范。2016年，《“十三五”时期检察工作发展

---

① 罗智勇、董朝阳、孙自中：《〈关于加强减刑、假释案件实质化审理的意见〉的理解与适用》，载《中国应用法学》2022年第3期。

② 熊秋红：《推进减刑、假释案件实质化审理，必须让审理回归司法程序》，载《人民法院报》2021年12月11日。

③ 何剑：《刑事执行监督“办案”模式相关问题与完善路径》，载《中国监狱学刊》2021年第3期。

规划纲要》明确提出“探索实行重大监督事项案件化”后，减刑、假释审查在案件化办理的轨道上实现较大突破，但受思维惯性影响，仍存在证据意识不强、以工作记录取代证据材料、没有逐案审查监督等问题，影响刑事执行检察监督的规范性、及时性和有效性，[①] 使得减刑、假释实质化审查难以落到实处。

（二）实质化审查不充分

1. 重形式要件轻实质要件

《关于办理减刑、假释案件具体应用法律的规定》（以下简称《规定》）明确司法机关在审查减刑、假释案件时应考虑罪犯犯罪的各方因素，并对“确有悔改表现”“立功表现”“财产性判项的履行”等作了详细规定，完善了减刑起始时间、间隔时间、减刑幅度等内容，在形式层面规范了司法机关对减刑、假释案件的审理。因此，检察机关在审查监狱报请的减刑、假释案件时，较为注重对上述可量化指标的考察，往往忽视罪犯内心真悔改情况。实践中较为典型的现象便是认罪服法书无法反映认罪悔罪情况，有的内容模式化严重，套话空话多，结合自身情况，体现思想认识少；有的照抄他人，案件事实根本和自己无关；还有的内容、日期造假，或者连续多年内容雷同。此外根据规定，除文化程度或身体健康原因外，认罪服法书需由罪犯本人书写。但部分罪犯既不符合代写条件，代写内容也不符合形式要件。以上两种情况反映罪犯对自身行为并未彻底认识并悔改。因此，必须明确应坚持主客观改造表现并重，更加注重审查判断罪犯的主观悔罪心态，准确查明罪犯是否确有悔改表现，减少罪犯重新犯罪的可能，作出正确的减刑、假释裁定。[②]

2. 重书面审查轻调查核实

监狱向检察机关、法院报请减刑、假释时基本采用“一批一报”方式，少则几十件，多则上百件。每个案件都附有罪犯刑事判决书，奖惩审批表、认罪服法书等材料。这些材料时间跨度长，特别是在《规定》提出要从严把握减刑、假释起始期和间隔期后，跨度一般都在 1 年以上。然而

---

① 王守安：《论刑事执行检察办案模式》，载《人民检察》2018 年第 19 期。

② 侯亚辉、罗智勇、李静：《“减假暂”顽瘴痼疾整治三人谈》，载《人民检察》2021 年第 23 期。

检察机关需要在最长20日内完成对大量案件的材料审核、列席评审委员会会议、出具检察意见等工作，因此逐案开展调查核实往往难以实现。受限于减刑假释程序具有极强的封闭性，执行机关通常较检察机关更为强势，检察人员的调查核实权有限，能力与手段不足，导致很难真正发现减刑、假释案件中可能存在的问题，更多的是进行书面审查，调查核实缺位。

（三）检察程序推进乏力

监管执法行为的行政色彩浓厚，具有高度的单方性与支配性特征，因此相较于其他检察业务类型，刑执工作时常呈现出程序推进乏力的样态。虽然有规定监狱应将提请建议书副本抄送人民检察院，邀请检察院派员列席评审委员会会议，但"抄送"和"列席"两个词意味监狱只需按流程通知检察机关参与评审委员会会议并将相应材料提交给检察机关即可，无论检察机关有无反对意见，均不会实质性影响监狱向法院提请。对法院的监督亦存在相似问题，虽然规定检察机关认为法院减刑、假释裁定不当的，应向法院提出书面纠正意见，法院应在收到纠正意见后重新组成合议庭作出裁定，但是实践中，法院可以采纳检察机关意见，也可以不予采纳，且不予采纳不会引发任何实质上的后果。

（四）庭审实质监督不足

司法实务部门始终将"庭审实质化"作为推进"以审判为中心"诉讼制度改革的重要抓手，[①] 但减刑、假释案件庭审距离实质化尚有差距。虽然相关司法机关已发布减刑、假释案件审理的流程规定，但与刑事案件审理中的控辩审完整三方结构不同，减刑、假释案件尽管在形式上呈现出监狱举证、法院决定、检察监督的三方诉讼结构，实质上缺少对抗，案件审理更像一场"表演"，表面上检察机关出庭监督，法院审判，实际仍是以监狱报请为准。因此，有学者指出，当前减刑、假释开庭审理是一种典型的"线性结构"，类似于我国古代的"三司会审"[②]。证人出庭亦是如

---

① 沈德咏：《庭审实质化的六项具体改革措施》，载《法制日报》2016年2月3日。

② 刘天响：《减刑、假释开庭审理形式化之检讨》，载《中国刑事法杂志》2011年第11期。

此，刑事审判中证人出庭提供的证言密切关系庭审实质化程度，但在减刑、假释案件中，法院书面审理属于常态，开庭仅限于具有重大立功、公示期间收到不同意见等六种情形的少数案件，而在开庭审理的案件中，证人出庭更多是用于证实提请的合法性，很少出现控辩双方交叉询问的情形。据此，目前减刑、假释案件庭审中证人的出席并没有促进审理实质化，整个庭审实际有“诉”无“讼”。

四、新形势下实质化监督完善路径

（一）融合提升形式审查与实质审查

《意见》强调坚持主客观改造表现并重。这要求检察机关将形式审查作为实质审查的逻辑起点与判断基础，将实质审查作为规范判断的论证依据，切实将减刑、假释监督工作从对刑罚执行机关提供证据材料的印证过程转变为对罪犯主观世界改造的充分论证。因此，检察机关应加强对证据材料的实质性评估，在继续抓严抓实“计分考核结果”等形式要件的基础上，进一步综合考察罪犯的犯罪性质、原判刑罚、财产性判项履行情况等内容，注重对罪犯主观世界改造情况的评估，并根据处遇个别化原则制订评估方法，还可引入心理测试、社会调查等方法，深入分析罪犯主观世界，探索建立减刑、假释案件专家库，由专业人士进行评估，防止客观归罪、主观归罪情形在刑罚变更执行环节发生，确保评估结果的客观性和公正性。在判断罪犯“是否确有悔改表现”时，还要注重与刑事诉讼法第15条规定的认罪认罚从宽制度相衔接，罪犯在侦查、起诉、审判环节因认罪认罚获得从宽处理的，要考察其在执行环节是否具有相应的悔改表现。比如，是否认真撰写认罪服法书，是否有效改正恶习，是否积极履行财产性判项等，从而实现认罪认罚从宽在刑事诉讼的全流程适用落实。

（二）协同推进书面审查与调查核实

《人民检察院办理减刑、假释案件规定》规定六种检察机关应进行调查核实的情形，《意见》也强调坚持严格审查证据材料，对于没有证据证实或者证据不确实、不充分的，不得裁定减刑、假释。实践中，监狱出于狱政管理需要，多嘉奖加分、少违纪扣分的情况时有发生，如有的监狱多次以篮球赛、拔河比赛等集体活动第一名的名义给参赛的服刑罪犯予以专项嘉奖；又如，有的监狱对打架罪犯仅做少量扣分。此类现象要求检察人员结合书面审查和调查核实，全面评估案件情况。具体而言，检察机关一方面，应加强实质化审查的办案理念，强化证据意识，树立办案思维，不断提高减刑、假释案件办理质效；另一方面，应坚持问题导向，通过“三查融合”① 发现类案线索、批量查明事实、纠正深层次问题，推进法律监督工作更主动、系统、深入，实现审查、调查、侦查的优势互补，激发 1+1+1>3 的聚合效应。② 在审查方式方面，应充分运用讯问罪犯、实地走访、文证鉴定等方式对执行机关提供的材料进行全面审查。在审查标准方面，应以证据为中心，强化证据规则运用，做到实体证据和程序证据审查并重，确保各项证据材料符合证据要求，实现“区别对待”。

（三）有机结合派驻检察、巡回检察与检察侦查

巡回检察的创设是检察制度的一次重大革新，能有效弥补派驻检察的短板，提升刑事执行检察的刚性和实效。一方面，要充分发挥“驻”的便利，从日常检察中发现问题，及时有效掌握监管动态。③ 另一方面，要发挥“巡”的优势，从巡回检察中解决问题，实现点面结合监督全覆盖。同时，应坚持“刀刃向内”，关注检察监督中存在的诸如不敢监督、不愿监督、不善监督问题以及失职渎职等违纪违法行为，对派驻检察履职情况进行同步检查，加强实质化监督，规范案件办理程序和标准，从源头上防止违纪违法问题发生。在巡回检察结束后，要充分发挥派驻检察作用，深入跟踪，做好刑罚执行监督的“后半篇文章”。对派驻与巡回检察中发现的涉及刑罚变更执行的职务犯罪案件线索，要及时移送纪检监察、检察侦查等职能部门办理。通过聚焦刑罚变更执行中的关键环节和重点对象，积极查办徇私舞弊减刑、假释犯罪，提增监督刚性，形成有效震慑，防范廉政

---

① 三查融合指的是检察机关在依法履行法律监督职能过程中，充分运用审查、调查、侦查三种调查核实方式，促进三者之间有机贯通、高效协同、形成合力，构建起以审查为基础、调查为关键、侦查为核心的调查核实工作新格局，实现检察机关法律监督政治效果、法律效果和社会效果的有机统一。

② 贾宇：《以审查、调查、侦查“三查融合”，全面提升新时代检察机关法律监督质效》，载《法治时代》2022 年第 1 期。

③ 范跃红：《“智慧”加持提升巡回检察质效》，载《检察日报》2019 年 7 月 26 日。

风险，确保刑事执行环节公平正义。

（四）优化庭审实质化审理与监督

以审判为中心的刑事诉讼制度改革强调诉讼以审判为中心、审判以庭审为中心，关键是要推动庭审实质化，庭审实质化往往需要以有对抗性的两造为前提，我国刑事审判已形成以控辩为支点的三方诉讼格局，但在减刑、假释案件开庭审理中，诉求重合，庭审缺乏对抗性。有学者指出："与程序的结果有利害关系或者可能因该结果而蒙受不利影响的人，都有权参加该程序并得到提出有利于自己的主张和证据以及反驳对方提出之主张和证据的机会。"[①] 减刑、假释事关罪犯切身利益，因此，需要明确案件开庭审理的程序与内容。在诉讼参与人方面，可以将监狱等执行机关作为提请刑罚变更方，被执行人为申请刑罚变更主体，探索律师参与机制，法院作为居中裁判者，检察机关则作为监督方。执行机关、检察机关围绕是否需要变更及如何变更刑罚、证据材料等方面展开质证论证。作为提请方，监狱负有证明罪犯符合减刑、假释条件的证明责任，一旦无法证明，将遭受败诉的法定风险。检察机关则就提请方主张的事实和出示的证据予以反驳并加以证实，通过调查、质证、论证等环节，促使法院作出公平公正的裁决。在程序方面，可参照刑事案件审理基本程序，促进减刑、假释案件的高效公正办理。

同时，可以探索被害人参与制度，保障被害人知情权，提供被害人发表意见机会，使罪犯认识到其犯罪行为的危害，使被害人感受到罪犯的代价以及改造改变，从而促进相互理解，化解社会矛盾。特殊情况下，法官还可以根据被害人的要求对提前出狱的犯罪人提出一些限制性要求，防止后续侵害发生，做实为大局服务、为人民司法。[②]

随着后续减刑、假释案件实质化审理的不断推进，刑事执行检察部门干警出庭应诉能力亟须提升。因此，应重视队伍建设，提高规范办理减刑、假释案件的能力和水平。加强业务培训和岗位练兵，强化培养针对

① ［日］谷口安平：《程序的正义与诉讼》，王亚新、刘荣军译，中国政法大学出版社1996年版，第12—22页。

② 宋久华：《被害人参与减刑假释程序问题探讨——以减刑假释案件实质化审理为背景》，载《广西警察学院学报》2023年第4期。

性。通过业务竞赛、建立人才库等途径，辐射带动整体业务水平提升，并加强人员交流，[①] 通过定期轮岗、动态调整，促进刑事执行检察队伍整体监督能力提升。

（五）大数据赋能刑事执行检察监督

最高人民检察院检察长应勇提出："推进数字检察工作，必须做实数据治理、聚合、管理、应用，让数据'开口说话'。要协调获取研发特定法律监督应用模型所需的特许数据，建立有效协调机制，形成监督合力。"数字检察建设的根本目的是赋能法律监督。2023 年 10 月，最高人民检察院以假释监督为主题，发布了第四十九批指导性案例，其中罪犯向某假释监督案就是通过构建运用大数据监督模型，从四个维度对罪犯"再犯罪的危险"进行指标量化评估，参考量化分值得出结论，从而增强判断的客观性、科学性。大数据赋能检察监督，要求检察机关牢固树立数字检察思维，不断强化与执行机关沟通协作，实现信息的互联互通，打破数据壁垒，确保罪犯刑罚执行阶段全周期、全链条信息共享。对于收集到的数据，应充分分析研究，根据案件办理特点，有针对性地打造监督模型，实现对罪犯悔罪表现的精准评估，提升工作效率。同时，通过实现智能审查和过程监控，统一审查标准，确保监督规范、客观、公正。

五、小结

《2023—2027 年检察改革工作规划》强调要健全刑罚交付执行和刑罚变更执行的监督制度。应勇检察长指出要深刻把握"三个善于"，即善于从纷繁复杂的法律事实中准确把握实质法律关系，善于从具体法律条文中深刻领悟法治精神，善于在法理情的有机统一中实现公平正义，从而高质效办好每一个案件。据此，检察机关应当着眼于减刑、假释监督办事色彩浓厚、实质化审查不充分、程序推进乏力以及庭审实质监督不足等实际问题，积极提出相应措施和对策，为维护刑事司法公正、实现"三个效果"有机统一、全面推进依法治国贡献检察力量。

---

① 侯亚辉、罗智勇、李静：《"减假暂"顽瘴痼疾整治三人谈》，载《人民检察》2021 年第 23 期。

侵犯公民个人信息罪的刑法边界问题研究

舒策华　金陈朋　翁林洁*

如今，互联网早已经全面融入社会生活的方方面面，尤其是随着近些年来，大数据、人工智能等数字技术的跨越式发展及广泛应用，社会共同生活不再仅仅由公共领域构成，个体的私人生活与私人信息同样是社会共同生活的组成部分；政府在社会治理和决策方面要广泛运用个人数据；现代商业所具有的精准营销、网络推送以及个性化定制等基本模式，也是基于对个人数据的分析而产生的。可以说，人们在享受着数字技术高速发展带来便利、高效的同时，也在面临着个人信息被泄露、被滥用的一系列风险与危机，大量侵犯个人信息的违法犯罪由此滋生，公民个人信息保护成为亟待解决的重要问题。

一、侵犯公民个人信息问题的提出及实质

（一）问题的提出

刑法作为保障公民合法权利的最后一道防线，在公民个人信息保护立法上也不断呈现出趋严之势。从 2009 年 2 月 28 日起施行的《刑法修正案（七）》第 7 条增设刑法第 253 条之一，2009 年“两高”《关于执行〈中华人民共和国刑法〉确定罪名的补充规定（四）》规定了出售、非法提供公

* 舒策华，浙江省温州市泰顺县人民检察院检察委员会专职委员、第一检察部主任、四级高级检察官；金陈朋，浙江省温州市泰顺县人民检察院第一检察部检察官助理；翁林洁，浙江省温州市泰顺县人民检察院第一检察部检察官助理。

民个人信息罪（第 253 条之一第 1 款）和非法获取公民个人信息罪（第 253 条之一第 2 款）两个罪名，将公民个人信息纳入刑法保护范围。到 2015 年 11 月 1 日起施行的《刑法修正案（九）》第 17 条对刑法第 253 条之一作了完善修改，2015 年“两高”《关于执行〈中华人民共和国刑法〉确定罪名的补充规定（六）》将上述两个罪名合并形成了统一的侵犯公民个人信息罪。[①] 最高人民法院、最高人民检察院于 2017 年 5 月 8 日联合发布的《关于办理侵犯公民个人信息刑事案件适用法律若干问题的解释》就侵犯公民个人信息罪的刑事责任、处罚标准以及相关法律适用作出了系统性的规定。至此，侵犯公民个人信息罪也逐渐成为规制信息网络活动的常用罪名。

面对信息网络发展的日新月异，信息网络新行为层出不穷，侵犯公民个人信息罪在发挥治理效能的同时，又能否毫无阻碍地适用于各类“新问题、新现象”？如今，实践中就存在着这么一种新型案例，即在电子商务领域，经事先同意而出售他人个人信息的行为，以电子商铺转让作为典型范例：电子商铺的注册人（卖方）利用自身真实身份信息注册电子商铺账户，而后在未变更电子商铺信息的情况下，自愿有偿地将绑定了注册人真实姓名、手机号码和公民身份号码的电子商铺账户转让给购买者。卖方甚至同意购买者将该电子商铺有偿转让给第三方使用。如此一来，由于电子商铺的有偿转让未能按照电子商务平台的管理规定进行实名变更，导致出现大量电子商铺注册者与使用者不一致的情况。此情形极大地增加了电子商务平台管理的难度，同时也催生出了一条利用电子商铺销售违法或假冒伪劣产品的黑灰产业链和犯罪利益链条。但是，值得注意的是，以往侵犯公民个人信息的犯罪行为通常发生在信息所有者不知情的情况下，他们的个人信息被提供给第三方，而本案中的个人信息是出卖人自愿出卖且获得对价的，而非他人非法获取或收集所得，其在相关民事法律中并不算是一种侵权行为。因此，就上述行为的定性争议较大。

（二）问题的实质

上述问题的出现，不仅引发了学术界对侵犯公民个人信息罪入罪边界

---

① 喻海松：《“刑法先行”路径下侵犯公民个人信息罪犯罪圈的调适》，载《中国法律评论》2022 年第 6 期。

问题的广泛讨论，更为实务界的司法人员造成了一定的困扰，形成了不同的处理标准。传统刑法理论主张，犯罪的客体乃是由刑法予以保护且被犯罪行为所侵犯的社会关系，严重社会危害性被视为犯罪的本质特征。部分学者提出，纵览刑法分则，犯罪客体并非以社会关系来表述，而是以权利、秩序、利益等形式呈现；用“法益”来概括刑法所保护的利益，相较“社会关系”而言更为妥帖。[①] 对此，笔者表示赞同，“行为是否具有实质违法性，是根据法益是否受到侵害或者威胁来评价的”，法益的性质和类型，对于具体罪名的性质和排序具有抽象性的制约意义，对于具体案件的准确认定具有原则性的指导作用，可以说正确适用某一罪名的前提是理解其所保护的利益，故而对侵犯公民信息罪法益的确认也是解决上述争议问题的关键。

相比其他罪名而言，侵犯公民个人信息罪在我国是较为罕见的在法益方面意见分歧巨大的罪名，主要有个人法益说与超个人法益说两种观点。个人法益说认为该罪保护的法益是公民个人的信息自由及使用决定权；超个人法益说则认为，侵犯公民个人信息犯罪侵犯的法益不是公民个人的人身权利，而是社会的公共安全，具体来说是公共信息安全，因此需要从公民、社会、国家等多角度进行解释。[②] 与此相对应的侵犯公民个人信息罪的违法性也不再取决于公民个人，而是由社会秩序、公共利益等“超个人法益”所决定，出售他人个人信息的行为不因信息所有人同意而成为犯罪的阻却事由。上述争论的存在显著影响着公民个人信息保护中刑法手段的介入范围。

二、单一法益论的定位及现实困境

正如前文所述，目前有关侵犯公民个人信息罪法益的厘定，仍集中于个人法益、超个人法益的定位，然而不论是哪个学说，都有其赞同与反对之论述。

---

① 高富平、王文祥：《出售或提供公民个人信息入罪的边界——以侵犯公民个人信息罪所保护的法益为视角》，载《政治与法律》2017 年第 2 期。

② 邓根保：《个人信息的刑法保护边界——以侵犯公民个人信息犯罪为视角》，载《人民检察》2020 年第 18 期。

（一）个人法益说

倾向于将侵犯公民个人信息罪的法益定位为个人法益的专家学者们认为，首先，侵犯公民个人信息罪被设置于刑法分则第四章的“侵犯公民人身权利、民主权利罪”一章中，从刑法体系解释的角度来看，本罪作为刑法第253条之一，其保护法益应与第253条的“私自开拆、隐匿、毁弃邮件、电报罪”相协调，应以公民的个人法益作为本罪的主要保护法益；其次，确定该罪的法益为个人法益有利于个人对抗公权力，从而保障其对个人信息的控制；最后，虽然本罪规定了“违反国家有关规定”，但从民法典、个人信息保护法等前置法以及相关司法解释、行政法规的规定来看，仍能推断出本罪主要保护的法益仍然是公民的个人法益。

当然，也有人对上述几种观点提出了质疑。其一，各国包括我国的刑法体系结构、罪名的分布以及罪名与法益的对应不是绝对的，而是相对的。法律的稳定性固然重要，但亦不可忽视其可能的变动性。因此，根据刑法体系做出的判断实则是根据经验而做出的判断，而本罪所面临的则是瞬息万变的时代发展中的难题；其二，个人法益的作用在于限制国家的刑罚权，保障公民的个人自由，而在如今公民个人信息被泄露、被不当使用等情形屡屡发生时，正需要的是国家的刑罚权作用于不法分子，而不是限制刑罚权；其三，“违反国家有关规定”作为侵犯公民个人信息罪的前提条件。即前置法确定行为人的违法性，刑法作为保障法确定该罪的犯罪性。然而，从“前置法”与“保障法”、“违法性”与“犯罪性”这两组概念，可以看出侵犯利益的程度是不同的，社会危害性亦是不同的。因此，就法益的性质而言，通过从前置法来倒推、移植的方式来确定刑法所要保护的法益在逻辑上是否合理，仍值得商榷。[①]

（二）超个人法益说

超个人法益说在近年来呈现出扩张的趋势，尤其是在如今网络迅猛发展，信息交互频繁的时代。在这样一个现代化与风险并存的社会中，新的社会矛盾和难题不断滋生，便捷的交流却引发了新的安全风险，集体的自

① 王思秦：《侵犯公民个人信息罪法益之辨析与确证》，载《消费导刊》2022年第17期。

由与秩序迫切地需要被维护，超个人法益说因而有了发展的空间，并已在一定程度上得到理论界的认可。其中较为有说服力的观点主要是：（1）法律条文中并没有明确表明信息所有人同意可以成为信息收集的合法化基础；（2）本罪具有群体性和间接性特征，侵犯一个公民的个人信息权根本不能达到入罪门槛，不值得刑法保护；（3）个人信息同样承载着社会发展的公共要素，因此法律不会赋予个人以信息专有权并将个人信息“私有化”，以免阻碍社会发展；（4）就个体而言，在大数据时代中，单个自然人的个人数据本身不具有价值。

与个人法益说相似的是，超个人法益说也同样面临着诸多质疑。一方面，自超个人法益说被提出以来在理论上便一直存在着些许疑问尚待解释。首先，刑法第253条之一规定的犯罪对象是公民个人信息，为何犯罪客体成为社会秩序法益？超个人法益本就饱受主体不明的质疑，为何将本可被具体化的个人信息纳入模糊的超个人法益范畴？其次，在其他前置法已经不认为是违法的情况下，作为“保障法”的刑法是否拥有超脱于其他法秩序的独立标准？再次，在何种程度上公民对其个人信息法益的承诺能够被认可？最后，如何正确看待刑法第253条之一中的“违反国家有关规定”，本罪的成立是否需要指明“限制公民个人信息处分权”的相关规定？[①]

另一方面，在司法实践中，法院评价类似前文案例中行为人使用公民自愿出售的其个人信息的行为时，往往更倾向于以超个人法益作为认定标准，即认定使用者构成侵犯公民个人信息罪。这种处理方式削弱了个人法益在本罪法益中的地位，而更倾向于超个人法益，在某种程度上，这有助于充分打击滥用、非法利用公民个人信息的违法犯罪行为，是刑法在风险社会背景下法益保护前置的一种体现，但是这种立场也会导致公民对个人信息使用的决定权无法得到尊重。然而，在信息化社会的今天，个人信息的收集和使用已成为商业和政府进行市场分析和政策制定的必要手段，过度的限制难免会阻碍市场经济和政府决策。

综上所述，不论是将侵犯公民个人信息罪的法益定位为个人法益说还是超个人法益说，在学术界都存在较大争议，未能得到统一结论。对此，

---

① 冀洋：《法益自决权与侵犯公民个人信息罪的司法边界》，载《中国法学》2019年第4期。

笔者认为，个人法益说与超个人法益说之争显得尤为激烈，主要原因在于，很多观点将个人法益说与超个人法益说完全对立起来，孤立地强调超个人法益说的“集体性”或是个人法益说的“独立性”，因而得出该罪法益是个人法益或超个人法益的结论。

三、认定侵犯公民个人信息罪的新路径

（一）本罪法益的确定

基于上述论证，笔者认为，无论是个人法益说还是超个人法益说都无法完全涵盖侵犯公民个人信息罪所保护的合法利益，因此，将个人法益与超个人法益相结合（即社会公共安全秩序和公民个人信息使用决定权相结合）共同确定为侵犯公民个人信息罪的法益更为合理。首先，本罪位于刑法第四章“侵犯公民人身权利、民主权利罪”之中，因此，侵犯公民个人信息罪的首要法益应当是公民的个人信息权、生活安宁权等公民人身权利。其次，从公民社会和国家的视角来看，本罪所谓的“公民个人信息”应当具有超个人法益的属性。在现代社会中，公民的个人信息也与社会利益、国家利益乃至信息主权等问题紧密关联。信息“贩子”对购买的公民个人信息进行打包出售，并将其作为实施其他犯罪行为的工具，其中包括利用假身份信息虚假办理银行卡等，严重违反了国家的相关管理制度，侵害了公私财产安全。而且，将个人法益与超个人法益相结合作为侵犯公民个人信息罪的法益，不仅承认了公民对于其个人信息享有使用决定的权利，也能兼顾超个人法益所强调的“社会公共安全秩序”，遵循刑法的谦抑性原则，避免将仅进行少量个人信息买卖，且未实施其他违法犯罪、危害社会公共安全秩序行为的情形入罪。

（二）新立场的合理性

首先，正如前文提到的案例，倘若行为人的行为（如公民在约定范畴内且自愿同意公开披露的个人信息）并未对公民对个人信息的使用决定权造成侵犯，而只是侵犯了社会公共安全秩序，那么便不属于侵犯公民个人信息罪的规制范畴，倘若触犯其他罪名的，则以其他罪名追究刑事责任。如此一来，不但能够妥善协调个人信息保护法、民法典等前置法与刑法的

衔接问题，还可以在宏观层面上为国家法秩序的统一提供保证。在大数据时代的当下，合理保护公民对个人信息的使用决定权，这不仅与各类产业对于数据运行的高要求相契合，还为社会主义经济建设以及和谐社会的构建提供了支撑。信息社会中，个人数据的重要性不言而喻，刑法若过度干预也无益于社会的快速发展。作为社会防卫最后一道防线的刑法，其最为显著的特征在于严厉的制裁方式和广泛的规制范围。在各种前置法能够对公民个人信息的使用进行合理规范之际，刑法的介入应该保持克制。

其次，将本罪所保护的利益确定为“社会公共安全秩序和公民个人信息使用决定权”，将合理解决司法实践中涉及公民自愿出售个人信息进行诈骗等相关犯罪难题。如果仅确定本罪的法益为“社会公共安全秩序”，个人信息不能自愿买卖，那么司法实践中对行为人利用自愿买卖的公民个人信息办理银行卡，进而实施诈骗行为等情况，究竟是数罪并罚还是以牵连罪认定较难抉择，易出现同案不同判现象。但将本罪的保护利益确定为“社会公共安全秩序和公民个人信息使用决定权”，将公民自愿买卖个人信息的情形从侵犯公民个人信息罪中剔除，即可有效解决这一问题。①

最后，赋予公民对个人信息的使用决定权，并对公民自身已公开的个人信息的“二次授权”予以否认，这对于切实保障公民已公开的信息免遭违法利用具有重要意义。公民自愿公开披露其个人信息，然而却未允许他人将这些信息用于实施违法犯罪活动。目前，刑法并未对实践中存在的行为人通过收集已公开的个人信息实施非法买卖、诈骗等犯罪的“合理获取，非法利用”行为进行规制。而赋予公民对个人信息的使用决定权，或许就是化解此问题的关键所在，“合法获取，非法利用”公民个人信息的行为，必然引起社会公民对于自己已公开的个人信息是否会被用于网络借贷、非法办理银行卡以及诈骗、洗钱等违法犯罪的焦虑情绪，这不仅是对社会公共安全秩序的侵犯，更是对公民个人信息使用决定权的侵犯。

（三）契合我国刑法谦抑性原则

随着信息技术的迅猛发展，我国已进入快速发展的互联网时代社会，基于国家经济建设的需要，使用个人信息的频率必然增加，与此同时，相

---

① 来倩如：《法益视角下侵犯公民个人信息罪的入罪边界研究》，载《上海法学研究》集刊 2020 年第 15 卷。

关前置法的保障力度也会日益充足。按照刑法谦抑性原则，只有在某一行为具有严重的社会危害性，且没有其他适当的方法可以代替刑罚时，才需要将该行为规定为犯罪行为由刑法规制。换言之，若通过民事、经济或其他行政手段即可有效控制、防范，则无须上升至刑事评价。依据以上所述，在不违反法律、行政法规的情况下，我国民法典、个人信息保护法等前置法将公民自愿买卖和公开披露个人信息合法化，并通过给信息收集者、控制者设定义务的方式，避免非法使用公民个人信息的行为发生。鉴于此种行为的社会危害较小，主观恶性亦较小，可通过民事、经济或其他行政手段进行规范，不需要进入刑法领域。

四、结语

科技发展的日新月异，技术更迭的风云变幻，各种未知的风险和挑战也随之而至。多发性和复杂性是侵犯公民个人信息行为的显著特点，唯有准确把握侵犯公民个人信息的刑法边界，即明确侵犯公民个人信息犯罪的入罪标准，方能从根本上解决目前侵犯公民个人信息罪适用上的一系列疑难问题，更有利于理论界和实务界统一思想，进一步更新理念、廓清理论。而本文谨以法益视角为切入点，建议将侵犯公民个人信息罪的法益确定为社会公共安全秩序和公民个人信息使用决定权，二者相结合作为共同法益，期望能提供不同思考角度，帮助进一步明晰边界、解决司法困境难题。为完善我国个人信息保护制度，实现公民个人信息在信息时代、大数据时代的全面保护添砖加瓦。

新时期检察机关贯彻落实“法法衔接”工作研究

王保辉　姜　瑞*

为落实党中央决策部署，近年来，检察机关职务犯罪检察部门始终将“法法衔接”工作放到推进国家治理体系和治理能力现代化大局中去谋划、去推进，以国家监察委、最高人民法院、最高人民检察院、公安部联合印发的《关于加强和完善监察执法与刑事司法衔接机制的意见（试行）》（以下简称《意见》）为工作指引，持续加强与监察机关的配合协作，打通监察执法与刑事司法程序衔接堵点，不断完善职务犯罪案件办理工作机制，以高质效办案助力重点领域反腐，依法起诉了一大批职务犯罪案件，为反腐败斗争取得压倒性胜利并全面巩固作出了积极贡献。取得成绩的同时也要注意到，高压态势下，职务犯罪发案形势也在悄然变化，腐败手段翻新升级，新型隐形腐败不断出现，办案难度显著增加。2021 年 6 月，《中共中央关于加强新时代检察机关法律监督工作的意见》明确要求：加强检察机关与监察机关办案衔接和配合制约，健全衔接顺畅、权威高效的工作机制，推动刑事司法与监察调查的办案程序、证据标准衔接。新时期，检察机关必须强化问题导向，针对腐败案件形势出现的新变化、新特点，细化工作举措，进一步密切衔接配合，为坚决打赢反腐败斗争攻坚战、持久战持续贡献检察力量。

---

* 王保辉，安徽省淮南市人民检察院党组成员、副检察长；姜瑞，安徽省淮南市人民检察院第二检察部副主任。

一、职务犯罪检察特色工作方式

结合工作实践，当前各地检察机关坚持推进的职务犯罪检察特色工作主要包括以下几种：

（一）坚持推进案件专办和一体化办案

各地检察机关始终将推进职务犯罪案件与相关工作专人办理、专人负责作为落实“法法衔接”、提升工作质量的基础保障，组建专门“员额检察官+检察官助理”团队负责办理职务犯罪案件、跟踪业务数据、对接监察机关、开展普法宣传与犯罪预防等专门工作，并注重保持检察机关专办人员的稳定性，定期抽查专办人员办案数量与办案质量，以工作专门办理促业务专业提升。针对职务犯罪案件管辖特点，各地坚持统筹办案力量，推进职务犯罪案件一体化办理，从提前介入开始，两级以上检察机关一体介入，由上级检察院负责案件跟踪指导与沟通联络，统一办案尺度，提升办案质效，职务犯罪检察工作呈现专业、稳定的工作态势，最高人民检察院确定了22个首批全国检察机关重大职务犯罪案件办理团队（基地），这些优秀办案团队在高质效办案的同时，积累、传递办案经验，带动引领职务犯罪检察工作和办案水平整体提升。

（二）建立定期联络会商机制

作为监察执法与刑事司法衔接的中间环节，检察机关始终注重发挥自身职能作用，定期发起、组织工作会商，对工作中出现的程序衔接不畅、疑难案件争议问题、证据收集固定审查分歧等问题进行深入交流与讨论，促进消除分歧、提升工作合力。结合本地实践，联合有关单位印发协作配合工作细则，进一步明确主体责任，将工作任务细化到各单位具体部门，聚焦程序有序衔接和案件高质量办理。检察程序衔接、（证明）标准对接、（法律适用）传接作用突出。

（三）开展职务犯罪综合履职

检察机关在职务犯罪案件办理中始终坚持治罪与治理相结合，深入落实最高人民检察院九号、十号检察建议，在办理职务犯罪案件的同时，强化检察建议工作部署，重点关注金融、国企、能源、医药和基建工程等资金密集、资源富集领域出现的腐败苗头，针对有关涉案单位存在的犯罪预防机制不健全、不落实等现实问题，推动制发廉政检察建议加强腐败预防，强化整改落实跟踪，推进腐败源头治理。

（四）推动“受贿行贿一起查”与反洗钱专项工作

进一步统一惩治行贿犯罪共识，加大“受贿行贿一起查”工作力度，推进行贿人犯罪记录库建设，集中开展相关工作举措，进行包括开展专题会商、发布典型案例、组织案件抽查、进行专项调研、开展集中宣讲等一系列活动，最大限度凝聚共识，营造良好的工作氛围，对统一认识、协调工作进度、加大工作力度起到积极作用。贯彻落实“反洗钱三年行动计划”，坚持一案双查，强化反洗钱工作，按照“两同步”工作要求，加强与监察机关、公安机关的协作配合，充分利用线索移送、追加起诉等措施，巩固“反腐败+反洗钱”工作合力，在稳定办案数量规模基础上持续提升反洗钱工作质效。

二、工作中依然存在的问题

（一）宏观层面：办案理念需要进一步统一

1. 工作步调节奏需要协调

自监察体制改革以来，监检配合不断深入，工作沟通协作不断加强。但工作中仍然发现，实践层面，监察执法与检察办案在工作理念上仍有不一致的地方，在一定程度上造成工作步调的差异。同时，在证明体系、证据标准等问题上，检察机关更多着眼于未来可能产生的风险与变化，希望增加更多的客观证据，而监察机关则更习惯于立足当下，坚持留置期间能够形成证据锁链证明的犯罪事实。在一些新型职务犯罪认定的问题上，检察机关往往习惯按照普通犯罪的办案思路，从有利于嫌疑人角度出发，希望指控的每一起事实均事实清楚、证据充分，尽可能降低指控风险；而监察机关则更习惯于从加大腐败打击力度，从严惩处腐败犯罪的角度办理案件[1]。

2. 事实证据审查证明标准仍需趋同

首先在证据形式上，虽然法律赋予了监察证据进入刑事诉讼程序的效力，但监察法等相关规定对证据形式的要求与规定并不完备。实践中，是否需要参照刑事诉讼法甚至是相关刑事诉讼司法解释来执行，还存在不同理解。其次在取证思路上，监察调查虽与侦查的法律地位完全不同，但在取证思维、取证方式上有许多共通之处。监察机关在办案中同样容易出现只重视收集“有罪和罪重”的证据问题，对证明嫌疑人无罪、罪轻的证据的收集还需进一步提升。特别是对于嫌疑人归案具体情况，监察机关立案线索掌握与嫌疑人主动供述犯罪事实情况，立功情况核实，赃款赃物退缴追缴及查扣冻情况等与嫌疑人量刑息息相关、无法回避的关键问题，还需提升证据收集的主动性、完整性。在关键事实证据提供与问题说明上，双方仍需进一步统一认识。

3. 新型犯罪手段的分歧仍然较大

近年来，一些新型职务犯罪层出不穷，如未遂犯罪、行贿人代持型受贿犯罪、投资理财型受贿犯罪、商业机会型贿赂犯罪、（各类不同市场主体）干股型犯罪、特定关系人共同犯罪等新型犯罪方式、手段都对办案造成极大困扰，面对新型犯罪，检察机关习惯坚持刑事案件的统一办案思路，从有利于嫌疑人、罪责刑相适应的角度出发，秉持出罪的原则审慎认定新型犯罪。监察机关办案更多侧重反腐高压态势，对侵犯职务廉洁性的行为习惯用入罪思路进行分析，不同的办案思路，容易产生分歧结论。

4. 发生意见分歧时缺少必要应对举措

对于提前介入阶段，以及案件定性、法律适用、证据采信等关键性问题，监察机关与检察机关如果发生意见分歧，还缺少必要的分歧处理的渠道与方式，在关键问题上难以消除分歧，使得案件程序出现停滞。《意见》对于法院参与职务犯罪案件、发表意见最早的时间节点规定为审查起诉阶段，这也意味着法院提前介入调查阶段发表意见仍存在制度障碍。实践办案中，对于提前介入时监、检双方产生的分歧意见，通常只能被迫搁置争议，即便邀请法院参与案件讨论，因缺少制度层面的明确规定与要求，实

---

① 程雷：《刑事诉讼法与监察法的衔接难题与破解之道》，载《中国法学》2019 年第 2 期。

际效果往往不尽如人意。

（二）微观层面："法法衔接"的细节仍需磨合

1. 管辖问题依然存在分歧

比较突出的问题是职能管辖错位现象时有发生。监察体制改革前，公安、检察等单位根据罪名的不同分别进行职能管辖，极少出现管辖不清的现象。监察体制改革后，根据监察法和《中华人民共和国监察法实施条例》的规定，监察机关职能管辖采取的是监察对象加 101 个罪名的方式进行规定，因为对"监察对象"的理解存在不同认识，导致职能管辖错乱现象时有发生。虽然《意见》第 37 条等规定了职能管辖错位时的处理，但笔者认为仍应从根本上解决错位问题。

2. 提前介入时机与质量把控问题

《意见》规定，一般应在案件进入正式审理阶段、拟移送审查起诉 15 日以前，书面商请有管辖权的检察机关介入。在实践办案中，提前介入的时机与时间较难把控。监察机关案件调查后期往往进入取证工作的最后查漏补缺的关键时期，无暇顾及案件审理及提前介入工作，绝大部分案件难以在移送审查起诉 15 日前商请检察机关提前介入，介入时机迟是普遍存在的问题。对检察提前介入工作影响更大的是，《意见》以移送审查起诉前作为商请提前介入的时间节点，而实践办案中发现，移送审查起诉时间作为"未来式"的不确定时间节点，随时可能发生变动，从而导致介入时间难以正常保证。

介入质量参差不齐同样是当前的一个突出问题，囿于各种原因限制，即便是检察机关坚持职务犯罪案件专办举措，但在地市层面，大多数地市检察机关没有独立编制的职务犯罪部门，特别是基层检察院，"专办"人员难以做到"只办"职务犯罪案件，检察干警往往还有其他出庭、提审（包括事先约好的签署认罪认罚协议等工作环节）等时间相对固定的工作任务，导致宝贵的介入时间难以高效利用，介入质量不高、反馈意见方式不统一等问题仍然存在。

3. 强制措施衔接问题

突出表现为在办理互涉案件时，强制措施与留置措施的关系不易捋顺。例如，公安机关在对嫌疑人采取逮捕措施后又因职务犯罪被留置，逮捕措施的期限如何进行计算存在争议。在留置措施与拘留逮捕措施的衔接问题上，《意见》明确规定所有案件均应先办理拘留措施。实践中，个别事实清楚、证据充分的简单案件中，检察机关已经提前介入掌握案件全部犯罪事实，完全可以在移送审查起诉后短时间内完成审查逮捕工作，但因《意见》明确规定必须予以拘留，导致程序被迫冗繁，拘留及相应的权利保障性的工作环节重复增加，不利于效率提升。而在具体操作中，公安机关对检察机关决定拘留逮捕案件执行上缺乏足够重视及缺乏具体的操作细则规定，公安法制部门与刑警等其他部门在工作配合上仍然存在很多问题，相互推诿的现象仍有发生，具体执行过程中，检察机关难以完全将犯罪嫌疑人交到公安机关手中，多数仍然需要检察干警陪同送押。相关规定对于看守所羁押前必须进行的程序宣告、权利告知、健康检查等环节的主体责任依然不明确，导致产生体检费用负担、押解车辆人员提供等具体问题，严重影响程序衔接。

三、提升“法法衔接”工作质效的务实举措

实践中出现的问题主要还是因为监察体制改革与监察法出台时间尚短，迫切需要在基层实践中不断修订完善，监察机关、检察机关在执纪执法工作中的磨合协调还需加强，纪法顺畅贯通、法法有序衔接的工作机制需要在实践中进一步总结提升。

《意见》明确提出，进一步促进监察机关与司法机关、执法部门在办理职务犯罪案件中的互相配合，互相制约。从实践办案情况来看各单位之间沟通配合充分，但制约不足，与《意见》提出的“互相配合、互相制约”的总要求仍有差距，在实现“纪法贯通、法法衔接”总目标过程中，亟须增强制约意识，更新思维理念。在落实“法法衔接”过程中，既要深刻理解把握监察案件的政治属性，又要灵活运用法治意识、法治思维、法治素养办理案件，在实际工作中要自觉把政治意识与法治思维，政治把握与法治方式统一、结合起来。具体来说：

（一）充分发挥提前介入工作优势

提前介入作为连接监察执法与刑事司法的关键节点，是办理职务犯罪案件的重要环节。要高度重视“介入”节点在办案程序中承上启下、引领案件方向的重要作用，继续充分发挥“提前介入”的功能价值，将监察法

有关规定与刑法“犯罪构成”与刑事诉讼法“依法取证”规定有机融合。可对提前介入时机规定进行调整，以调查程序进入某一节点的正向时间节点作为介入时机，同时对介入时证据调取程度、事实认定情况、材料收集整理情况等作出一定要求，明确监察机关应在案件调查中及时梳理案件材料，整理案卷卷宗，加快办案效率，预留充足的审查介入与检察介入的时间，做好配合介入的工作准备，切实发挥介入工作实效，调查、审理、检察应以“案件质量共同体”意识，对事实认定、证据调取、法律适用等问题进行全面分析与论证，力争问题早发现、早解决。要正视职务犯罪案件办理客观规律，对于确因事实证据变化，导致审查意见与介入意见不一致或审查意见与监察机关存在不同意见的，检察机关要及时沟通，协商开展证据补充调查工作。

（二）全面查明事实，完整调取证据

检察机关要注重协调监察机关对嫌疑人涉嫌犯罪的证据进行客观全面的收集，对于有利于嫌疑人的证据要一并收集，特别是案件来源、到案经过、如实供述、立功和认罪悔罪态度、退赃、避免减少损害结果发生等量刑情节方面情况说明和相关材料，必须客观、公正、真实出具，对于涉及“执纪”相关部分，如退赃包含违纪与违法，检举材料涉及信访线索处理等问题的，可以采取保密形式出具，从而真正做到客观公正全面查清犯罪事实与量刑情节事实。

明确监察机关要对案件涉及的洗钱、行贿等其他犯罪事实及其他共同犯罪人的处理等问题，向司法机关进行说明，有关说明材料可单独移送。对于发现遗漏罪行及涉案人员的，检察机关应当依据《意见》第 35、36 条的规定，商请监察机关作出书面说明，仍未说明的，应当将犯罪问题线索移送监察机关。对于遗漏涉案嫌疑人其他罪行事实清楚、证据确实、充分，且监察机关未做其他处理的，检察机关可以依据《意见》规定，书面征求意见后，一并提起公诉（不以同意为前提）。

（三）加强沟通协作，建立分歧意见常态应对机制

首先，要正确看待工作分歧意见，各单位在程序中的环节不同，考虑工作经验不同，对法律规定认识理解不同，对新型犯罪复杂案件的分析方法不同，都会导致在“法法衔接”中对同一问题出现不同意见，正视分歧

并建立起一套行之有效的常态应对机制，是“法法衔接”有序运转的必然要求。其次，要区分分歧问题类型，对于属于事实证据问题的，要在全面收集证据基础上，依照刑事诉讼法确立的“排除合理怀疑”证明标准进行审查判断，对于存在“内心确信”“优势证据”但无法达到证明标准的疑难问题，要坚持底线思维，严格落实存疑原则，审慎认定相关犯罪事实。对主体身份、行为性质等事实清楚、证据充分但法律规定不明确，确实存在法律适用疑难的问题，可以通过工作会商、咨询论证、专家研讨等方式对案件进行讨论，必要时可以推动审判关口前移，无论是作为“介入”还是咨询论证，对法律适用问题作出判断。再次，要灵活运用大数据平台，对共性问题、典型案例进行分析与参考，综合作出判断与结论。最后，各单位均要树立正确的职务犯罪案件质量评价与评查体系，对于因为法律修订、客观事实证据发生变化等不可预见原因导致的案件事实与定性的改变，或者确实属于法律争议问题，存在不同理解与认识的争议性案件，对可能存在的“三书”不一致等问题，要建立容错机制，不应认定为案件质量问题。

（四）优化程序设置，构建权责清晰、高效有序的衔接体系

任何法律与规定都是在实践运行中不断修订以赋予其新的时代价值。对于监察法及《意见》实施以来出现的程序衔接问题，应当以高效有序、权责清晰为目标，持续优化程序设置。在指定管辖办理程序中，作为案件证据收集、事实调查的直接责任部门，应当以案件调查部门为主体，在案件立案且案件基本事实已经查明时，即可办理相关司法管辖手续。对于具体的指定管辖意见，调查部门可与同级检察机关商议办理，共同确定被指定管辖单位。在具体强制措施执行过程中，应当进一步明确公安机关作为刑事诉讼法确立的强制措施执行单位的主体责任。对于其他单位办理的案件中采取羁押措施的决定，应当严格规范执行，由公安法制部门出具拘留证、逮捕证，并由刑警部门依法执行，有关情况要及时向办案单位回复。对于执行过程中涉及的车辆、人员、体检费用等问题，应由公安机关协调解决。

（五）完善工作体系，协调推进“受贿行贿一起查”

推进“受贿行贿一起查”是新时期监察机关、司法机关共同的职责与使命，要在“法法衔接”框架内不断完善工作体系，有序推进工作开展。

首先，推进“受贿行贿一起查”，要明确查办是基础。要明确工作重点，进一步将目前监察机关与检察机关的行贿人犯罪记录库进行数据并入，建立全省乃至全国的行贿人犯罪记录查询系统，从而实现对“五类”重点行贿行为的全面、系统筛查，纪检监察机关要严格履行查处职责，对于行贿人查处情况要依照《意见》要求作出说明。监察机关、检察机关要提高政治站位，落实工作要求，依法准确认定行贿犯罪，严格区分“个人行贿与单位行贿”，准确认定“谋取不正当利益”等法定情节。其次，推进“受贿行贿一起查”，要坚持治理是关键。查处行贿犯罪是为了铲除受贿土壤，“重治理、轻打击”，监察机关与检察机关要共同完善治理体系，开展联合惩治，同向发力，提升治理行贿综合效能，可通过监察建议、检察建议等方式对行贿人（单位）按规定交由其他单位并作出组织处理、行政处罚、资格限制等相应处理，及时纳入“行贿人黑名单”。要在惩治行贿的同时，充分保障涉案人员和企业合法的人身和财产权益，保障企业合法经营，充分研判使用办案措施后果，将采取措施对企业合法正常生产经营的影响降到最低。最后，推进“受贿行贿一起查”，要坚持行贿犯罪多元化惩治。根据行贿犯罪不同情节划分行贿犯罪形态，准确区分被索贿、谋取不正当利益未遂、初犯偶犯、行业惯例等不同类型行贿犯罪，从而做出相应处理。丰富多元惩戒手段，将市场准入、资质资格限制，取消投标资格，降低信誉等级，限制融资等方式纳入综合惩戒体系，注重刑“罚”互补。

新时期，职务犯罪检察工作的重点是继续健全监察执法与刑事司法的权威高效、衔接顺畅工作机制，这也是党对反腐败工作集中统一领导，坚定不移深化反腐败斗争、一体推进不敢腐、不能腐、不想腐的必然要求。新时期，监察、检察等相关单位要在坚持职务犯罪案件政治属性的基础上，运用法治思维、法治方式完善监察执法与刑事司法高效有序衔接的所有工作环节、流程节点，完善配合制约机制，加强正风肃纪反腐合力，营造反腐败高压态势，做到纪法贯通、“法法衔接”，循法而行、依法而治，越是讲政治，就越要讲纪法、讲事实，重程序、重规矩①。当前，迫切需要在“法法衔接”工作一线不断磨合、加强协作、解决问题，促进工作程序衔接与案件办理质量的共同提升。

---

① 参见《运用法治思维法治方式正风肃纪反腐》，载中央纪委国家监委网站 2021 年 9 月 26 日。

检察机关自行补充侦查的困境溯源、机制激活与实战路径

周庶明*

引　言

检察机关作为国家的法律监督机关，在刑事诉讼中扮演着举足轻重的角色。其中，自行补充侦查作为检察机关行使公诉权的重要手段之一，对于确保案件质量、维护司法公正具有重要意义。然而，当前检察机关自行补充侦查机制在实践中存在诸多问题，亟待完善。本文旨在对检察机关自行补充侦查机制进行深入研究，分析其面临的困境及产生的原因，探讨当前激活该机制的价值所在，并提出实战运行的对策建议，以期为我国刑事诉讼制度的完善提供有益参考。

一、概念厘清：检察机关自行补充侦查的概念、类型、性质

关于检察机关自行补充侦查，理论界颇多争论，实务界做法各异，为准确阐述本文观点，首先对其概念、类型、性质予以界定。检察机关自行补充侦查，是指检察机关为了完善以证据为核心的刑事指控体系，发现办理的刑事案件事实不清、证据不足，需要补充证据或者完善证据，而依法采取自行补充固定、收集证据的专门调查等工作的一项诉讼活动。① 自行

* 周庶明，浙江省杭州市富阳区人民检察院党组副书记、常务副检察长、三级高级检察官。

① 参见陈光中：《刑事诉讼法》（第七版），北京大学出版社 2021 年版，第 342 页。

补充侦查的类型，根据案件来源不同，可以分为公安机关侦查案件和监察机关调查案件两类不同案件的自行补充侦查；根据办案阶段不同，可以分为审查逮捕阶段、审查起诉阶段、进入审判阶段和进入再审阶段等四个不同阶段的自行补充侦查。自行补充侦查具有非独立性、补充性、侦查性、可选择性、监督性。自行补充侦查的性质决定了其适用范围。①

二、困境溯源：人案矛盾突出背景下的进退维艰

近年来，刑事检察案多人少的矛盾日渐突出，加之在自行补充侦查机制不完善背景下形成的工作习惯，以及对该机制性质的不同理解，该项机制并未在司法实践中发挥出应有的积极作用。分析其困于“未醒”状态的境况及原因，目的是找出病因、对症下药。在当前人案矛盾十分突出，特别是在高质效的终极目标之下，有非常之必要对该机制作出抉择，要么让它继续保持原有的状态，要么将它激活“唤醒”。究其困境及原因，主要有以下几个方面：

（一）当前检察机关自行补充侦查机制存在的困境

当前检察机关自行补充侦查机制面临的多重困境，不仅影响了检察机关的工作效率和效果，也对整个司法体系的公正性和公信力构成威胁。

1. 自行补充侦查意识不强

由于长期以来的工作习惯和工作压力，检察官运用该机制的意识淡化、能力弱化，导致在实践中自行补充侦查率偏低，未能充分发挥该机制的优势。检察官往往更依赖于退回侦查机关补充侦查或监察机关补充调查，而不是自行补充侦查。②

2. 检察机关侦查资源有限

随着监察制度改革，检察机关“两反”转隶到监察机关，原有的侦查资源也随之转移。这使得检察机关在公诉案件中面临专业侦查人员匮乏、

---

① 陈强、王高林、常进、崔晓丽：《自行补充侦查机制研究——以忻州市检察机关自行补充侦查案件为分析样本》，载《忻州师范学院学报》2023 年第 6 期。

② 孙曙生、高邢榕：《退回补充调查和自行补充侦查制度探讨》，载《行政与法》2022 年第 2 期。

侦查技术和技能有限的制约。

3. 自行补充侦查程序不规范

检察机关自行补充侦查的程序缺乏统一、明确的规定，导致在实际操作中存在一定的随意性，容易出现混乱和不规范的情况。这不仅影响了侦查的效率，也可能导致自行补充侦查的证据的合法性和有效性受到质疑，影响其公正性和权威性。例如，侦查程序可能缺乏透明度，或者存在不当的侦查手段，这些都可能影响侦查结果的公正性和合法性。

4. 自行补充侦查的证据收集难度大

由于检察机关在自行补充侦查过程中往往面临时间紧、任务重的情况，加上一些犯罪嫌疑人采取反侦查手段，导致证据的收集难度大。这增加了检察机关的工作负担，也影响了案件的顺利办理。例如，关键证据被销毁或篡改，证人难以找到或不愿意配合，这些都增加了证据收集的难度。此外，一些新型犯罪手段隐蔽，呈现出智能化和复杂化的特点，对检察机关的侦查技术和能力也提出了更高的要求。

5. 自行补充侦查的时间限制问题

根据相关规定，自行补充侦查时间受限，这在一定程度上限制了检察机关的侦查活动。由于案件复杂性、证据收集难度等因素，在有限的时间内，检察机关可能难以充分收集证据、审查案件，从而影响案件的办理质效。

6. 自行补充侦查的效果不佳

由于自行补充侦查权的界定模糊和程序不规范，检察机关在进行自行补充侦查时，可能会忽视一些重要的证据，或者对一些证据处理不当，导致自行补充侦查的结果不准确。另外，由于自行补充侦查的随意性，可能会导致检察机关在处理案件时，过于依赖自行补充侦查。

7. 自行补充侦查权的滥用问题

检察机关自行补充侦查权的定义和范围在我国的法律中并没有明确规定。这使得检察机关在实际操作中，对于何时应当启动自行补充侦查，以及如何进行自行补充侦查等问题，存在很大的模糊性。这种模糊性不仅增加了检察机关的工作难度，也可能导致其滥用自行补充侦查权。

（二）当前困境的原因分析

对当前检察机关自行补充侦查机制存在困境的原因，可以从多个维度进行深入分析。

1. 法律规定不完善影响实际执行效果

刑事诉讼法关于自行补充侦查权的规定过于原则、概括，缺乏具体且可操作的程序规定，导致在实际执行过程中，检察机关往往难以找到明确的法律依据和操作指引，进而影响了自行补充侦查的效果。例如，刑事诉讼法、《人民检察院刑事诉讼规则》中关于自行补充侦查权的规定较为简单，并未详细规定其执行细节。[①] 当前法律也没有明确规定检察机关自行补充侦查的期限，但是根据《人民检察院刑事诉讼规则》第 348 条规定，检察机关开展自行补充侦查，其侦查期限计算在该案件审查起诉期限内。

2. 检察机关内部管理体制和工作机制的问题

检察官运用该机制的意识不强与能力欠缺，导致该机制被弱化或闲置。面对繁重的办案压力，检察官宁愿选择退回侦查机关或监察机关补充侦（调）查，也不愿主动开展自行补充侦查。检察人员自身精力有限，特别是在审查逮捕与审查起诉阶段，处理案件时限较短，自行补充侦查会挤占处理案件期限，使得案件承办人的工作量剧增。[②] 检察机关系统内部缺乏统一的实施细则，导致不同地区、不同级别的检察机关在执行自行补充侦查时存在差异，影响了自行补充侦查的规范性和有效性。检察机关内部对于自行补充侦查的人力、物力投入有限，影响了自行补充侦查的质量和效率。

3. 对价值的认识不足导致实践中产生不恰当的观念和行为

在司法实践中，重“退补”轻“自补”的问题普遍存在，对自行补充侦查的价值认识不深刻，没有认识到自行补充侦查更有助于加强亲历性、有助于指控犯罪，而仅将其视为一种补充手段，由此导致的一些不恰当的做法和观念影响了检察机关自行补充侦查机制的有效运行。例如，部分检察人员存在通过退回补充侦查“借时间”的问题，认为当不能在法定期限内完成审查起诉工作时，通过退回补充侦查可以延长办案期限。这种观念和行为导致了自行补充侦查的积极性不高，进一步加剧了自行补充侦

---

① 杨文科：《“捕诉一体”机制下检察机关补充侦查权研究》，中国人民公安大学 2021 年硕士学位论文。

② 孙曙生、高邢榕：《退回补充调查和自行补充侦查制度探讨》，载《行政与法》2022 年第 2 期。

查机制的困境。

4. 社会环境和其他外部因素的影响

数字浪潮下犯罪手段智能化，必须匹配与之相适应的先进技侦手段、侦查设备以及专业侦查人员。然而，检察机关现有的硬件条件不足以支撑新时代自行补充侦查的客观需要。从检察机关目前的职能配置、专业设备配置、人员素能等与侦查能力息息相关的要素上来说，检察机关要想通过自行补充侦查来完成专业性较强的侦查工作，将会面临较大的挑战。[①] 此外，社会公众对司法公正和效率的高期待，使得检察机关在面临压力时更倾向于选择稳妥的处理方式，而非冒险进行自行补充侦查。

5. 自行补充侦查能力储备不足

“两反”转隶后，侦查力量此消彼长，检察机关办案人员大多没有经过专业的侦查能力培训，以致检察机关办案人员自行补充侦查能力有待提高。[②] 一些检察官在指控犯罪、论述说理方面具有优势，但对于询问证人、勘验、检查、鉴定等专业性侦查工作，缺乏相应的经验。检察官员额制改革之后，检察机关案多人少矛盾更加突出，导致检察机关办案人员主观上不愿或客观上无力启动该机制。

6. 对补充侦查制度的理论指导不到位

长期以来，检察机关对自行补充侦查的价值、定位、任务、模式等缺乏深入的理论研究和实践引导，这导致自行补充侦查的独立意义未得到足够重视。[③] 理论界对于自行补充侦查的研究也相对较少，缺乏系统的理论支持和指导，这在一定程度上影响了检察机关自行补充侦查机制的发展和完善。由于缺乏理论指导和实践经验，检察官在自行补充侦查方面的能力储备和水平有限，制约了该机制的有效运用。

---

① 陈强、王高林、常进、崔晓丽：《自行补充侦查机制研究——以忻州市检察机关自行补充侦查案件为分析样本》，载《忻州师范学院学报》2023 年第 6 期。

② 陈强、王高林、常进、崔晓丽：《自行补充侦查机制研究——以忻州市检察机关自行补充侦查案件为分析样本》，载《忻州师范学院学报》2023 年第 6 期。

③ 兰跃军、张跃：《检察机关自行补充侦查权的实施困境及纾解——兼论检察侦查权改革》，载《犯罪研究》2024 年第 2 期。

三、机制激活：高质效价值追求下的必然选择

“高质效办好每一个案件”是新时代新征程检察工作的基本价值追求。检察机关作为法律的执行者、维护者和监督者，承担着高质效办理案件的重任。激活自行补充侦查机制，是检察机关基本价值追求下的必然选择，具体而言，激活该机制的价值所在至少有以下几个方面：

（一）有利于完善证据链，提高案件质量

在刑事诉讼中，证据链的重要性不言而喻。它是案件事实认定的基础，也是法庭判决的依据。然而，由于种种原因，有时候案件的证据链并不完整，这就需要检察机关自行补充侦查。检察机关自行补充侦查是法律赋予的一项法定权力，具有纠正和弥补前期侦查不足的重要作用。通过自行补充侦查，检察机关可以进一步收集、调取证据，完善证据链，增加检察官办案的亲历性，通过亲自查看刑事案件现场、核实关键证人等补充侦查，可以更加全面地掌握案情，对案件的事实和相关证据材料有更深入的了解，从而确保案件事实认定准确、证据充分，提高案件质量。

（二）有利于缩短办案周期，提升办案质效

在传统的刑事诉讼中，由于种种原因，办案效率往往较低，办案周期长，办案质效较低。对于需要公安机关或监察机关进一步补充侦（调）查的案件，通过自行补充侦查，检察机关可以及时发现并固定关键证据，避免因为证据不足或证据存在瑕疵而导致的诉讼拖延，从而提高办案质效。同时，自行补充侦查也有助于检察机关尽快结案，减轻司法负担。

（三）有利于确保程序合法，保障当事人权益

程序公正是刑事诉讼的重要原则之一。检察机关自行补充侦查是在法律规定的范围内进行的专门诉讼活动，遵循了刑事诉讼的法定程序，可以从源头上防止程序违法，从而避免因程序违法而导致的冤假错案。同时，该机制也有助于强化侦查监督实效，避免因为侦查不全面或存在遗漏而对犯罪嫌疑人造成不必要的指控和追究，从而保障犯罪嫌疑人的合法权益。

（四）有利于实现公正公平，维护社会稳定

刑事诉讼的最终目标是实现公正公平。检察机关自行补充侦查有助于确保案件事实的准确认定和证据的充分收集，以保障案件证据的充分性和确凿性，为公正审判提供坚实基础，从而保证刑事诉讼的公正公平。同时，通过及时、有效地打击犯罪，可以维护当事人的合法权益，增强公众对司法制度的信任，也有助于维护社会和谐稳定。

四、实战路径：规范化运行下的对策建议

“梦醒”之后积极行动的方向是规范、有效地运行检察机关自行补充侦查机制。高质效背景下的检察工作现代化，规范运行、实战实效是激活该项机制的目标，而要顺利抵达目的，必须充分重视以下对策建议：

（一）分层分类：明确检察机关自行补充侦查的适用范围

检察机关在办理刑事案件过程中，对于需要公安机关或监察机关进一步补充侦（调）查的案件，可以自行补充侦查。在当前检察工作现状下，结合实践所需，有必要将自行补充侦查的适用范围分层分类设定，即分为简易事项的自行补充侦查和重大事项的自行补充侦查。所谓简易事项的自行补充侦查，是指补充取证难度不大、不影响定罪量刑，通过向侦查机关、监察机关调取证据材料、简单核实的方式，审查逮捕阶段在7日内，审查起诉阶段在审查起诉期限内完成的单一证据收集的事项。例如，犯罪嫌疑人到案经过、前科记录、一贯表现等单一证据材料，或简单核实的书证、言词证据等。所谓重大事项的自行补充侦查，是指涉及主罪主证、证据标准、影响定罪量刑等关键证据，或不及时补充侦查可能产生关键证据灭失转移风险的，或办案人员存在违法取证行为等情形，由检察机关及时完成的补充侦查。例如，在案件定性、证据收集方向、事实或重要情节认定上有较大分歧的；在侦（调）查取证过程中有刑讯逼供或暴力取证等违法行为的；影响案件定罪量刑的关键证据存在可能灭失的风险的；经两次退回侦查机关补充侦查仍未达到退查效果，或侦查人员未按要求进行补充侦查，不符合证据标准的；侦查机关、监察机关拒绝补充侦（调）查的。

（二）流程再造：完善检察机关自行补充侦查的程序规定

检察机关在自行补充侦查时，应遵循法定程序，确保侦查活动的合法性和规范性。具体而言，一是规范办案程序。自行补充侦查不得随意启动，应根据自行补充侦查事项的繁易程度设置审批权限。如对于调取书证、讯问、询问，视听资料等简易事项可由检察官自行决定，而对于采取拘传、搜查、查封、扣押、冻结等侦查措施、委托重新鉴定等重大事项，则应报分管检察长审批同意后，方可启动。二是优化工作流程。构建一套包括案件接收、证据收集、证据评价、案件处理等环节的规范化操作框架，并明确每个环节的工作标准和责任主体。通过规范工作流程，确保自行补充侦查的有效性和合法性，防止出现办案瑕疵。三是细化步骤方法。包括有效阅卷以厘清证据困境，找准案件事实重要节点，梳理出核心案件事实；评定侦查取证状况，分析取证有无问题，以及取证措施是否穷尽；主导补充侦查，发挥取证合力，确保收集到的证据既全面又准确。同时，明确自行补充侦查的期限和次数，合理设置独立的自行补充侦查期限，不计入审查起诉期限，以确保侦查活动的高效进行。

（三）人才驱动：提升检察人员的专业素质和侦查能力

加强检察人员的业务培训和技能提升，使其具备开展自行补充侦查所需的专业知识和能力。一是定期组织自行补充侦查的培训和交流活动，提升检察人员的业务素质和侦查能力。通过加强各地检察机关之间的交流与合作，联合监察、公安等单位开展交叉业务培训，分享成功案例和经验教训，共同推动自行补充侦查工作的不断完善和发展。二是加强审查起诉、侦查复合型人才培养。通过岗位交流、上挂下派、以师带徒、以老带新等方法，多措并举快速培养一批复合型人才。定向招录具有侦查、会计、计算机等跨领域专业人才；检校合作建立侦查人才培养基地，着重培养复合型检察官。三是建立专业化的自行补充侦查队伍，包括经验丰富的检察官和侦查人员。针对复杂、重大案件，检察机关可以设立专门的自行补充侦查团队，负责研究案件特点、制定侦查方案、指导取证工作，确保自行补充侦查的高效性和专业性。在自侦权行使日益重视的当下，自侦人才的培养提上议事日程，条件允许的话，可以将这一部分的自行侦查权交由自侦部门。

（四）数字赋能：引入科技手段提升数字化侦查能力和效率

信息化建设和技术应用对于提升自行补充侦查的效率和质量具有重要意义。检察机关要加强信息化、智能化建设，运用大数据、区块链等技术，建立完善的案件管理系统和数据库，实现案件信息的快速查询和共享。[①] 同时，积极运用现代科技手段如大数据分析、人工智能等进行数据分析、线索挖掘和证据固定等工作，提高侦查活动的智能化水平。通过数据分析、信息比对等技术手段，快速定位关键证据和线索，提高侦查效率和准确性。同时，加强大数据法律监督模型研发，打造侦查应用场景，构建符合侦查业务特点的数字监督模型和信息技术侦查模型。

（五）合作共赢：加强与公安机关、监察机关的协作配合

检察机关在自行补充侦查过程中，要加强与公安机关、监察机关协作配合，形成工作合力。具体而言，一是建立信息共享机制，实现侦查资源的优化配置和高效利用，及时互通案件信息和侦查进展。二是建立完善的协调配合机制，加强沟通协调，共同研究解决案件中的疑难问题，确保各部门之间的有效衔接和合作。例如，建立定期沟通会议制度，探索建立联合办案机制，共同应对复杂案件的侦查工作；构建自行补充侦查的检警协作机制，包含协作机制的启动条件、程序要求等。三是相互提供支持，确保侦查活动的顺利进行。

（六）内外监督：强化检察机关自行补充侦查的监督制约

为确保检察机关自行补充侦查的规范性和公正性，应建立有效的监督制约机制。具体而言，一是加强内部监督。建立健全自行补充侦查的内部审批程序，确保侦查活动的合法性和规范性。加强对自行补充侦查活动的监督和检查，防止滥用侦查权或侵犯当事人合法权益的情况发生。二是引入外部监督。建立律师参与制度，允许律师在自行补充侦查阶段提供法律帮助和监督，确保侦查活动的合法性和公正性。建立责任追究机制，对违法违规行为进行严肃处理。接受社会监督，通过公开透明的方式，让公众

---

① 刘昂：《论“捕诉合一”背景下我国侦查监督机制的完善》，华中师范大学2022年硕士学位论文。

了解自行补充侦查的进展和结果。

此外，为了鼓励检察人员积极参与自行补充侦查工作，提高工作积极性和主动性，一是建立相应的激励机制，对在自行补充侦查工作中表现突出的检察官给予表彰和奖励，以激发其工作积极性和创新能力。二是严格落实最高人民检察院“一取消三不再”政策，引导各级检察机关、广大检察人员树立和践行正确政绩观，进一步聚焦法律监督主责主业，进一步回归高质效履职办案本职本源，进一步落实和完善司法责任制，把注意力和精力聚焦到高质效办好每一个案件和案件的每一个环节上。

结　语

检察机关自行补充侦查机制是保障案件质量、维护司法公正的重要制度保障。通过完善相关法律规定、加强内部管理机制建设、提高人员素质、加强协作配合以及完善配套机制等措施，可以有效激活并运行自行补充侦查机制，为推进法治社会建设作出积极贡献。

论掩饰、隐瞒犯罪所得罪的“犯罪所得”

黄国盛　林莉莉*

掩饰、隐瞒犯罪所得罪，是司法实践中的高发罪名。针对以犯罪所得数额入罪可能导致的罪刑失衡问题，2021年4月15日施行的最高人民法院《关于审理掩饰、隐瞒犯罪所得、犯罪所得收益刑事案件适用法律若干问题的解释》（以下简称《掩隐解释》），取消了掩饰、隐瞒犯罪所得罪基本犯的数额标准。然而，有关“犯罪所得”的争议，并没有因此而减少，如何更好地理解掩饰、隐瞒犯罪所得罪，不能不说是个非常重要的课题，这需要司法工作者在碰到具体案件时非常慎重，目光时时往返于事实与法律之间，寻求更合理的答案。

一、掩饰、隐瞒的是“犯罪”所得

从体系上看，我国掩饰、隐瞒犯罪所得罪规定在刑法的“妨害司法罪”一节中，不是规定在“侵犯财产罪”一章，因此，掩饰、隐瞒犯罪所得罪的法益为司法机关的刑事司法活动。由于掩饰、隐瞒犯罪所得罪是妨害司法的犯罪，故不能根据掩饰、隐瞒的财产数额多少确立罪与非罪的标准。概言之，司法机关不得将掩饰、隐瞒犯罪所得罪当作财产犯罪，而应当作为妨害司法罪理解和认定。[①]对掩饰、隐瞒犯罪所得罪犯罪构成中“犯罪所得”的理解，也应当从是否损害法益—妨害司法的角度出发。无妨害司法的行为，即便涉及违法所得数额再大，仍然不可能构成掩饰、隐瞒犯罪所得罪；妨害司法的行为，即便涉及犯罪数额小，仍然可能构成掩饰、

* 黄国盛，福建省漳州市平和县人民检察院党组书记、检察长、三级高级检察官；林莉莉，福建省漳州市人民检察院研究室主任、三级高级检察官。

① 张明楷：《刑法学》（第六版），法律出版社2021年版，第1449—1450页。

隐瞒犯罪所得罪，但如果情节轻微不需要判处刑罚的，可以适用刑法第37条的规定，免于刑事处罚。

从文义上分析，刑法第312条明确规定掩饰、隐瞒犯罪所得罪的犯罪对象为“犯罪”所得。刑法第312条规定“明知是犯罪所得及其产生的收益而予以窝藏、转移、收购、代为销售或者以其他方法掩饰、隐瞒的”，单纯从文义理解，其中“犯罪所得”也只能是“犯罪”所得，而不可能包括“违法”所得。司法实践中常常遇到行为人多次或多次为多人掩饰、隐瞒用非法手段获取的赃物案件，他人的得财行为本身不构成犯罪，只是一般违法行为，但掩饰、隐瞒的行为却因累计计算而达到数额巨大、情节严重的程度，有些学者主张对这种行为也应当处罚，因而认为对赃物犯罪的犯罪对象扩大解释为“非法所得的赃物”，包括犯罪所得和违法所得的赃物。[①]《掩隐解释》第8条规定“认定掩饰、隐瞒犯罪所得、犯罪所得收益罪，以上游犯罪事实成立为前提”。如果上游行为尚不构成犯罪，行为人掩饰、隐瞒的对象，也就不可能是犯罪所得。掩饰隐瞒的不是犯罪所得，就无从妨害刑事司法秩序。行为人窝藏、收购的赃物总量再大，次数再多，也只是严重妨害行政执法秩序而已，行为性质也不可能由妨害行政执法秩序转变为妨害刑事司法秩序，当然不构成掩饰、隐瞒犯罪所得罪。

有人认为，依照《掩隐解释》第4条第2款“多次实施掩饰、隐瞒犯罪所得及其产生的收益行为，未经行政处罚，依法应当追诉的，犯罪所得、犯罪所得收益的数额应当累计计算”的规定，上游行为尚未构成犯罪，但多次实施掩饰、隐瞒违法所得的，数额应当累计计算。但该条款中规定的仍然是多次实施掩饰、隐瞒“犯罪所得及其产生的收益”行为，虽然条款中提及未经行政处罚，但累计计算的还是“犯罪所得、犯罪所得收益”。因此，多次收购赃物总额超过上游犯罪构罪金额的，如每次收购金额均不足上游犯罪构罪数额，则只能认定为收购违法所得，不构成掩饰、隐瞒犯罪所得罪。

---

① 王作富主编：《刑法分则实务研究》（下），中国方正出版社2003年版，第1533页。

二、掩饰、隐瞒的犯罪所得是通过犯罪行为所获得的他人财物

《刑法修正案（六）》第19条将窝藏、转移、收购、销售赃物罪修改为掩饰、隐瞒犯罪所得、犯罪所得收益罪，犯罪对象由“犯罪所得的赃物”修改为“犯罪所得及其产生的收益”，修改理由是：一方面，在实践中有部门提出，原规定中的犯罪对象是否包括“赃款”不明确；另一方面，考虑到立法机关对洗钱罪的上游犯罪的范围虽然进行了一些扩大，但根据有关国际公约的要求，对于掩饰、隐瞒犯罪所得的财物及其收益的行为均应作为犯罪处理，在法律中应当明确。[①] 所以，掩饰、隐瞒犯罪所得罪构成要件中的“犯罪所得”，其实就是“犯罪所得的赃款赃物”，与原条文犯罪所得的赃物并无实质性的区别。

严格意义上的赃物，是指贪污、受贿、盗窃或通过其他非法手段得来的物品。[②] 而我们通常所说的赃物，又将与犯罪有关的物品都包含在内，既包括犯罪所得，还包括违禁品。如在毒品犯罪中，我们说的人赃俱获，“赃物”就包括毒品、购毒款、贩毒所得等。因此，在对“赃物”的认识和使用上，容易产生歧义，使用“犯罪所得”，较“赃物”更清晰。

掩饰、隐瞒犯罪所得罪中“犯罪所得”的范围，从反面排除，则非因犯罪所得的财物，如赌博用的赌资、行贿用的财物等，不是犯罪所得，犯罪工具也不是犯罪所得，这些都没有争议。通过犯罪行为直接从他人处获得的财物（包括财产性利益），是犯罪所得，也没有争议，如盗窃、抢劫、贪污等行为获得的财物。但制造型犯罪的对象——违禁品，如制造的伪劣产品、毒品——是否犯罪所得，仍有不同认识。有观点认为，掩饰、隐瞒犯罪所得罪的“犯罪所得”是指通过犯罪行为直接从他人处获得的财物（包括财产性利益），故行为人自己所有或者制作、购买的，自己使用或供他人使用以及用于出售的赃物，如伪造的票据、货币、制造的伪劣产品、假冒注册商标的商品、毒品、走私的货物，不是犯罪所得，犯罪工具也不

① 高铭暄：《中华人民共和国刑法的孕育诞生和发展完善》，北京大学出版社2012年版，第538页。

② 《现代汉语学习词典》，商务印书馆2010年版，第1582页。

是犯罪所得。[1] 笔者同意上述观点，理由如下：

首先，犯罪所得的通常含义是犯罪人通过犯罪从他人处获得的财物。当我们在讨论某个犯罪的犯罪所得时，通常就是说犯罪人通过犯罪所获得的财物，如盗窃罪的犯罪所得，就是盗窃所得的财物，即便我们知道盗窃摩托车的人十有八九会把摩托车卖了换钱。我们会说，被盗的摩托车是犯罪所得，卖车获得的款项是犯罪所得的收益。而制造型犯罪，犯罪人的犯罪所得，通常指的是通过交易制造违禁品所获得的赃款，在交易之前，犯罪人没有犯罪所得。实际上，在制毒犯销售毒品之前，我们甚至不会去讨论他的犯罪所得。认为制造毒品罪的犯罪所得是毒品，可能有违“犯罪所得”正常的语义。其实不只是制造型犯罪，包括走私犯罪，走私犯的“犯罪所得”是从交易走私物品后获得的财物，而不是走私的货物。

其次，从体系解释的角度分析，犯罪所得就是犯罪行为从他人获得的财物，不包括犯罪人自身拥有或占有的物品。刑法第 191 条规定，为掩饰、隐瞒毒品犯罪，黑社会性质的组织犯罪，恐怖活动犯罪，走私犯罪，贪污贿赂犯罪，破坏金融管理秩序犯罪，金融诈骗犯罪的所得及其产生的收益的来源和性质，以各种方法掩饰、隐瞒犯罪所得及其收益的来源和性质的，构成洗钱罪。显然，毒品不可能成为洗钱罪的对象，否则所有转移或者销售毒品的制毒者都构成自洗钱犯罪；走私物品不能成为洗钱罪的对象，否则所有转移或者销售走私物品的走私犯都构成自洗钱犯罪。[2] 因此，毒品、走私物品不可能是毒品犯罪、走私罪的犯罪所得，贩毒获得的财物、走私货物交易后获得的财物可以成为毒品犯罪、走私罪的犯罪所得，从而成为洗钱罪的对象。依照刑法第 217 条的规定，构成侵犯著作权罪，必须是“违法所得数额较大或者有其他严重情节”，而“违法所得数额较大”是指违法所得在 3 万元以上，“其他严重情节”是指复制、发行 500

---

① 张明楷：《刑法学》（第六版），法律出版社 2021 年版，第 1444—1445 页。

② 最高人民法院、最高人民检察院、海关总署颁布的《打击非设关地成品油走私专题研讨会会议纪要》规定：“一、……向非直接走私人购买走私的成品油的，根据其主观故意，分别依照刑法第一百九十一条规定的洗钱罪或者第三百一十二条规定的掩饰、隐瞒犯罪所得、犯罪所得收益罪定罪处罚。”依据上述规定，则走私的成品油为“犯罪所得”，那么所有走私成品油的走私人都构成自洗钱罪。同理，如果走私的物品是犯罪所得，则所有制毒或销售毒品的犯罪分子都构成自洗钱罪。显然，上述结论难以让人接受，且从未在司法实践中适用。

张（份）以上的。在侵犯著作权罪中，也是将犯罪（违法）所得与犯罪对象区别开来。刑法第349条规定的窝藏、转移、隐瞒毒品、毒赃罪，罪状是“为犯罪分子窝藏、转移、隐瞒毒品或者犯罪所得的财物”，将窝藏、转移毒品和毒品犯罪所得的财物分开表述，显然不认为毒品是犯罪所得的财物。以上犯罪将“犯罪所得”规定为犯罪行为从他人处获得的财物，依体系解释，其他犯罪的“犯罪所得”也应为犯罪行为从他人处获得的财物。

再次，若将制造的违禁品认定为犯罪所得，无法解释为销售型违禁品犯罪掩饰、隐瞒的，为何不构成掩饰、隐瞒犯罪所得罪的问题。如果我们认定制造违禁品的犯罪所得就是违禁品，帮助制造者掩饰、隐瞒违禁品的行为构成掩饰、隐瞒犯罪所得罪，那么帮助销售者转移违禁品的行为，是否构成掩饰、隐瞒犯罪所得罪？例如，生产、销售伪劣产品罪与非法制造、销售非法制造的注册商标标识罪，假冒注册商标罪、销售假冒注册商标的商品罪、侵犯著作权罪，生产或者销售违禁品的行为（只讨论价值达到构罪条件的情况）都构成上述犯罪。依生产型犯罪的违禁品是犯罪所得的逻辑，上述生产型犯罪的犯罪所得是伪劣产品、假冒注册商标标识、假冒注册商标的商品、侵犯著作权的作品，那么行为人为销售而购买上述违禁品的，他的犯罪所得是什么？通常认为，销售型犯罪的违法所得是销售违禁品后获得的赃款，在销售之前，行为人并没有犯罪所得，没有犯罪所得当然也就不可能构成掩饰、隐瞒犯罪所得罪。也就是说，帮助生产者掩饰、隐瞒违禁品的行为构成掩饰、隐瞒犯罪所得罪，帮助销售者掩饰、隐瞒违禁品的行为不构成掩饰、隐瞒犯罪所得罪。其实帮助者根本不在乎帮助对象是生产者还是销售者，而帮助掩饰、隐瞒行为明明是一样的，仅仅是受助对象不同，就决定了罪与非罪的区别，违背了相同情形相同处理结果的基本原理。

又次，将违禁品认定为犯罪所得，则为销售违禁品而购买的行为可以以掩饰、隐瞒犯罪所得罪定罪处罚，明显重于某些销售违禁品犯罪的刑罚，违反罪责刑相适应原则。如果我们认定制造的违禁品是“犯罪所得”，帮助制造者掩饰、隐瞒违禁品的行为构成掩饰、隐瞒犯罪所得罪，则明知是违禁品而购买的行为，构成掩饰、隐瞒犯罪所得罪。依此逻辑，如以销售为目的，明知是销售伪劣产品、假冒注册商标的商品而购买的，购买价值达到10万元以上，则构成掩饰、隐瞒犯罪所得罪情节严重，应当判处3

年以上7年以下有期徒刑；但在销售伪劣产品罪、销售假冒注册商标的商品罪中，尚未销售的，货值金额要在15万元以上，才构成犯罪，货值金额在60万元或者75万元以上，才处以第二档刑罚（2年至7年或者3年至10年）。当然，在实践中，还没有对销售伪劣产品、假冒注册商标的商品未遂案件以掩饰、隐瞒犯罪所得罪定罪处罚的案例。

最后，需要刑罚惩处的转移、买卖违禁品的行为，刑法通常有特别规定。例如，刑法第125条规定的非法买卖枪支、弹药、爆炸物罪，第128条规定的非法持有、私藏枪支、弹药罪，第172条规定的持有、使用假币罪，第208条规定的非法购买增值税专用发票、购买伪造的增值税专用发票罪，第349条规定的包庇毒品犯罪分子罪，窝藏、转移、隐瞒毒品、毒赃罪，需要以掩饰、隐瞒犯罪所得罪追究的，则以立法解释方式解决。例如，全国人民代表大会常务委员会《关于〈中华人民共和国刑法〉第三百四十一条、第三百一十二条的解释》规定，对知道或者应当知道是非法狩猎的野生动物而购买的，属于掩饰、隐瞒犯罪所得罪中明知是犯罪所得而收购的行为。上述解释为特别规定而非注意规定，否则，购买非法捕捞的水产品，也构成掩饰、隐瞒犯罪所得罪。

三、结语

掩饰、隐瞒犯罪所得罪中的“犯罪所得”是“犯罪”行为所得，上游行为不构成犯罪的，掩饰、隐瞒因上游违法行为获得的违法所得，不是掩饰、隐瞒犯罪所得罪的“犯罪所得”，不构成掩饰、隐瞒犯罪所得罪；掩饰、隐瞒犯罪所得罪的“犯罪所得”应解释为通过犯罪行为直接从他人处获得的财物，罪犯本身所拥有的物品，或者行为人从他人处获得的违禁品，不是犯罪所得，符合对犯罪所得的一般理解，可以使刑法条文相互协调，亦可避免定罪量刑的混乱与失衡。

预防性检察环境行政公益诉讼的规范化塑造*

河北省保定市竞秀区人民检察院课题组**

党的二十大报告明确要求“完善公益诉讼制度”。在当前环境法范式由事后救济向事前预防转型的背景下①，体现环境司法能动主义的预防性公益诉讼业已成为我国环境法律制度代际更进的时代命题。然而在现代风险社会公共治理任务愈发加重的情境下，即便行政机关具有环境风险规制的专业优势和强势地位，但仍无法确保政府环境行政效果完美无缺。鉴于此，完善预防性检察环境行政公益诉讼，充分发挥检察机关法律监督职能，督促政府合法有效执法对提升新时代环境法治效能具有现实紧迫性。而当前检察机关开展预防性环境公益诉讼在实践中存在着难以推动、开展效果不理想的问题。因此，本文从预防性检察环境行政公益诉讼之困局出发，对其诉讼属性定位予以厘定，并提出具体的制度进路，以期完善预防性环境行政公益诉讼制度。

目前学界对预防性检察环境行政公益诉讼没有明确的概念界定，例如，学者马煜、曾彩琳认为，预防性检察环境行政公益诉讼主要是课以义

---

* 本文为河北省检察院2023年度调研课题“预防性环境公益诉讼研究”课题成果。

** 课题组负责人：刘慧，河北省保定市竞秀区人民检察院第一检察部副主任；马亮，中央司法警官学院法学院讲师。课题组成员：赵雅文，河北省保定市竞秀区人民检察院第一检察部四级检察官；王琪，河北省保定市竞秀区人民检察院第一检察部四级检察官；张钊铭，河北省保定市竞秀区人民检察院第一检察部检察官助理；高倩，河北省保定市竞秀区人民检察院第一检察部助理；尤彦志，河北省保定市竞秀区人民检察院综合业务部检察官助理。

① 《中华人民共和国环境保护法》第5条规定，环境保护坚持保护优先、预防为主、综合治理、公众参与、损害担责的原则。

务诉讼，诉讼请求直接指向行政机关不作为。[①] 学者陈天宇认为，预防性环境行政公益诉讼的概念应当是人民检察院在履行职责中发现生态环境和资源保护领域负有监督管理职责的行政机关违法行使职权或者不作为，造成生态环境受损的重大风险时，向行政机关提出检察建议，督促其在一定期限内履行职责，行政机关仍不履行职责时，人民检察院可以向人民法院提起诉讼。[②] 本文认为预防性检察环境行政公益诉讼是指：人民检察院在履行职责中发现生态环境存在重大风险，可能致使国家利益或者社会公共利益受到侵害的，有权向行政机关提出检察建议，督促其依法履行职责。行政机关在法定期限内若不依法履行职责的，人民检察院可依法向人民法院提起诉讼。它与传统检察环境行政公益诉讼的区别主要在于摆脱以往事后救济的桎梏，突出事先预防性原则，允许检察机关在生态环境损害结果尚未发生之前，便对具有环境风险的行为提起诉讼。实质是通过检察机关法律监督功能，督促行政机关积极行使环境风险预防的国家义务。

一、预防性检察环境行政公益诉讼之制度困局

环境风险是现代风险社会矛盾显现的主要场域之一，其高度不确定性、复杂性及环境的脆弱性和损害的不可逆转性等特征，对以确定性损害结果为前提的传统环境司法机理带来诸多挑战。如何有效应对生态环境风险对环境法治带来的挑战，是包括环境司法在内的新课题。检察机关作为法律监督机关，在环境行政公益诉讼中，肩负着“公益公诉人”的身份，是唯一的法定起诉主体，因此，为积极回应风险社会视阈下我国环境能动司法之范式转变，势必首要辨识当前预防性检察环境行政公益诉讼之谜题。

（一）受制于根深蒂固的损害救济理念

我国以环境保护法为代表的 30 多部环境法律法规中绝大多数已经明

① 参见马煜、曾彩琳：《风险视域下预防性环境公益诉讼制度理路》，载《合肥工业大学学报（社会科学版）》2023 年第 2 期。

② 参见陈天宇：《建立预防性环境行政公益诉讼制度的困境及解决措施》，载《法学》2024 年第 1 期。

确了“预防为主”的价值导向。但无论在其他单行法抑或该项基本法中，“风险预防”多停留在理念层面，预防的范围限于“危险防止”，并未就如何预防、预防何种风险、危险作出细致规定。这与预防对象的模糊性、不确定性具有一定的关联。在实质意义上的风险预防理念下，保护环境和健康不是等到危害结果发生，而是在不确定损害是否会或者将要发生时，就预先采取预防措施。[①] 虽然立法支配行政与司法，但由于环境法治体系中风险预防贯彻不够协调和彻底，尤其是实践中的检察环境行政公益诉讼迟迟未能涵盖预防性司法之面向，这亦是检察机关面临的一大难题，可以说，根深蒂固的传统损害救济理念是导致预防性环境行政公益诉讼付之阙如的首要因素。

（二）检察机关与行政机关之间的衔接不顺畅

现实情况是，目前行政机关在履职的过程中主要遵循威慑型环境执法理念，一般是环境问题发现以后，行政机关才会介入进行治理、规制，且很多时候存在履职不到位的情况。这时就需要检察机关发挥监督作用，提出相应检察建议，甚至提起行政公益诉讼，而受区域内司法环境的影响，目前对于环境污染严重问题，大多由政府部门统一调度，且法律法规和密集出台的司法解释并未对关联机制之衔接作出规定，在衔接过程中存在相互掣肘，监督作用发挥有限的难题。

（三）受限于存有疏漏的法律适用规则

实证考察发现，检察机关仅少许行政公益诉讼典型案件体现了风险预防的思路与特征，如“防城港红树林保护案”[②]“万峰湖专案”[③]“吉林饮用水保护案”[④] 等。然而，这些极具研究价值的案件明显仍难以挣脱当前环境公益诉讼事后救济的思维窠臼以及于法无据的困境。目前，预防性环境行政公益诉讼并无明确的法律依据，进而司法实践中实证法的缺失直接

---

① ［德］科克·沃尔夫岗：《技术创新背景下法律预防原则的发展》，沈百鑫译，载《法律与伦理》2021 年第 2 期。

② 最高人民检察院生物多样性保护公益诉讼典型案例。

③ 最高人民检察院第四十一批指导性案例。

④ 最高人民检察院第四十批指导性案例（检例 162 号）。

阻碍了以抵御生态环境风险为目标的行政公益诉讼案件的推进。申言之，法律规范的保守和适用规则的遗漏、核心机制的空白及相邻法律机制间衔接规则的失调和错乱，共同造就了当前预防性检察行政公益诉讼的谜之现状。

二、预防性检察环境行政公益诉讼之属性透析

（一）理论驱动：国家义务与风险预防

1. 国家生态环境保护义务的助推

随着“环境国”新形态的应运而生，政府环境治理已有了强劲的理论基础。[①] 在国家任务变迁背景中，全球当前有 148 部宪法体现了不同形式的环境保护政策。我国 2018 年《宪法修正案》中的“生态文明”“和谐美丽的社会主义现代化强国”概念和其他宪法关联条款共同表达了国家环保义务，政府承担着积极维护公民环境权益的职责和义务。从环境损害产生的时间阶段来进行归纳，国家环境保护义务可以分为现状保持义务、危险防御义务和风险预防义务。[②] 对这些理论进行比较剖析，大多数观点认为国家环保义务应包含风险预防义务。

“国家义务的实现有赖于国家权力的运行”[③]，因此，国家的环境风险预防义务应贯穿环境立法、执法和司法的各阶段和全过程。当前我国环境法律救济体系中所规定的“预防为主”“风险预防”“风险防控”等主要是指损害预防义务，在履行损害预防义务时一般已经对环境损害/危险的因果关系有了相当程度的认识，而风险预防的认定仍旧以科学不确定性为前提，在此背景下，面对科学不确定的生态环境风险，国家（包括立法、执法和司法三个子系统）只能成为风险预防义务的“准责任人”，利用其他主体所不具备的优势承担起国家的环境风险预防义务。

2. 风险预防原则的内化和指引

20 世纪 60 年代的德国创制了环境法的风险预防原则，随后其适用领

---

① 毕竞悦：《环境国的法律原则构建》，载《法治社会》2016 年第 5 期。

② 参见陈海嵩：《国家环境保护义务的溯源与展开》，载《法学研究》2014 年第 3 期。

③ 参见刘长兴：《环境保护的国家义务与政府责任》，载《法治论坛》2018 年第 4 期。

域从海洋环境保护拓展到生物多样性保护、气候变化以及国际环境保护等，逐渐成为国际环境法的基本原则。截至目前，我国已经签署了多个国际环境法律文件，而这些文件中大多体现了风险预防原则。事实上，无论是国际法还是国内法，风险预防原则早已演变为环境法治的基本原则，这一原则在我国环境保护法中已经得到体现，也得到了中国环境法学界的认可[①]，由此可见，从后果控制到风险预防的转变是中国环境法治转型的一个重要标志。[②]

当面临生态系统危机、环境安全威胁和生命健康风险时，以个人理性为基础的传统法律范式一再经受考验。随着国家功能与政府职能的转变，为了增进生态环境公共福利并应对生态环境风险的不确定性，一国可通过立法、行政和司法等措施履行国家环保义务。在具有环境损害可能性时，即使在没有明确的科学证据来对因果关系作出精准证明的前提下也应采取措施，即预防性检察环境行政公益诉讼的宗旨是避免生态环境遭到破坏后产生难以逆转的损害。预防性检察环境行政公益诉讼是风险预防原则在环境司法领域的重要体现之一，是从司法方面对可能产生不可逆转的环境风险“防患于未然”的诉讼活动。在环境司法的语境下，基于风险预防原则驱动的司法能动主义为诉讼介入具有高度不确定性的生态环境风险提供了法理可能。

（二）应然属性：监督执法之诉

从性质和功能上来看，行政权是危险防止的最优选项。但行政执法并不总是积极有效的，政府及其部门时常陷入疲软无力的僵局。如王曦教授所言，环境案件中“一定存在着某个负有行政管理职责的行政机关”[③]。我

---

① 2014 年的环境保护法第 1 条继承了“防治污染和其他公害”的立法目的；第 5 条确定了“保护优先、预防为主”的原则；第 39 条规定：“国家建立、健全环境与健康监测、调查和风险评估制度；鼓励和组织开展环境质量对公众健康影响的研究，采取预防和控制与环境有关的疾病。”环境保护法提出“风险”概念，确立了国家针对环境与健康问题的风险预防义务，是我国环境立法的一大进步。

② 参见张宝：《从危害防止到风险预防：环境治理的风险转身与制度调适》，载《法学论坛》2020 年第 1 期。

③ 参见王曦：《我国环境公益诉讼制度设计的弊端与改进》，载《昆明理工大学学报（社会科学版）》2021 年第 1 期。

国宪法规定检察机关是国家法律监督机关，检察机关的监督和矫正功能绝非越位，是其职责所在。从主体资格来看，社会公众亦有宪法监督权之基础。因此，预防性检察环境行政公益诉讼中检察机关可以起诉违法行使职权或怠于行使职权的行政机关，通过外部监督力量的介入及时矫正行政机关的环境行政行为，以遏制环境损害结果发生、维护环境公共利益。因此，预防性检察环境行政公益诉讼理应归属为矫正政府环境行政行为的监督执法之诉。

通过监督实施法律规范，检察机关等原告主体有权就行政机关的违法行为或者不作为提起行政公益诉讼。美国的公民诉讼制度和德国的行政公益诉讼制度亦如此。2021 年 4 月在拉美和加勒比地区生效的《埃斯卡苏协定》第 8 条第 2 款第（c）项授权公众对环境产生或者可能产生不利影响或违反环境有关的法律法规的任何其他决定、作为或不作为提起诉讼。欧洲的《奥胡斯公约》也有类似规定。因此，在以环境法为主的法律授权范围内，基于预防性检察环境行政公益诉讼及时、有效地督促行政机关依法履行职责，有助于实现行政权与司法权的监督和配合，最终实现生态环境公益维护之目的。

（三）制度衔接：相邻机制之关联

我国的生态环境风险预防和损害救济体系是一个包含众多环境法律制度的系统工程。其体系之庞大、内容之繁杂，要求我们在构建预防性检察环境行政公益诉讼时必须持整体性、系统性思维，将该项制度置于整个生态环境风险预防和损害救济的法律体系之下，使各项制度之间相互协调配合，从而实现“1 + 1 > N”的法律效果。

1. 与环境行政执法之辨析

对二者之辨析应回归行政权与司法权关系的一般原理中进行分析，预防性检察环境行政公益诉讼是司法权之体现，与行政执法并不是对立关系，而是目标一致、相互协作的互补关系。从权力属性上来讲，行政权本质上是管理权，司法权是判断权和裁决权。尤其在风险社会下，行政权具有预防环境风险之优势，理应在环境治理中“冲锋在前”，司法权应尊重行政判断。当生态环境风险没有得到及时遏制时应启动司法权，亦能对行政权起监督作用，能够有效弥补“公体执行的空白或软弱”[①] 的现象。

在具体的衔接时，既要坚持行政执法优先、预防性检察环境行政公益诉讼作为补充的基本原则，也要实现二者的优势合作，优化公益诉讼检察建议的适用。检察建议是实现二者有机衔接的法定平台。

2. 与预防性环境民事公益诉讼之辨析

二者之适用关系无法脱离环境民事公益诉讼与环境行政公益诉讼之关系，二者应是环境公益诉讼制度下的平行制度，具有一定的“同源性”，环境民事公益诉讼侧重于对环境违法企业的监督和生态损害的预防、救济与赔偿，环境行政公益诉讼侧重对环境行政监管部门的监督，使其能够积极、合法地行使职权，维护环境公共利益。与民事之诉相比，环境行政公益诉讼更加侧重于通过行政权力实现对环境公共利益的维护，通过监督政府来间接实现环境公共利益的保护。笔者认为，二者应当坚持“分工协作、行政优先”的基本原则。在具体实践中，二者应是一种“平行适用”的关系，在发生适用冲突时，应坚持预防性环境行政公益诉讼优先的原则。

三、预防性检察环境行政公益诉讼之规范进路

基于诉讼法之核心要义——诉权和诉之利益[②]，应从诉权主体、诉讼

---

① 参见张锋：《检察环境公益诉讼之诉前程序研究》，载《政治与法律》2018 年第 11 期。

② 对诉之利益概念进行阐述的文章并不多，但许多学者在对诉权的论述中对此也予以了界定。以下是几种较有代表性的论点：江伟教授认为，诉之利益是指民事权益受到侵害或与他人发生民事纠纷时，需要运用民事诉讼予以救济的必要性。左卫民教授亦持这种观点。陈刚教授则认为，诉之利益是“原告请求法院就私权主张予以裁判时所具有的必要性”。杨新荣教授认为，诉之利益是指诉讼结果所涉的利益，这种利益包括权益的保护、纠纷的解决以及程序的安定等内容，既有实体法上的利益，又有程序法上的利益。日本学者高桥宏志认为，所谓诉之利益是为了考量“具体请求的内容是否具有进行本案判决之必要性以及实际上的效果（实效性）”而设置的一个要件。日本学者山木户克认为，诉之利益乃原告谋求判决时的利益，即诉讼追求的利益。另外，谷口安平教授则将诉之利益置于救济法领域进行探讨。本文认为诉之利益，是指诉讼结果所涉及的利益，包括诉讼实体和程序的利益，具体到预防性检察环境行政公益诉讼领域则包含了诉讼范围、诉前程序、起诉要件等多个维度。全方位实现诉之利益，亦是此类诉讼的价值所在。

范围、起诉前程序、起诉要件、举证责任等维度优化预防性环境行政公益诉讼之核心规范，希冀为未来相关立法的制定探寻出路，以解实践燃眉之急。

（一）拓展诉权主体

现代环境治理的实践表明，多元主体合作共治是解决环境问题的根本出路。在这一场景中，包括公权力主体在内的多元主体的共同参与不可或缺。[①] 作为环境法领域极具道德权威的价值观，多元共治回答了缘何预防性检察环境行政公益诉讼需要拓展社会公众参与环境治理的路径。基于检察院的监督地位，预防性环境行政公益诉讼能够在很大程度上与公权力的行使主体即行政机关相抗衡。只有政府、企业、第三方主体的权利（力）和义务配置形成了良性的监督与管制互动时，环境法治才能趋于平衡状态。[②] 因此，在该诉中引入第三方社会组织作为诉权主体是十分必要的。首先，第三方主体范围广泛、人员众多，尤其是我国地广人多、案件来源多样，更需要多主体的介入以形成合作式、开放式的环境治理格局。其次，第三方主体提起该项诉讼契合了环境公共利益的主体不特定性、公共性、非排他性、普惠性等特征。最后，第三方主体提起该项诉讼能够完善政府与社会公众之间的监督关系，拓宽公众督政的渠道，延伸公众参与的范围，最终形成“行政力量为第一线、司法力量为第二线、社会公众全程参与监督的环境公益保护模式”[③]。

（二）深化诉讼范围

行政诉讼法第 25 条规定了检察机关可在生态环境和资源保护、食品药品安全等领域提起行政公益诉讼案件。在适用的具体情形上，笔者按照违法行政行为作出的时间顺序分为三个阶段，即违法行政行为处于商讨阶段尚未作出、违法行政行为已经作出但实际损害结果尚未出现、违法行政行为已经作出且损害结果已经出现。针对第三种情形，法律已明确授权检

---

① 参见史玉成：《环境法学核心范畴之重构：环境法的法权结构论》，载《中国法学》2016 年第 5 期。

② 参见郭武：《论中国环境诉讼类型的整合策略》，载《东方法学》2022 年第 6 期。

③ 参见秦天宝：《跨行政区划公益诉讼环境治理的“中国方案”——最高人民检察院第 41 批指导性案例评析》，载《人民检察》2022 年第 21 期。

察机关可以提起行政公益诉讼。但是基于生态环境的易损性、脆弱性以及环境风险的复杂性等特征，针对具有产生生态环境风险的行政行为也应纳入行政公益诉讼的适用范围，应从制度层面授权检察机关和第三方主体就前两种情形和行政机关不作为的情形提起预防性环境行政公益诉讼。

（三）重视起诉前程序

关于该项制度的起诉前程序，理论界和实务界基本持一致观点，均认为应加强起诉前程序的塑造和优化适用，矫正当前环境公益诉讼领域存在的“过度的司法能动主义”。应保证起诉前程序方式的多样，不应局限于检察建议，联席会议、专家研讨会、座谈会等方式亦可实现灵活适用起诉前程序的目的。例如，防城港市检察院在得知红树林面临死亡危险时立即启动磋商程序，并与广西海洋研究院、红树林研究中心召开专家座谈会探索红树林的长效保护机制，将专家意见及时通报有关行政机关。此案较好地进行了行政公益诉讼磋商，节约了有限的司法资源，有效地规避了红树林所面临的死亡风险。

（四）完善起诉要件

预防性检察环境行政公益诉讼的起诉不仅要满足环境风险的高度盖然性，还应满足行为发生后损害结果的不可逆转性等条件。在认定风险时需要通过专业的论证过程，如召开专家论证会、邀请受影响主体参与座谈会并积极向有关部门寻求意见等。除此之外，行政机关违反法律、法规和行政规章的义务而不作为，且将造成环境风险也是预防性环境行政公益诉讼启动之必要条件。行政行为尚未作出，但具有“实际影响必然发生”① 的情形，则具有启动之必要。

（五）平衡举证责任

为了平衡两造双方的举证负担和诉讼结构，预防性环境行政公益诉讼应以因果关系推定为举证分配规则。原告需要提供初步材料证明危险存在的盖然性，被告需要对其行为不会造成危险/风险的发生提供证据。在给

---

① 参见吴良志：《论预防性环境行政公益诉讼的制度确立与规则建构》，载《江汉学术》2021 年第 1 期。

付之诉即针对行政机关不作为的案件、确认行政法律行为违法的案件和确认行政行为无效的案件中，原告需要承担初步证明责任，被告则需要就其行为不会造成生态环境风险承担高度盖然性的排除责任；在确认行政事实行为违法的案件中，原告需要承担“谁主张谁举证”的证明责任，被告承担排除危险发生的证明责任。

四、结语

完善预防性环境公益行政诉讼制度不仅是党中央的重要战略部署，更是环境法治现状推动的必然结果。检察环境行政环境公益诉讼必须站在生态环境风险预防与损害救济法律体系重构的高度，结合理论研究与实践进展，对各项制度之适用范围以及制度间的衔接关系作出明确细致的规定，实现部门间的有序合作，为环境公共利益之维护找寻出合适的规范路径，真正实现法律监督质效。

反思、改进：数字检察赋能监督促进治理的困境与优化路径研究

刘辉宇　龚正良*

习近平总书记强调，法治建设既要抓末端、治已病，更要抓前端、治未病①。应勇检察长在全国检察长会议上的讲话中提出，实施数字检察战略。数字检察战略是法律监督手段的“革命”，是提高法律监督能力的重要依托②。数字检察是数字技术与检察工作深度融合的产物，其以现代化为目标、高质效为指引、数字化为基准，推进检察工作实现时空之变、格局之变、动能之变，为构筑检察工作竞争新优势提供有力支撑。

一、数字检察的意义与内涵

近年来，互联网、大数据、云计算、人工智能、区块链等技术深刻演变，推动社会发展进入了“万物皆数”的数字时代。数字化建设日益成为推进国家治理体系和治理能力现代化的重要支撑，也深刻影响和改变着法治建设、检察履职的工作方式。数字检察作为数字中国、法治中国的重要组成部分，是法律监督手段的革命，是提高法律监督能力的重要依托，具有重要的时代意义，也有必要明晰其内涵要义。

---

* 刘辉宇，江西省丰城市人民检察院党组书记、检察长；龚正良，江西省丰城市人民检察院综合业务部主任、二级检察官、中国法学会法律文书学研究会会员。

① 参见习近平：《坚定不移走中国特色社会主义法治道路 为全面建设社会主义现代化国家提供有力法治保障》，载《求是》2021 年第 5 期。

② 参见 2023 年 1 月 8 日应勇检察长在全国检察长会议上的讲话。

（一）数字检察的时代意义

习近平总书记强调，“推动大数据、人工智能等科技创新成果同司法工作深度融合”。《法治中国建设规划（2020—2025年）》强调“推进法治中国建设的数据化、网络化、智能化”。《中共中央关于加强新时代检察机关法律监督工作的意见》要求，“运用大数据、区块链等技术推进公安机关、检察机关、审判机关、司法行政机关等跨部门大数据协同办案”。2022年6月，最高人民检察院召开全国检察机关数字检察工作会议，对加快数字检察建设，以“数字革命”驱动新时代法律监督提质增效作出部署。这些部署要求充分彰显了党中央对政法工作数字化的高度重视，也凸显了数字检察工作的重大意义。深入实施数字检察战略，是顺应数字时代发展、推进检察工作现代化的重要引擎，是提高检察机关法律监督能力的重要依托，是融入国家治理体系和治理能力现代化的必然要求。

（二）数字检察的内涵

数字检察，也可以称为“数智”检察、法律监督数字化，集中表现为通过大数据、人工智能等科技创新成果同法律监督工作的深度融合，建立法律监督数字模型及配套系统，完善机器学习机制，发现与推动破解执法司法权力运行及社会治理中的深层次问题，保障法律正确实施[①]。数字检察的构成要素主要包括数据、技术、业务和人力等内容，这些要素是数字检察运行的基础，影响数字检察运行的质量和效果[②]。在数字化、信息化的大背景下，必须厘清数字检察的内涵要素，充分激发数字检察的全要素价值。

1. 业务主导是前提

数字检察的根本在于业务。数字检察源起于业务实践、服务于业务发展，必须坚持“业务主导”。这种主导体现在数字检察是基于检察职能的工作，是监督办案规律的总结提炼，是有检察业务数据参与的数据分析、

① 参见高景峰：《法律监督数字化智能化的改革图景》，载《中国刑事法杂志》2022年第5期。

② 参见王永金：《数字检察：法律监督的时代要求》，载《人民检察》2023年第3期。

碰撞。这里的“业务”，还包括检察管理、检察服务，综合部门、保障部门同样需要增强数据意识，总结、提炼规律由工作专班去技术实现，从而“由点到面”推动检察工作整体提升。

2. 数据整合是基础

数字检察的基础在于数据。数据主要有四个特性：客观性，即可识别、可测量、可计算，能够真实反映一个检察院或检察系统的工作情况[①]。约束性，能够将法律法规、工作机制、管理办法、业务痛点、工作需求等进行数据化、流程化固定。可视性，能够将具体个案、类别进行数字画像。传输性，能够通过共享、交换发生时空位移，让数据多跑路、人力少跑腿。

3. 技术支撑是关键

数字检察的关键在于技术。只有实现技术与业务的深度融合，数字检察才有生命力和可持续性。该项工作必须整体谋划、一体推进，做到一网运行、一网通办、一网赋能、一网运维。当前，研发应用监督模型是数字检察的一个重要突破口，通过对大数据进行碰撞和分析，发现深藏其中的监督线索，在个案上实现突破，进而在更大范围内推动类案治理、系统治理。

4. 重在运用是目的

聚焦以检察工作现代化服务中国式现代化这个检察中心任务。数字检察运用的保障在于检察队伍。数字检察是对检察人员履职能力的一次重大实战考验，更是适应时代变革、引领现代化的全方位能力重塑。因此，必须建强高素质复合型数字检察人才队伍，推动检察人员法律监督理念、本领的革新和跃迁，不断提高对现代化、数字化的把握、引领、驾驭能力，以高质效的履职尽责为数字检察战略的顺利实施贡献更多智慧和力量。

二、数字检察赋能监督的模型

数字检察即人民检察院运用数字技术，搭建法律监督模型和相关配套系统，发现类案线索后进行一体化、融合式监督，对社会治理工作机制进

---

① 参见王永金：《数字检察：法律监督的时代要求》，载《人民检察》2023 年第 3 期。

行系统性优化的新型社会治理模式[①]。数字检察的“道”，是“数字赋能监督，监督促进治理”，价值是“由案到治”。数字检察法律监督模型，是根据工作场景、工作目的、开展方法、产生效果的不同而确立的数字检察工作方法固定模式[②]，可分为筛查检测、按图索骥和防患未然三类。

（一）筛查检测法律监督模型

筛查检测法律监督模型即在仅拥有数字信息资源，却没有任何问题线索的情况下，用适宜的方式对数字进行筛查分析，用来检验一定领域法律法规实施状况，排查是否有违法犯罪的案件线索。

一是数字检验。这是指法律法规、规章制度对某些事项作出了规定，而这些规定在具体现实中的执行情况，可以通过数据来检验。例如，法律明确将多次违法行为作为寻衅滋事罪、虚假诉讼罪、容留他人吸毒罪等九个罪名的入罪条件，受制于作出行政处罚单位不同，许多达到刑事案件入罪条件的犯罪嫌疑人因信息不对称而未受到刑事处罚。通过对公安机关行政处罚数据进行筛选，筛选出符合立案标准的违法行为，对比人民检察院受理审查逮捕、审查起诉数据，发现有案不立线索，启动立案监督。

二是频率筛查。对一些领域的信息数据进行频率统计，然后将频率由高到低排序，重点审查高频率的数据有无违规违法、监管漏洞或违法犯罪的线索。例如，人民检察院探索开展“另案处理”数字专项监督工作，对侦查机关办案过程中适用“另案处理”不规范、所涉人员或犯罪事实长期未处理等情况进行分析，总结出通过“另案处理”到事实上的“另案不理”的监督思路，并绘制思维导图，通过对类案分析研判，归集数据，对受理的案件信息进行筛查、碰撞，发现监督线索，依法监督公安机关立案侦查。

（二）按图索骥法律监督模型

按图索骥法律监督模型是指根据现有掌握的法律监督线索，或是已办

---

① 参见俞炜、胡宇翔、邵中元：《运用大数据督促治理虚假登记公司检察监督的思路与方式》，载《中国检察官》2023 年第 8 期。

② 参见钱昌夫、赵少岸：《数字检察范式的实践应用》，载《中国检察官》2022 年第 3 期。

理的相关案件，通过数字、数据资源，不断挖掘线索富矿，由个案审查向类案治理延伸，充分发挥数字检察监督的放大、倍增、叠加效能，拓展社会治理的覆盖领域。从人民检察院最初发现的“本体线索”出发，按照延伸方式，可以分为纵向串联和横向并联两类。

一是纵向串联，采取“三查融合、四检一体”的融合履职方式，从“本体线索”向上下游犯罪两端拓展、辐射。例如，人民检察院搭建涉“两卡”案件法律监督模型，推行涉案人员身份信息强制登记制度，通过统计汇总上下游涉案人员信息，设定筛选条件，进行数据碰撞，引导公安机关串并案件，及时深挖彻查“卡头”等幕后收贩卡人员和诈骗团伙，有效破解电信网络诈骗漏人、漏卡的治理难题。

二是横向并联，以“本体线索”为出发点，向同类领域或相邻环节扩散、延伸监督。例如，针对涉黑恶犯罪分子跨时空、跨领域、跨案件进行违法犯罪，人民检察院未能有效充分串并打击、大概率存在遗漏打击的问题，聚焦寻衅滋事、聚众斗殴、故意伤害、非法拘禁等严重危害人民群众生命财产安全的案件，构建“涉黑恶犯罪线索数据监督模型”，筛查刑事立案监督线索，排查重点可疑人员，依法纠正执法司法不规范问题，制发行业治理检察建议。监督模型战果初显后，又将检察监督范围扩展到涉黄涉赌、故意毁坏财物案件。

（三）防患未然法律监督模型

防患未然法律监督模型主要是指尚未有犯罪线索出现，但凭借检察人员的专业素养与实践经验，敏锐判断出违法犯罪行为的高发领域、社会治理的漏洞和风险，在关键环节强化监督，堵漏建制、完善措施，切断违法犯罪发生的进程，防患于未然。具体做法有以下两种：

一是数字监督，即人民检察院将某一领域的相关活动情况纳入数字记录的范畴，将某一领域违法犯罪、监管漏洞问题变得透明可追查，将安全风险和漏洞隐患消除在未然状态，从而有效遏制违法犯罪的发生。例如，人民检察院拓展成品油涉税法律监督数据模型应用场景，研发应用危化品安全生产经营法律监督数据模型，助力重点行业领域提升公共安全治理水平。精准排查非法经营、运输、储存、使用危险化学品风险点位，将影响社会面公共安全的风险隐患消除在问题前端。

二是数字卡位，主要是指对违法犯罪发案的必经环节设置数字监督措施，卡住要害，切断违法犯罪发生链条，使之无法进行。例如，针对未成年人在宾馆、酒店等场所容易遭受性侵治理问题，严格监督此类场所对强制报告制度的落实，降低未成年人被性侵的风险。

三、数字检察赋能监督促进治理的困境

近年来，全国检察机关积极探索，推进数字检察进程，实现了“从无到有”“由有向好”的逐步转变。但总体而言，数字检察工作尚处于起步阶段，在推进过程中还存在如下三大主要现实困境。

（一）思维理念尚需破冰突围

数字科技在推动社会生产生活方式变革的同时，也可能给社会带来各种风险和隐患。若沿用传统的个案办理思维，显然无法应对海量的高科技犯罪，而需秉持大数据思维，通过数据比对，将看似零散的信息点串点成线。具体而言：一是大数据法律监督思维待强化。部分检察人员对数字检察是一场办案模式全新的变革，理解模糊，认识含糊，存在观望、畏难心理。习惯于传统办案模式，以事后监督、书面审查和封闭办案为主，难以发现执法司法环节的问题，对于大数据不愿用、不会用、不善用。二是一体履职思维需加强。部分大数据法律监督案例往往涉及不同领域的交叉，如刑民交叉、刑事检察与公益诉讼检察交叉。一些检察人员的一体化履职意识不强，不能敏锐发现办案中的程序和实体问题、违法犯罪线索，导致该纠正的问题未及时纠正，该移送的线索未及时移送，存在“各自为政”的碎片化监督现象。三是监督促进治理思维需提升。一些检察人员没有真正领悟法治精神，误以为做到案结事了人和就是“高质效办好每一个案件”，没有做好监督“后半篇文章”，不善于甚至不愿通过个案办理发现其背后的管理问题及通过类案分析总结共性特征，也更谈不上找准监管漏洞，制发检察建议，开出“检察药方”，促进相关部门完善治理，实现“办理一案、治理一片”的法治效果。

（二）人才队伍亟须培育壮大

数字检察虽然以大数据及技术作为客观要素，但人才依然在数字检察中发挥着主导作用。因此，队伍建设才是数字检察可持续发展的关键所

在。一是基础薄弱。部分处于偏远地区的基层检察院经济基础薄弱，“互联网+”、人工智能等数字技术尚未发展成为主流，部分检察干警因循守旧思想依然较为严重，没有深刻理解数字检察对法律监督工作的重要作用。基层检察院普遍存在办案任务繁重、专业人员稀缺、经费紧张的现实情况，业务部门不愿意把有限的精力放到数字检察工作上。二是人手不足。因基层检察干警年龄结构存在差异，对数字检察认识程度参差不齐。既懂监督办案又能擅长数字技术的综合性人才寥寥无几，以致数字检察的应用效果不好。三是参与积极性不高。一些地方检察院数字检察建设还停留在入门知识“扫盲”阶段，虽然参加了各种各样的数字化培训和竞赛，但缺乏主动学习应用的意识和能力。

（三）体制机制呼唤改革创新

数字检察工作以及与数字检察相适应的办案、管理制度机制还未建立起来。一是部门协同配合机制不完善。人民检察院各个部门职责分工不同，工作中注重分析处理属于本部门业务范围内的线索数据，部门协同配合事实上缺少自驱力，不利于形成需要数据整合、业务融合等整体效应的数字检察战略。二是技术支撑保障机制缺失。根据“业务主导、数据整合、技术支撑、重在应用”的数字检察工作模式要求，其中技术支撑既包括平台技术的支撑，也包含数据情报收集、分析、综合研判的专业部门与能力支撑。实务中对于简单的数据建模，可由检察官自主应对。对于复杂模型的数据处理与分析，则可由检察官主导提出规则需求，由专门的检察信息情报部门辅助支撑。三是数据的获取、使用和管理机制不健全。目前，对人民检察院内部数据的挖掘利用还不够精细深入，没有真正把作用效果激发出来。在推进外部数据的共享获取上还不够有力，采集的方式相对较原始，共享的水平较低。数据拥有方常常以内容涉密等理由拒绝提供，造成数字检察工作成为“无源之水”的局面。同时，数据的使用和安全管理尚需要进一步予以规范，亟待出台统一的管理使用规定。

四、数字检察赋能监督促进治理的路径

数字检察的本质是法律监督模式变革重塑，是深层次的改革。实施“数字检察”战略应当立足法律监督主责主业，从理念引领、效能导向、

机制创新三个维度，推进大数据赋能法律监督，以数字检察赋能监督促进治理。

（一）注重理念引领，把握数字检察赋能监督促进治理的“时代方位”

理念为行动之先导，要清晰认识数字检察战略的时代意义，凝聚以数字革命驱动检察工作、赋能监督促进治理质效飞跃的共识。一要树立数字赋能法律监督的理念，坚持“人人都是建模者”“全员都是数字员”“小切口自定义建模”的意识，以“数据—大数据—数字技术—个案办理—类案监督—社会治理”[①] 递进式驱动关系为脉络创新数字监督思想，抓实大数据应用，充分挖掘数据潜力，实现法律监督从个案办理向数字监督的转型。例如，人民检察院针对办案中发现企业未依法缴纳残疾人就业保障金的问题，构建“残疾人就业保障金征收”监督模型，排查应缴未缴残疾人就业保障金的企业，督促补缴残疾人就业保障金，并与税务部门等会签就业保障金征收工作协调机制，推动残疾人就业保障金征收工作健康发展。二要树立综合履职一体监督理念。以系统思维、经验思维、迂回思维为引领，立足办案找数据、用数据。办案检察官根据捕诉等日常办案中发现的监督点，将“碰撞已有公开数据—发现个案（类案）监督线索—立案调取关联数据—沉淀扩大数据规模”作为不断循环往复的深化履职过程，实现“案件办到哪里，数据找到哪里”，沉淀数据。例如，以侦查权和自行补充侦查权做支撑，实现案件线索及证据“四大检察”同办联办、深挖根治。三要树立监督促进治理理念。要深刻认识将数字检察战略融入监督促进治理工作，是人民检察院深度融入社会治理大格局的必然要求。树立主动监督意识，摆脱就案办案的解纷监督思维，坚持“小切口”与“大视野”相结合，避免一哄而上、不切实际、贪大求全。

（二）突出效能导向，跑出数字检察赋能监督促进治理的“攻坚速度”

2013 年，英国学者舍恩伯格断言：“就像望远镜让我们能够感受宇宙，显微镜让我们能够观测微生物一样，大数据正在改变我们的生活以及理解

① 王永金：《数字检察：法律监督的时代要求》，载《人民检察》2023 年第 3 期。

世界的方式……"[①] 大数据重塑法律监督模式。一要释放数字监督效能。实施"数字检察"战略，通过大数据筛查、比对、碰撞，[②] 实现从个别、偶发、被动、人力监督向全面、系统、主动、智能监督转变，推动人民检察院法律监督"本"的提升与"质"的嬗变[③]。例如，虚假诉讼套取住房公积金法律监督数据模型，通过分析识别相关执行案件申请执行人和被执行人的数据信息深挖案件线索，有效破解该类案件因隐蔽性强而难以发现的问题。二要释放数字治罪效能。坚持治理与治罪相结合，依托数字赋能推动刑事检察业务爆发"新能量"。例如，网络赌博案件资金穿透数据模型，对海量涉案账号的资金来源和去向进行分析识别，按照数据特征对赌博网站代理、参赌人员等进行准确认定，有效解决网络赌博案件侦查取证难题，推动区域内网络赌博犯罪全链条打击。三要释放数字治理效能。依托数字检察实现以个案办理促类案监督、助推社会治理。例如，交通肇事案件监督治理法律监督数据模型，通过分析整理交通肇事的时空地图数据，向各相关职能部门推送通报交通肇事案发路段、原因、责任划分等信息，促进交通安全标识和安全防护措施的增设或改进。

（三）创新工作机制，激活数字检察赋能监督促进治理的"深层潜能"

如果说类案监督是"果"，工作机制支撑体系就是确保能持续产出果实的"树"，关注怎么种好"树"，具有更加根本的意义。一要创新"三查融合"机制。在思维方法上从单一审查向审查、调查、侦查"三查融合"转变，结合融合监督团队的打造，推进履行法律监督审查、调查、侦查职能的人员、监督线索的研判、监督手段等各方面融合[④]，力争把每一条数字监督线索真正查深、查透，最大限度实现监督效能。二要创新数据管理机制。其一，盘活内部数据。整合全国检察业务应用系统、12309 检

---

① ［英］维克托·迈尔－舍恩伯格、肯尼思·库克耶：《大数据时代：生活、工作与思维的大变革》，盛杨燕、周涛译，浙江人民出版社 2012 年版，第 1 页。

② 参见侯亚辉、匡旭东：《新时代检察职能一体化的推进与实现路径》，载《人民检察》2023 年第 6 期。

③ 参见刘品新：《论大数据法律监督》，载《国家检察官学院学报》2023 年第 1 期。

④ 参见贾宇：《论数字检察》，载《中国法学》2023 年第 1 期。

察服务中心、检察案例库、检察文书库、检察档案等，深入开展数据分析，为高质量开展法律监督提供助力[①]。其二，连通外部数据。改进方式方法，依靠党委领导，以务实、开放的态度主动提供检察数据，赢得相关部门的支持配合。其三，建设数据应用管理平台。为防止乱铺摊子、重复建设，加强数据资源管理、模型研发应用和监督线索办理等工作，建设大数据法律监督平台，实现数字检察“一本账”管理、数据资源“一网贯通”、模型建用“一站统管”、线索办理“一键流转”，打造数字化办案全过程全链条闭环管理模式[②]。例如，浙江省人民检察院通过数字检察案例指引及时发布优质案例，业务部门和数字办定期研究案例指引，以可复制性为维度通过数字检察“一本账”部署全省、全市性专项数字办案。三要创新数字检察队伍培育机制。实现从理念认同到应用落地的有效转变，需对检察人员进行有针对性的训练[③]。把数字检察人才摆在重中之重的位置，制定人才多岗位锻炼计划，确保人才培养所涉猎业务知识的广度和精度，着力打造能够统筹运用数字认知、数字思维、数字技术的复合型数字检察人才。

五、结语

“数化万物，万物皆数。”检察监督数字化，旨在通过数字技术手段更好地预防和减少社会矛盾的发生，以及通过非诉方式化解矛盾，减少诉讼，更好地实现正义。以“数字检察”赋能新时代法律监督高质量发展，要将检察工作现代化建设与促进社会治理结合起来，通过大数据赋能将数字检察融入监督促进治理中，走出一条“个案办理—类案监督—系统治理”的检察监督之路。

---

① 参见张建兵、王筱铮：《加快推进基层数字检察建设》，载《人民检察》2023年第12期。

② 参见姜东良、梁平妮：《“数字大脑”揪出“车牌硕鼠”》，载《法治日报》2023年8月24日。

③ 参见陈章：《大数据战略：为新时代检察注入强劲动能》，载《检察日报》2022年3月1日。

轻罪相对不起诉制度的价值及完善

王艺如*

一、相对不起诉制度在轻罪治理中的作用

近年来，我国刑事犯罪结构发生重大变化，重刑率下降与轻刑率上升使轻罪成为犯罪治理的主要对象。新兴危害社会管理秩序的犯罪上升，表明社会治理进入新阶段，但由于犯罪人主观恶性小且后果较轻，大多适用不起诉制度予以结案。刑法功能发生较大变化，由原先提倡“对恶行施以非难”的报应刑论逐步转向“教育改造犯罪人不再犯罪”的目的刑论，①预防理念显为活跃。2023 年 8 月，最高人民检察院印发的《2023—2027 年检察改革工作规划》体现了检察机关秉持系统思维，探寻轻重分道的应对之策。② 如何落实罪刑合理化与均衡化原则，成为轻罪治理中亟待解决的问题。

我国刑法对轻罪的认定标准并无明文规定。在中国刑法学研究会 2024 年全国年会上，对于如何认定轻罪，王志远教授认为，应采取形式与实质相结合的标准划分轻罪和重罪，形式的标准可以是宣告刑 3 年以下，实质的标准则是指那些可以通过非刑罚措施恢复犯罪后果，并且不会造成规范空洞的案件。③ 张明楷教授提出，我国可以将法定最高刑为 3 年以下有期

---

* 王艺如，西北政法大学法治学院。

① 张明楷：《刑法学》（第六版），法律出版社 2021 年版，第 670 页。

② 参见《最高检发布五年检察改革规划》，载《人民日报》2023 年 8 月 8 日。

③ 石经海、李灿：《深化中国刑法学自主知识体系构建研究》，载《检察日报》2024 年 11 月 30 日。

徒刑或者拘役的犯罪归为轻罪。[①]

笔者认为，“轻罪相对不起诉制度”的适用需结合刑事诉讼法第177条第2款，[②]以及依据以形式标准为主、以实质标准为辅的二元标准说，[③]并根据行为人主观恶性及案件具体情况审慎考量。在坚持客观主义的同时，在轻罪上还要考虑行为人的因素，在处理具体案件时坚持刑法的实质解释，对轻罪要从社会危害性和后果方面综合评价。[④]

（一）适用起诉便宜主义之体现

相对不起诉制度产生的理论基础来源于报应刑论与目的刑论的相互融合。[⑤]报应刑论认为，正义是刑罚的首要价值，并将其视为刑罚存在的正当化根据；目的刑论认为，刑罚正当性是通过遏制更大程度的恶害才得以体现。[⑥]

起诉便宜主义作为相对不起诉制度的法理基础，体现出非犯罪化与轻刑化的刑事政策，符合公益利益的考虑和诉讼效率的要求。[⑦]我国采取“起诉法定主义为主，起诉便宜主义为辅”的诉讼方针。后者大多适用于相对不起诉案件中，刑法的谦抑性和刑罚的轻缓化已成为目前刑事法律结构的发展方向。起诉便宜主义赋予检察官以自由裁量权，让其在具体案件中不仅考量犯罪行为本身，还涉及预防再犯罪、教育改造犯罪人等更多长远目的，从而作出更加符合实质正义的决定。

---

① 张明楷：《轻罪立法的推进与附随后果的变更》，载《比较法研究》2023年第4期。

② 刑事诉讼法第177条第2款规定，对于犯罪情节轻微，依照刑法规定不需要判处刑罚或者免除刑罚的，人民检察院可以作出不起诉决定。

③ 二元标准说：以法定刑（形式标准）作为界定立法上轻罪的一般性标准，同时，考虑到不同类型犯罪的性质、危害程度是不同的，结合犯罪与法定刑轻重来综合考虑刑罚适用以及是否适用轻罪政策。参见郭理蓉：《轻罪刑事政策研究》，中国法制出版社2023年版，第162页。

④ 参见曹化、张建伟、吴宏耀、胡春健、曹东：《轻罪治理现代化的检察制度构建》，载《中国刑事司法》2024年第4期。

⑤ 参见陈兴良主编：《刑法总论精释》，人民法院出版社2016年版，第724—728页。

⑥ 参见刘晓山：《目的刑论之正当性探究》，载《武汉大学学报（哲学社会科学版）》2011年第2期。

⑦ 参见陈光中：《论我国酌定不起诉制度》，载《中国刑事法杂志》2001年第1期。

（二）发挥诉讼经济原则之优势

正义与效率均是诉讼所追求的价值目标，但在资源有限的前提下，司法机关需考虑如何投入尽量少的资源获得较大的诉讼收益，以实现司法公正的目的。效率作为对诉讼程序评价的基本价值标准，需要在具体的司法活动中达到与正义相统一。如若为查明某一案件真相而投入大量司法资源，这会延长诉讼周期，导致效率低下；但若一味追求效率，导致当事人对案件结果存在异议，则会增加后续诉讼活动，诉讼价值均无法实现。

相对不起诉制度的创立符合诉讼经济的价值目标。一个案件从侦查到审结的完整过程需要投入大量的司法资源。如果每一个案件都需要完整经历这一流程，那效率价值将无法发挥其优势。故而要求检察官在初期便对案件性质进行区分，推动繁简分流、轻重分层，对轻罪案件及符合相对不起诉制度的案件及时作出处理决定，从而缩短诉讼周期，提高诉讼效率。

二、相对不起诉制度较于轻罪治理的局限性

2024 年《最高人民检察院工作报告》显示，2023 年全国检察机关共办理各类刑事案件 425.3 万件，对犯罪情节轻微，依法不需要判处刑罚或者免除刑罚的，决定不起诉 49.8 万人，同比上升 12.6%。

2024 年全国检察机关刑事检察工作会议强调，要全面准确落实宽严相济刑事政策，坚持惩治犯罪与预防犯罪并举、依法从严与依法从宽并重。依法惩治犯罪，促进轻罪治理、犯罪治理、社会治理，实现社会长治久安。但在司法实践中很多轻罪案件的处理并没有体现出相对不起诉的适用价值。

（一）适用空间有限

2023 年底，最高人民法院、最高人民检察院、公安部、司法部《关于办理醉酒危险驾驶刑事案件的意见》出台，其中第 19 条要求，对犯罪嫌疑人、被告人决定不起诉或者免予刑事处罚的，可以根据案件的不同情况，适用非刑罚处罚措施。由于相对不起诉是对犯罪嫌疑人作无罪处理，所以司法实践中其适用范围限制严格。有学者指出，醉驾案件应当以非羁

押为原则，并进一步细化法定不起诉和酌定不起诉的适用标准。[①] 而且理论界针对“犯罪情节轻微”及“依照刑法规定不需要判处刑罚或者免除刑罚”的内涵存在不同观点。一种观点认为，“犯罪情节轻微”指罪名轻，犯罪情节也轻；另一种观点则认为只要属于犯罪情节轻微即可适用。因两条件均存在“事实法定化”的成分，以致在现行的刑事诉讼法框架下，从法律解释及适用的角度而言，相对不起诉的自由裁量权依然存在局限性。

（二）适用程序繁琐

当下，随着认罪认罚从宽制度的广泛适用，我国的犯罪结构也由重刑自然犯逐渐转变为轻刑法定犯，处罚制度趋向轻刑化。酌定不起诉案件的适用程序也由检察委员会讨论决定，转变为《人民检察院刑事诉讼规则》（以下简称《刑事诉讼规则》）第 370 条所规定的“经检察长批准”。[②] 相较之前，适用程序已有所简化，但由于适用范围的限制，检察人员往往在行为完全满足“罪名轻”和“犯罪情节轻微”两条件后才适用相对不起诉制度，否则将难以论证其正当性。为避免质疑，从严适用往往是最佳选择。此外，若要适用该制度，则需要检察官进行充分论证，这不仅徒增了检察人员的工作量，同样也打击其积极性。

三、刑事一体化下的轻罪治理途径

（一）厘清犯罪分层，构建受案分流机制

最高人民检察院印发的《2023—2027 年检察改革工作规划》明确要求“研究轻微刑事案件出罪入罪标准”。随着刑法的不断完善，我国应当引入犯罪分层制度。[③] 微者，比轻者更轻，以拘役为界分，更契合“微”

---

① 吴宏耀：《加快构建轻重有别的轻罪治理体系》，载《检察日报》2024 年 3 月 28 日。

② 《人民检察院刑事诉讼规则》第 370 条规定，人民检察院对于犯罪情节轻微，依照刑法规定不需要判处刑罚或者免除刑罚的，经检察长批准，可以作出不起诉决定。

③ 参见黄云波、黄太云：《论稳健型刑法立法观》，载《中国刑事法杂志》2019 年第 3 期。

之含义。[①] 轻罪的概念中包含微罪，所以两者为种属关系。陈兴良教授认为，在界定轻罪概念的同时，微罪同样值得关注。[②] 张建伟教授认为，在轻罪范围内应再度划分轻罪和微罪，两者间界限应该划在拘役这个线上。按此划分标准，相对不起诉应称为微罪不起诉。[③] 也有学者认为，法定刑1年以上3年以下有期徒刑为轻罪，有期徒刑1年以下为微罪。

笔者认为，构建犯罪分层制度及受案分流机制，有利于实现犯罪分层处理的精细化，选择法定刑1年以下有期徒刑[④]作为区分轻罪与微罪的分层依据更为合理，以限定司法人员的恣意性判断，但其机械适用的弊端，仍需依照检察官的判断力及生活经验作出符合实质正义的处理。检察机关应建立立体化的系统治理思维。表面上，司法机关的权力行使仅体现在犯罪治理过程中；实质上，司法机关在对行为人作出处理时要对其所实施的犯罪行为有着十分严密的考量，其中包含主客观因素、犯罪动机、危害后果等一系列影响因素。犯罪分层理论需要反复在司法实务层面不断实践，才能体现其实然价值。

（二）提升司法谦抑理念，合法激活出罪事由

张明楷教授认为："刑法的谦抑性，即凡是使用较轻的制裁方法足以抑制某种犯罪行为、足以保护合法权益时，就不要规定较重的制裁方法。"[⑤] 在犯罪结构轻刑化和刑罚轻缓化的法治背景下，轻罪案件在实体处理和程序适用方面，均占据大量司法资源。随着犯罪结构的变化，大多数轻罪罪犯没有严重的人身危险性，其犯罪可能仅是冲动为之或一念之差。轻罪治理，不是针对所有轻罪都适用相对不起诉制度予以出罪。依据刑事诉讼法第177条第2款予以不起诉的行为，必然是因为其危害性低且预防必要性较小，即使不对犯罪人施加刑罚也可以实现刑法的目的。有些形式

---

① 张建伟：《轻罪治理的司法逻辑、法律调整与程序配置》，载《中国刑事法杂志》2024年第2期。

② 陈兴良：《轻罪治理的理论思考》，载《中国刑事法杂志》2023年第3期。

③ 参见曹化、张建伟、吴宏耀、胡春健、曹东：《轻罪治理现代化的检察制度构建》，载《中国刑事司法》2024年第4期。

④ "1年有期徒刑以下刑罚"包括1年以下有期徒刑、拘役、管制、单处罚金、免于刑事处罚。

⑤ 张明楷：《刑法学》（第六版），法律出版社2021年版，第21页。

上的轻罪，其实质却影响恶劣，对被害人精神创伤极大，此类犯罪就不能仅放在轻罪甚至是行政违法的角度考虑，而是应当多角度考量，对其出罪入罪持高度谨慎态度。

笔者认为，应当立足于当前轻罪扩张的司法现状，分析犯罪走向，厘清刑事诉讼法第 177 条第 2 款的适用范围及体系定位，从而合法激活出罪事由。

（三）健全检察听证制度，实现检务公开

2024 年 11 月，全国检察机关刑事检察工作会议强调，[①] 要注重加强对办理不起诉案件的研究指导，规范司法适用标准。加强对不起诉案件的内外部制约监督，重视复议复核意见的办理，充分运用公开听证、听取意见、内部审核把关等方式，为不起诉“加把锁”。完善刑事检察权运行制约监督，一体强化内外部制约监督，完善不捕不诉等重点环节制约监督机制，完善检务公开等制度机制。

检察听证是检察机关强化法律监督的重要方式，通过开展检察听证，将犯罪嫌疑人与被害人置于同一平台，听取双方意见，能够准确判断公权力是否依法行使，从而强化法律监督。一方面，简化不起诉听证流程，提高听证效率。明确听证会所讨论的关键问题所在，针对案件争议焦点及不起诉制度的具体适用予以展开，充分发挥参与各方的作用，确保听证制度不流于表面，切实有效运行。另一方面，加强对检察人员的培训，落实办案责任制。对检务工作人员开展相关职务及业务培训，确保对听证制度的熟练运用，提高专业素养，促进同行间交流互鉴，经验共享。将检察听证作为督促检察机关转变办案方式的切入点。检察听证是实现检务公开、监督检察权有效实施的重要方式，针对相对不起诉案件听取各方意见，既可以保证审理的公正性，也可以防止自由裁量权的不当行使。

---

① 参见《全面加强新时代新征程刑事检察工作 切实维护国家安全、社会安定、人民安宁》，载《检察日报》2024 年 11 月 21 日。

检察主导视野下电信网络诈骗案件涉案财物处置实务检视及机制构建*

福建省人民检察院课题组**

涉案财物处置历来是司法实践中的一大难题，特别是近年来电信网络诈骗案件多发，对涉案财产的处置已经成为实体认定、程序选择、机构协作、维稳防控等多维度内容相交织的综合性社会难题。本文拟对电信网络诈骗案件涉案财物处置的几个疑难问题进行剖析梳理，并借鉴域外涉案财物处置经验，在检察主导视野下提出几点对策建议，以期有助于司法实践中精准高效处置涉案财物。

一、电信网络诈骗涉案财物处置实务检视

（一）涉案财物甄别审查不够细致

准确将涉案财物从庞杂财物序列中准确甄别出来，是依法处置的前提基础。从案件办理的实际情况上看，电信网络诈骗案件要么人员众多导致财产来源五花八门、溯源困难；要么组织存续时间超长导致财产形态多重变化，与其他财产耦合粘连，区分难度大大增加；要么罪行涉众，波及面广大，导致甄别复杂程度大大上升。由此，过于宽泛的规定结合准确认定

---

* 本文系 2023 年度检察应用理论研究课题“检察主导视野下电信网络诈骗案件涉案财物处置实务检视及制度构建”的核心成果。

** 课题组负责人：陈颖，福建省宁德市人民检察院党组书记、代检察长；刘学敏，厦门大学法学院教授。课题组成员：姚舟，福建省莆田市涵江区人民检察院党组书记、检察长；邱善庆，福建省人民检察院第四检察部副主任；俞建功，福建省人民检察院第四检察部检察官助理。

的诸多现实困难，导致了实务办案中侦查机关对于涉案财物的甄别往往不想投入太多精力，一扣了之、一冻到底的情况几乎成为通例，越是电信网络诈骗案件越是如此。个别检察机关惯于维持刑事涉案财物的现状，怠于对涉案财物处置或厘清权属关系，常直接移送法院处理。[①] 法院对于涉案财物的审查虽较为深入和精细，但囿于没有独立的涉案财物审理程序，也就缺乏有针对性的举证、质证和辩论等庭审调查程序，可以说在现有模式下，对涉案财物的处置并不存在真正的实质性审理活动[②]，自然也就谈不上准确甄别了。

（二）涉案财物处置呈粗放化态势

全周期意义上的涉案财物处置应当包括确定处置前的初步调查评估，查封、扣押、冻结的处前保全，临时保全后的保值管理，防止财物损毁、灭失、变质、贬值、过期的先行处置行为，具有终局意义的返还、追缴、没收等处分行为以及监督救济行为等。[③] 实务中，上述每个环节的处置行为都存在一定程度的问题。一是处前保全的范围任意扩大。查扣冻作为与案发同步的强制处置措施，讲究的是迅速、全面和高效，以此为出发点开展的保全行为，一方面，尽可能将嫌疑人现持的所有财物予以封扣，扩大保全范围；另一方面，这种封扣的状态将极有可能牢固地持续至案件判决生效为止而不会有侦查机关去主动解除。二是先行处置的两头极端化。涉案财物的先行处置包括了拍卖、变现，也包括了以合适的手段措施对其进行管理和维护，其根本目的在于保证案件办理期间涉案财物的价值不至贬损。在实务中，面对严格的先行处置条件，侦查机关往往会走向两个极端：其一是非法变卖、拍卖；其二是将财物置之一旁而不再问津。三是最终处分的精细化程度不足。最终处分可分为审前的先行返还和审后判决处分。审前的先行返还在实务中有点类似上文的先行处置，呈现乱返还或完

---

① 参见张一献、翟浩：《刑事涉案财物处置的司法困境与路径完善》，载《中国刑警学院学报（哲学社会科学版）》2022 年第 4 期。

② 参见闵春雷、张伟：《论相对独立的刑事涉案财物处置程序之建构》，载《厦门大学学报》2022 年第 4 期。

③ 参见杨林：《刑事涉案财物处置程序的生命周期检视与功能定位》，载《法治研究》2020 年第 2 期。

全不返还两种极端。审前的先行返还需要重视的是侦查机关带有越权性质和行政随意性的乱返还现象，这种未审先判的行政处置不仅有民行程序救济越位之嫌，而且对后续的审判形成了倒逼和架空。[①] 而审后的判决处分，大部分情况下不经准确甄别涉案财物情况下任意使用“继续追缴嫌疑人财物”“责令退赔各被害人损失”等，判项不明确，追缴、退赔等法律术语混淆使用，对于判决处分的理由和原因说理缺失。[②]

（三）对相关利益主体的权益保障缺失

对涉案财物的处置不论是临时性质的保全和先行处置，抑或带有终局性质的返还、处分和执行，必然带来利益和权属的此消彼长，终会影响相关利益主体的权益，包括被害人和案外利害关系人。一是利益主体获取涉案财产处置信息渠道的堵塞。对被害人而言，获取电信网络诈骗案件相关信息的渠道主要来自前期的犯罪线索征集、中期的被询问取证和审查起诉期间的代理人复印卷宗。这些渠道公开的信息主要部分是案件的犯罪构成方面，对于财产的处置情况并不在公开的范围内，对于其利益的及时维护造成影响。对案外利害关系人而言，渠道较之被害人更为狭窄，连上述滞后的卷宗复印权都不享有。可以说，我国刑事诉讼法尚未建立起通知案外人提出权属异议的制度，导致案外人根本不知道自己的财产权利处于将被处置的危险和不安之中，[③] 很多时候直至判决生效执行时才发现财产处置影响自身权益。二是利益主体异议权的缺位和无法兑现。信息渠道不充分，自然也就难以及时异议，但有些被害人或案外利害关系人通过自主渠道或财产处置直接影响，使得他们能够相对及时地获得了相关信息，此时他们自然有权对财产处置提出异议，然而这些异议权在侦查阶段由于没有相关法律制度规定其如何提出、如何审查、有何效果、怎么答复，也并无强制反馈的机制作为保障。即使在被利益主体寄以厚望的审理阶段，案外

---

① 参见王约然：《民刑交叉视域下涉案财物处置程序研究——以被害人及利害关系人的财产保障为中心》，载《甘肃政法大学学报》2022 年第 5 期。

② 参见梁健：《刑事涉案财物处置的失范与规范》，载《中国刑事法杂志》2022 年第 5 期。

③ 参见李奋飞：《刑事诉讼案外人异议制度的规范阐释与困境反思》，载《华东政法大学学报》2021 年第 6 期。

利害关系人首先要解决如何参加诉讼问题，通过什么渠道、方式，在什么期限内提出异议，以什么身份参加庭审程序，以及在法庭中如何举证、质证和辩论等问题，司法解释却未作具体规定。这直接导致法院难以将涉案财物的处置建立在充分、可靠的证据基础之上。

二、德国、日本及我国台湾地区相关法律对涉案财物处置的比较借鉴

（一）德国制度

2017 年，德国通过了《刑法财产剥夺改革法案》对刑法典中的没收制度进行修订，并对刑事诉讼法中关于犯罪所得的保全程序、扣押措施等作出相应修改，弥补了旧法复杂、模糊问题，涉案财物处置也从自由裁量转变为强制措施。德国刑事诉讼法中涉案财物处置程序：（1）审前的保全程序，主要为扣押与“假扣押”，一般由法官作出书面裁定，紧急情况可由检察官作出扣押命令，后续内向法官确认。扣押针对的是犯罪所得、犯罪工具等应被没收的财产本身。“假扣押”是针对应被没收的财物本身之外的财产。（2）审中的没收程序。德国刑法典第 3 章专节明确规定，通过追缴、没收的处分措施，用以剥夺违法行为人与犯罪有密切关系的财产权益。关于处分程序，德国采取处分措施的前提是行为人的行为违法，不以行为人是否承担刑事责任为前提，法院可单独宣告追缴财产、没收财产。（3）审后的执行程序。判决生效后，保全财产所有权转移给国家，被害人可申报财产所有权及要求赔偿的替代价额请求权。救济途径：“比例原则”贯穿涉案财物处置始终，对于扣押有异议的，可根据扣押裁定或扣押命令向法官提出抗告或者审查裁判。案外第三人有异议可向法院提出抗辩并参与庭审。

（二）日本制度

日本涉案财物处置的启动依托于定罪判决，主要的涉案财物处理方式为没收与追征。根据日本刑法典规定，可没收的对象如果不能没收，可依法追征其价款。其本质上是处分，对于应没收却由于事实性不能没收和法律上不能没收的，责令行为人将与没收之物等价的钱款上缴国库。在救济途径方面，日本在没收程序上尤其重视对第三人权利的保护，日本刑事案

件中第三者所有物品没收程序的紧急措施法明确界定了第三人的上诉权、诉讼参与权，保障了第三人的合法权益。

（三）我国台湾地区制度

我国台湾地区对涉案财物处置的主要措施是褫夺公权、没收、追征追缴或抵偿。2016年，台湾“立法院”修订了“刑事诉讼法草案”，设立了新的没收特别程序，设立了保全措施之扣押，包括证据扣押和保全执行扣押。扣押的程序规则：扣押的主管法官、检察官及司法警察等应当制作收据并对扣押的财物详细记载，签字盖章。执行机关由法官和检察官亲自实施，执行的主体可以有两种选择，可以是司法警察，也可以是检察事务官。返还被害人的财产的制度，该制度启动需财产接受人向相关机关提出一个返还申请，之后申请听证会，如果法官或者检察官等具有决定权的机关认为采取查封扣押等措施不必要且涉案财物的归属无争议，可以决定返还，但是如果当事人对于返还的涉案财物有争议，则需要启动民事诉讼程序进而来解决这个问题。我国台湾地区生效的新“刑法”加大了对被害人权利的保护力度，规定了优先返还被害人原则，符合追求恢复正常财产秩序之目的。

通过对相关制度的观察，可以发现国外及我国台湾地区对于刑事诉讼中各方主体的财物保护重视程度不断加大，对于涉案财物认定及处置均有详细、规范的法律规定，对于涉案财物的区分愈加明确、司法审查要求愈加严格、对利害关系人财产权益保护愈加全面。我们应该结合我国国情和法律制度实事求是地吸收相关规定，积极借鉴涉案财物认定及处置的制度化建设，强化涉案财物司法审查，充分保障各方当事人的参与权、知情权，审慎涉案财物的查冻扣必要性及范围等先进经验。

三、电信网络诈骗涉案财物处置的制度构建

（一）检察主导构建电信网络诈骗案件涉案财产全流程规范化处置机制

1. 依托侦查监督与协作配合办公室高效快速介入电信网络诈骗案件

侦查监督与协作配合办公室作为检察机关开展侦查监督、强化检警协

作的重要机构，在电信网络诈骗案件的提前介入工作中具备天然的效能优势。派驻检察官可以从案件的涉案财物强制措施监督和财物评估认定两方面做到前端把控。针对电信网络诈骗案件涉案财物，可以专门引导函的方式，对侦查机关的扣冻措施中的查控节点、扣押清单制作等内容进行引导和监督。在涉案财物价值认定方面，应当由派驻检察官对于资金穿透和审计报告进行同步介入，确保扣冻措施从一开始就规范化和司法化。从头把握涉案金额认定要素和方式，为后续准确认定数额和判断扣冻措施的规范性奠定基础。

2. 设置专门的涉案财产监督小组

由于电信网络诈骗案件存在犯罪事实多、涉案人数广、涉案金额大的特点，应当从独立化的角度增加数额审查的力度，设置专案财产监督小组，确保数额认定的精确度。在保障审查人力资源的基础上，应当重视针对涉案财物处置部分的审查准确性。在审查报告中应当设置专门部分对于案件数额认定情况进行分析，重点涉及前端介入审查的监督结果及强制措施规范性评估，包括现有扣押财产强制措施的合法性、侦查机关先前处置行为的合法性。此外，当检察机关作出终局性文书后，应当针对涉案财物一并提出明确的处置意见。

3. 判决审查部分应对法院认定数额和证据说理作出分析

应当充分发挥检察机关诉讼监督职能，从事实认定、处置合理性、被害人权益保护三方面对法院判决进行裁判审查。针对司法实践中审判机关存在的概括性描述涉案财物范围认定及处置结果、涉案财物裁判不说理、违法所得数额的共犯退赔错误、退赔同追缴用语混乱等情况，应以抗诉或检察建议方式加以纠正①，提前法律监督在涉案财物处置上的作用。

4. 能动参与判后财产的处置并发挥监督作用

对于判后财产的处置，检察机关应当保持实时监督。如果成立后续财产追踪或托管综合机构的，检察机关应参与其中并发挥监督作用，对于财产的增值、发还、继续分配等处分，都应经检察机关把关参与，确保后续处置的中立化和司法化。

---

① 参见梁健：《刑事涉案财物处置的失范与规范》，载《中国刑事法杂志》2022 年第 5 期。

（二）构建立体化的电信网络诈骗案件涉案财物先行处置机制

1. 紧急止付的规范化

同传统的接触性诈骗不同，电信诈骗由于依托网络及线上支付工具，涉案财产转移迅速，紧急支付作为一种应急性临时约束措施，对于电信网络诈骗犯罪具备天然优势，应当以刑事诉讼法规范针对紧急止付的适用时间节点、适用情况进行规定。时间节点应当限定为刑事立案之后，结合司法实践的办案需要，对于存在紧急情况，可在立案前例外采取。适用情况应当以存在客观性证据指向的怀疑为前提，如转账标的账户为公安机关处于异常关注状态，且已出现风险转账行为。此外，应当建立起由检察机关针对紧急止付行为的审批制度，原则上应当由检察机关审查批准后，侦查机关才能采取紧急止付行为，对于紧急情况，也应当在规定日期内向同级检察机关备案审查。

2. 先予返还的规范化

由于先予返还系在法院作出正式裁判之前，由司法机关针对涉案财物进行的处置行为，对犯罪嫌疑人及被害人的财产权益产生实质性影响。在实践中，虽公检法三机关均有启动先予返还机制的权力，但该程序的启动主体多为公安机关。公安机关在拥有查封、冻结、扣押等对物强制措施决定权的情况下，同时拥有处置涉案财物的权限，权力过于集中，容易运行失范。因此，应当建立由检察机关为主导的先予返还机制。公安机关针对电信网络诈骗涉案财物认为符合先予返还条件的，应当报送同级检察机关审查决定。检察机关应当从拟返还涉案财物的权属关系明确性、证据出示价值、诉讼程序影响等方面，综合审查先予返还涉案财产的合理性与规范性。对于未能确认属于被害人财产、需要在庭审中进行原物出示或先予返还可能影响后续诉讼程序进行和案件办理的，应当不予批准。

3. 无许可证和有许可证冻扣措施的规范化

应当严格遵循针对涉案财物以有许可证采取冻结扣押措施为原则，以无许可证冻扣为例外的规范要求。针对有许可证采取冻扣措施的，应当秉持比例原则，对于扣押可能造成财物价值毁损或损减的情况，应当制定评估预案，由办案部门负责人批准，并在移送检察机关审查起诉时随案移送。针对无许可证采取冻扣措施的，应当从限定适用情形、保障正常生产经营、事后及时补报等方面予以规范化。应当参照无证搜查的相关规定，对于犯罪嫌疑人可能隐匿、毁弃、转移犯罪证据等紧急情况，才可例外允许无证冻结扣押涉案财产。或财产价值较高，若不及时采取冻结扣押措施，可能会导致财产贬值、影响后续诉讼进程的，也可例外允许采取无证冻扣措施。应当建立更为严格的事后补报和审查监督机制，要求公安机关在采取无证冻扣措施后 24 小时内按照许可程序补报审批，同时由检察机关依托侦查监督与协作配合机制，以提前介入形式对无证冻扣措施进行规范审查。

4. 司法化救济机制的建立

一是当事人异议制度。目前我国现行诉讼制度中，当事人针对先行处置涉案财物的异议机制尚未确立。由于先行处置财产涉及当事人财产权益侵害和限制的可能性，应当设立包括案外第三人在内的当事人针对冻扣措施、紧急止付及先予返还的异议制度。异议制度以完善的信息公开为前提，对那些不影响刑事诉讼定罪量刑的涉案财物基本信息向社会公众公开，做到处置过程可视化、透明化，保障案外人及公众知情权，也便于社会监督。[①] 为避免当事人恶意通过异议手段，拖延甚至转移、隐匿其他涉案财产，应当要求当事人申请异议的至少承担提供证据的证明责任。在当事人申请异议后，针对涉案财物尚未处置的，原则上不停止先行处置程序，检察机关认为确有必要的，可以决定暂停该程序。二是司法官审查制度。重点评估冻扣、紧急止付措施采取的必要性和合法性、先予返还是否符合条件、是否存在对象错误等。针对当事人申请复议的情况，检察机关应当在规定时间内审查完毕，并书面回复提出异议的当事人，当事人对异议处理决定不服的，可以向上级人民检察院申请复核。三是程序逆转。对于经检察机关审查确实存在先行处置行为错误的，应当设置相应的程序逆转规则。对于当事人不服检察机关作出的先行处置涉案财物决定的，经过司法审查认为异议成立的，检察机关应撤销先行处置的决定。针对公安机关决定作出的先行处置行为，应当通知公安机关限期整改到位，保障电信网络诈骗案件涉案财物处置规范性。若由于涉案财物已被处置无法追回或由于其自身特殊性无法回转，应当告知当事人享有提起国家赔偿诉讼获得偿付的权利。

---

① 参见张玉英：《刑事涉案财物案外人异议制度研究》，中国人民公安大学 2023 年硕士学位论文。

（三）构建独立化、开放式的审中财产评议机制

1. 设置独立化的涉案财产审理环节

在电信网络诈骗案件中设置独立化的涉案财产审理环节，具备现实可行性和价值性。首先，在目前的庭审举证中，已有将量刑情节独立举证质证的实践经验，独立化的涉案财产审理环节不仅迎合了涉众型电信网络诈骗案件财产条线繁杂、受害人众多的案件特点，更凸显了对于财产权益的宪法保护要求。其次，独立化程序的设置为多方主体参与涉案财产处置提供空间。被害人、利害关系人能够通过参与涉案财产审理环节并针对涉案财物处置情况充分发表意见，提升庭审中法官对于涉案财物处置审查的实质化程度。在启动程序上，可以依据案件类型启动、职权启动、依申请启动划分为三类。针对涉众型电信网络诈骗案件，人民法院在审理过程中应当采取独立化的财产审议程序。针对其他电信网络诈骗案件，法院可依据检察机关建议、当事人申请或依职权自行启动独立化审议程序。专门的数额及财产审理环节应当涵盖程序及实体内容，就犯罪数额认定以及冻扣措施和先行处置是否规范，下一步的判决应当采取的处置措施，涉案被害人得偿的范围以及进一步追缴的对象财产等关于数额认定和财产处置的内容进行单独的交叉诘问、举证质证和法庭辩论。

2. 公诉意见书、判决书等司法文书应对涉案财物部分进行专门的分析和独立审判证据分析说明

独立化的庭审程序为法院判决中的裁判说理提供了程序基础，更提升了庭审过程中针对涉案财物处置审查的实质化程度。仅有程序设置只是完成了架构，检察机关还应当在公诉意见书中针对涉案财物采取强制措施、保管处置的相应情况及理由进行充分说理，以明确法庭在独立庭审阶段的审查焦点及核心，厘清争点。同样，在法庭的判决书中应当针对涉案财物处置部分进行专门分析，包含涉案数额认定、涉案财物范围认定的理由、对所采取诸如“退赔”“追缴”等财产处置措施的范围和所选方式。关于追缴的判项应当写明追缴主体、追缴对象、追缴内容。责令退赔判项应当明确退赔的主体及各主体间的责任划分，退赔的对象和数额。[1]

---

① 参见郝庆进：《涉众型经济犯罪案件执行工作相关情况的统计分析——以辖区内775件执行案件为研究样本》，载《人民司法》2020年第16期。

3. 设置代表人制度提高被害人参与程度

针对涉众型电诈案件，由于被害人众多，要求通知全部被害人参与庭审程序，针对涉案财物的处置情况发表意见缺乏现实可行性。此外，涉案财物处置的独立程序在本质上是“对物之诉”[①]，同一般的民事诉讼存在共通之处。可以借鉴民事诉讼中的诉讼代表人，由司法机关召集被害人决议选举代表人参与诉讼。在召集主体上，由于检察机关在提前介入和审查起诉阶段对于案件已有相当且深入的掌握，能够以更快的介入节点完成召集选举工作，做好随时参与庭审活动发表被害人代表意见的准备。因此，宜由检察机关以司法救助的方式，通过提供法律援助及相关律师的方法，召集被害人决议选举出代表人，维护自身合法权益。

① 参见陈瑞华：《刑事对物之诉的初步研究》，载《中国法学》2019 年第 1 期。

融资租赁虚假诉讼的甄别与应对

——以G省A市C区检察机关办理的融资租赁虚假诉讼案为切入点

郑 进 杜 秋 杨 翔*

近年来，融资租赁公司利用其资金优势，常与有需要购买固定资产的公司进行合作，共同实现业务增长和资产增值，由融资租赁公司出资购买相应的固定资产，并分期收回资金及利息。对于那些自有资金紧张或重视资产规模的企业而言，融资租赁提供了一种有效的解决方案，帮助它们扩大生产能力。通过这种方式，企业可以利用外部资源来补充内部资金的不足，同时获得所需的设备和资产，从而推动业务发展。但却有部分违法分子为了追求不正当利益，利用融资租赁行业的监管体系漏洞，通过精心策划和伪造证据等手段，故意提起虚假诉讼，意图在融资租赁交易中获取非法利益。这种行为不仅损害了融资租赁交易的公平性和公正性，还严重扰乱了融资租赁市场的正常秩序。加强融资租赁合同虚假诉讼的鉴别和应对，是提高融资租赁行业风险防范、促进行业健康发展的必由之路。本文以融资租赁虚假诉讼检察监督工作为主线，从G省A市C区检察机关办理的30件融资租赁虚假诉讼案件切入，梳理融资租赁虚假诉讼表现形式，分析甄别难点，并提出应对和治理举措，以期对防范和治理融资租赁领域虚假诉讼有所裨益。

* 郑进，贵州省安顺市人民检察院第五检察部主任、法律政策研究室主任；杜秋，贵州省安顺市西秀区人民检察院第二检察部主任；杨翔，贵州省安顺市人民检察院第五检察部检察官助理。

一、融资租赁虚假诉讼的表现形式及治理难点

融资租赁是一种新兴的融资方式，指出租人应承租方的要求，购买承租人所需的某种固定资产（如机器设备、办公用品等），并将该固定资产租赁给承租方使用，同时与承租方签订一份租赁合同，约定租赁期、租金和产权归属等相关事宜。① 其主要特点是租赁企业的资产并不属于承租方，但承租方却可以享有使用权。在租赁到期之后，承租方可以选择将资产购买或者继续租赁，租赁企业也可以将资产出售或者再次租赁给其他企业使用。融资租赁企业会根据承租方的情况量身定制合适的租赁方案，包括租赁期限、租金等，因此，可根据承租方的实际需求进行灵活应对。相较于直接购买资产，融资租赁不需要承租方一次性支付大笔的购买资产款项，而是通过租金分期支付，因此资金占用率低。在税收方面，融资租赁可享受税收优惠，降低了承租方的财务成本。

然而，随着融资租赁行业的不断发展，加之对融资租赁行业监督管理和违规治理的方法、机制、能力等的不足，致使融资租赁行业虚假诉讼情形易发频发。以G省A市C区检察机关办理的融资租赁虚假诉讼为例，原告某融资租赁有限公司虚构融资租赁的案件事实和融资租赁的法律关系，借用售后回租的合法形式掩盖其对外发放贷款收取高额利息的非法目的，以规避相关法律、法规及政策，被告因违约或未能偿还租金，原告某融资租赁有限公司通过提起虚假诉讼致使法院判决认定原、被告存在合法的融资租赁关系，损害了司法权威和司法公信力。

（一）融资租赁虚假诉讼的表现形式

第一，以融资租赁之名行借贷之实的行为，规避国家对金融租赁的相关法律规定。如农银金融租赁有限公司（以下简称农银金租）诉某置业公司融资租赁合同纠纷案，上海市高级人民法院审理认为，农银金租作为专业的融资租赁公司，其对案涉租赁物不存在“应明知”，故其真实意思表示并非融资租赁，而是出借款项。某置业公司真实意思表示也并非售后回

---

① 高圣平：《论融资租赁交易中出租人的权利救济路径》，载《清华法学》2023年第1期。

租，而是借款。因此，本案涉融资租赁交易，只有融资，没有融物，双方之间的真实意思表示名为融资租赁，实为借款法律关系。

第二，在融资租赁合同的实际签署过程中第三方机构伪造承租人签名，制作还款期数不同的虚假合同，攫取融资款差额。如A融资租赁公司诉甲企业融资租赁合同纠纷案，A融资租赁公司与承租人甲企业洽谈了一项设备融资租赁业务。在实际签署过程中，第三方机构乙受利益驱使，伪造承租人甲企业的签名，制作还款期数不同的虚假合同。原本甲企业与A融资租赁公司协商的是5年期支付合同，每月还款金额较为合理，能够保障甲企业的正常经营现金流。然而，第三方机构乙却制作了一份3年期还款的虚假合同，将每月还款金额大幅提高。A融资租赁公司在未严格审核合同真实性的情况下，按照虚假合同发放了融资款，甲企业按照正常流程向A融资租赁公司支付款项。后甲企业因经营困难，未如期支付款项，被A融资租赁公司起诉至法院。

第三，融资租赁公司隐瞒部分债权已经转让给其他公司且从被告处收回部分租赁物用以抵偿债务的事实，在庭审过程中故意作虚假陈述。如某融资租赁公司与深圳某公司、北京某公司、藏某某、孟某某保证合同纠纷案，石家庄市桥西区人民法院以某融资租赁公司隐瞒部分债权已收回的事实作虚假陈述，严重妨害民事诉讼秩序，对某融资租赁公司虚假陈述行为罚款30万元，对其法定代表人罚款3万元。

第四，“阴阳代理合同”虚增律师费用，欺骗承租人和法院，损害融资租赁合同承租人利益。如江苏省泰州市检察机关在办理机动车融资租赁纠纷系列监督案件中发现融资租赁公司在进行批量诉讼时，聘请同一家律师事务所律师作为诉讼代理人，私下签订的合同采取按件收费方式收取3500元律师费，但诉讼过程中律师向法院提交的合同却以诉讼标的额为基数约定高达上万元的律师费。法院判决生效执行后，虚增的律师费均落入融资租赁公司。

第五，虚构租赁物及融资租赁法律关系，以获得非法利益。如上海市浦东新区人民法院审理的（2018）沪0115民初32100号案件中，出租人与承租人签订的融资租赁合同和所有权转让协议中，虽然列明了租赁物信息，但租赁物的发票系虚假，且出租人除能提供承租人单方出具的租赁物接收证明外，并无其他证据证明租赁物的真实存在。

第六，虚构融资性业务保理合同事实和关系，掩盖实为借款合同的真实目的，规避金融借贷法律规定获得非法利益。如某融资租赁公司诉某货运代理公司保理合同纠纷案，山东省高级人民法院二审认为双方之间的法律关系不具有保理合同的法律特征，实为借贷法律关系。

（二）融资租赁虚假诉讼的治理难点

结合G省A市C区检察机关办案实践看，融资租赁虚假诉讼的治理难点体现在以下五个方面。

第一，融资租赁虚假诉讼的隐蔽性较强，且行为方式复杂多样，使得识别和发现变得极为困难。不法分子往往通过伪造虚假租赁合同、虚构租赁法律关系等精心策划和伪装，以看似合法的形式掩盖其非法目的，从而骗取法院的生效裁判文书。

第二，融资租赁法律法规体系尚不够完善，对融资租赁虚假诉讼的惩戒和规制缺乏系统性和全面性。当前相关法律法规和司法解释未能对融资租赁虚假诉讼作出明确、统一的规定，导致在实际操作中缺乏足够的法律和依据支撑。

第三，当事人举证困难。虚假诉讼通常涉及多个当事人，由于利益交织，各方为了自身利益会故意隐瞒或歪曲事实，导致证据链条难以清晰梳理、获取充分确凿的证据来证明案件事实难度大，增加了举证难度和诉讼成本。

第四，法院审查难度大。虚假诉讼的手段多样，形式复杂，具有很强的隐蔽性，当事人可能会采取通过虚假的交易行为、虚构的债权债务关系等方式来掩盖其虚假诉讼的目的误导法院。法院需要对各种复杂的情况进行分析判断，确定是否存在虚假诉讼的情形。这要求法院不仅要有专业的法律知识，还需要具备敏锐的洞察力和严谨的审查能力。

第五，联合惩戒机制不完善。从办理的案件可以看出，目前检察机关、法院、公安机关、金融监管等部门沟通协作机制未建立健全，对虚假诉讼的打击力度有限，无法形成有效震慑和警示作用，未能实现对虚假诉讼当事人进行全方位的制裁，包括刑事处罚、行政处罚、信用惩戒等，以提高虚假诉讼的违法成本。

二、融资租赁虚假诉讼的甄别要点

融资租赁虚假诉讼作为一类具有高度复杂性和隐蔽性的违法行为，其在治理过程中面临诸多难点和困惑。为有效甄别和打击融资租赁虚假诉讼，检察机关应围绕以下几个方面开展工作。

（一）对合同进行严格审查

一方面，需要对融资租赁合同进行审查，查看合同中是否具有“融资”和“融物”的双重条款，只有融资，没有融物，不符合融资租赁合同的成立条件，如融物约定没有租赁物的买卖条款或合同。另一方面，还需重点审查多方签署的合同是否存在伪造签名等情形，对签名存在高度可疑的，借助痕迹鉴定技术手段对合同上的签名进行核实，排查伪造签名等虚假情形。

（二）租赁物实际状况核实

在审查过程中，务必确认融资租赁合同中所述租赁物的真实存在，并确保这些物品是承租人自主选择并同意用于租赁抵债的，不能仅仅依据租赁物信息、租赁物发票、租赁物接收证明就认定租赁物的存在，还应审查租赁物登记、合格证等材料。若租赁物不存在或并非承租人的自主选择，则可能揭示出虚假诉讼的迹象。

（三）融资租赁真实性核查

对融资租赁交易的真实性和合法性进行深入探究，核查承租人是否按照合同约定支付各项费用，出租人是否按约定提供租赁服务，出租人债权转让是否取得出借人同意，以及债权转让是否额外增加承租人费用支出等。重点关注债权转让过程中是否存在不合理条款或额外增加承租人费用支出的情况，将其作为虚假诉讼的重要线索进行深入调查。

（四）完整性及真实性评估

关注资金来源和流向。对融资租赁的资金来源和流向进行调查，查看资金是否来自合法渠道、资金是否用于合法用途、是否存在虚构或者伪造资金来源或流转的情况。对承租人和出租人提供的证据的真实性和合法性进行审查，核实是否存在以融资租赁之名行借贷之实，以及是否存在第三方机构虚构合同还款期数等行为。并观察当事人在诉讼中的陈述和行为，如是否存在自相矛盾的陈述、是否存在刻意隐瞒或者歪曲部分还款事实、部分租赁物收回的情况等。

三、融资租赁虚假诉讼的应对和治理措施

虚假诉讼不仅打破社会信用体系，扰乱社会市场经济秩序，而且浪费司法资源，损害司法权威，尤其是融资租赁中的虚假诉讼，隐蔽性强，打击难度大，危害深远，惩治刻不容缓。检察机关作为国家法律监督机关，应当肩负起打击虚假诉讼的责任和使命，敢于向虚假诉讼亮剑，引导树立诚实守信的道德风尚，保障社会主义市场经济行稳致远。

（一）提升市场主体的识别及防范意识

一方面，要充分运用新媒体传播广泛、穿透力强的优势，借助检察微信、微博及抖音平台，开展普法宣传、以案释法，主动讲清诚信诉讼的义务，道明虚假诉讼的法律责任，增强市场主体对虚假诉讼行为的防范意识，鼓励积极举报虚假诉讼线索。另一方面，搭乘专项工作快车，以专题培训、交流座谈为抓手，开展虚假诉讼警示教育，引导主体引以为戒，依法诚信诉讼维权，树立自觉遵守诚实守信的良好营商环境。

（二）全面构建市场主体诚实信用体系

一是探索市场主体征信信用平台建设。充分运用市场监督管理部门对市场主体的工商登记，全面采集市场主体的诚信信息，建立重点领域的诚信记录，尤其是重点登记曾有虚假诉讼的失信行为。二是探索释放信用红利。根据信用平台的信用等级，对信用良好的市场主体施以市场融资、监管等方面红利。例如，对信用良好的企业在招标投标中同等条件下优先考虑中标；又如，对于信用良好的市场主体享有市场准入优先权，审批简化、税收优惠等红利；再如，信用良好的市场主体可优先获取银行融资贷款等。三是探索信用惩戒制度。加大对失信市场主体的曝光力度，尤其是虚假诉讼重点领域的失信行为；开展信用惩戒，取消其享受的政策优惠，

对相应的主管人员进行行政处罚，对严重的失信行为采取差别化服务，如限制其招投标权利等。

（三）加强人才队伍建设提升监督能力

首先，定期组织检察官参加政治理论学习和主题教育活动，提高检察官的政治站位，增强他们对打击虚假诉讼工作的责任感和使命感；其次，深化专业知识学习和业务交流活动，组织检察官参加学术研讨会、案例分析会等，交流学习打击虚假诉讼的经验和做法，拓宽工作思路，提高检察官的专业水平。

（四）持续加大对虚假诉讼的监督力度

首先，因案制宜开展监督。依法履行检察职能，严厉惩治涉嫌虚假诉讼的犯罪，加强与公安机关、法院的协作配合，形成打击虚假诉讼的合力；充分运用调查核实权，制定详细的调查核实工作方案，明确调查的内容、方法和步骤，及时收集固定相关证据材料；根据调查核实情况进行分类处理，对确有证据证明为虚假诉讼的，及时向人民法院提出再审检察建议或者提请上级检察机关抗诉，对于证据链条不完整的及时进行补证，有效跟进监督。其次，通过数据赋能突破“线索发现难”瓶颈。主动顺应数字化发展趋势，依托大数据法律监督模型，有针对性地调取人民法院生效裁判案件数字资源，提取关键性要素进行碰撞对比分析，筛选出疑似虚假诉讼案件线索进行深入核查。最后，保障第三人的合法权益。对于第三人控告申诉的虚假诉讼案件线索，结合申诉人提供的证明材料第一时间进行调查核实，分析申诉人诉求合理性，在综合衡量各方当事人利益之后开展监督，确保第三人的合法权益得到保障。

（五）完善制度机制建设增强治理成效

第一，构建顺畅的民事、刑事制裁协同治理制度。建立完善公、检、法信息共享交流平台，公安机关在打击经济类、涉黑涉恶犯罪时发现嫌疑人存在虚假诉讼线索时，及时通报检察机关开展监督；检察机关、人民法院在日常工作中发现行为人涉嫌虚假诉讼犯罪立即移送公安机关开展侦查。[1] 第二，深化一体化办案机制。一是检察机关民事、行政检察部门内部协作配合，共同发力惩治虚假诉讼。例如，民事检察部门发现公安机关对虚假诉讼应当立案而不立案，可将该情况通报刑事检察部门开展立案监督；刑检部门在办理刑事犯罪中发现虚假诉讼案件线索移送民事检察部门依法开展监督。二是建立上下一体化办案机制，针对案情复杂疑难案件，通过请示汇报共同分析研判，整合办案资源集中攻坚等方式开展工作，有效促进虚假诉讼案件线索的快速突破。第三，完善虚假诉讼源头治理机制。积极贯彻“四大检察”融合发展的理念，充分发挥刑事、民事、行政、公益诉讼检察职能，在办理虚假诉讼的同时，需要注重归纳分析总结该类案件反映出的社会治理问题，向有关机关提出社会治理检察建议，并督促落实整改，进一步形成预防及惩治虚假诉讼的合力。

四、结语

融资租赁作为一种重要的融资方式，对于支持企业发展、推动实体经济增长具有重要作用。然而，在这一领域出现的虚假诉讼行为，妨碍诉讼秩序毒瘤，侵蚀着市场的健康生态。这类行为往往伴随着伪造证据、虚构事实等恶劣手段，不仅严重破坏了司法公正，更让投资者在不明真相的情况下遭受巨大损失。检察机关深入探究融资租赁虚假诉讼行为，其目的在于揭开虚假诉讼的伪装，还原事实真相，使不法之徒受到法律制裁。在打击融资租赁虚假诉讼的进程中，检察机关始终秉持以人民为中心的工作导向，积极回应社会关切，切实保障投资者的合法权益。通过深入调查、细致取证，让虚假诉讼的真相得以显现，使遭受损失的投资者能够及时获得救济。这对于推动融资租赁行业的健康发展、促进实体经济的稳步增长、推动检察护企和检护民生工作现代化高质量发展具有重要意义。

---

① 石娟：《民事虚假诉讼检察监督中的疑难问题研究》，载《中国检察官》2017年第8期。

知识产权刑民交叉案件办理困境及检察应对

张克祯　平　静*

近年来，我国知识产权立法不断完善，基本建立起专利法、商标法、著作权法、反不正当竞争法和计算机软件保护条例等一系列法律法规在内的知识产权法律保护体系，知识产权法律保护力度进一步加大。然而，实践中知识产权刑民案件往往集刑事案件与民事案件于一体，刑事责任和民事责任很难区分且难以追究。如何妥善处理知识产权刑民交叉案件，对于最大限度兼顾公正与效率、兼顾社会公共利益与私人权益具有重要意义。

新时代，我国知识产权检察保护工作面临新要求。《中共中央关于进一步全面深化改革 推进中国式现代化的决定》指出，建立高效的知识产权综合管理体制。最高人民检察院《关于全面深化检察改革、进一步加强新时代检察工作的意见》更是对知识产权检察工作提出新要求，强调加强知识产权司法保护，完善知识产权检察等领域“四大检察”综合履职。深入分析知识产权刑民交叉案件的特征、程序需求及办理困境，并对检察机关办理知识产权刑民交叉案件的理念、体制、机制予以优化，持续深化知识产权检察综合履职改革，强化知识产权检察一体履职，推动知识产权刑事检察与民事检察融合发展，推动实现知识产权案件刑民共治，是检察机关亟待解决的重大问题。

* 张克祯，陕西省人民检察院副检察长、二级高级检察官；平静，陕西省西安市雁塔区检察院检委会专职委员、三级高级检察官。

一、知识产权刑民交叉案件特征及其程序需求

知识产权案件所具有的专业性较强、技术门槛较高以及刑事、民事问题交织等复杂特征对检察机关办理知识产权案件提出了具体需求。

（一）知识产权刑民交叉案件特征

刑民交叉案件的共性特征在于基于同一法律事实和同一法律关系，可能引发法律规范适用的冲突。[①] 知识产权随着社会主义市场经济体制的建立而不断发展，数字经济发展之下知识产权侵权行为随之增多。知识产权侵权行为损害个人利益的同时，极有可能破坏财产秩序和市场运行秩序，从而对公共秩序造成损害。因此，知识产权案件大多具备刑民交叉特征，决定了知识产权侵权诉讼处理过程中刑事程序和民事程序的作用都不可低估。

（二）知识产权刑民交叉案件程序需求

1. 知识产权刑事处罚手段应当适度介入

市场经济是信用经济，尊重权利人的权利，未经权利人允许，不得侵犯其权利来谋取经济利益。刑事追诉方法中刑事责任的承担的最大优势在于，可以在社会中对不法行为施以刑罚，使得行为人产生羞耻感并被他人道德谴责，从而使刑法禁止的侵权行为的犯罪成本和社会阻力增大。知识产权案件中刑事处罚手段介入，对于推动改变我国目前市场经济中因信用丧失导致的投机行为、侵权行为具有积极意义。

同时，知识产权刑民交叉案件中刑事处罚手段介入具有重大价值。刑法的保障功能和刑法的基本价值决定了刑法必须对知识产权加以调整。市场经济发展中衍生的不正当竞争行为，不仅侵犯知识产权权利人的物质利益和精神利益，损害创新积极性，而且破坏公平竞争的市场秩序。这种行为的存在违背了行为法的基本价值，从而使刑法的介入成为必然选择，而在各种法律手段中最严厉、最有可能遏制侵权行为的是刑事手段。因此，

---

① 孙那、鲍一鸣：《知识产权刑民交叉问题研究》，载《电子知识产权》2023 年第 10 期。

引入刑事追诉这种最严厉的制裁手段，有助于实现对知识产权权利人的最有力保护。此外，知识产权刑法保护与知识产权民事保护、行政保护共同形成了完整的知识产权法律保护体系，有助于促进实现知识产权检察一体化保护。

2. 知识产权民事程序具有一定优势

知识产权民事程序是平等主体间的对话。不同于刑事程序对于制裁程度的关注，民事程序更为关注当事人的诉求。民事诉讼法、专利法、商标法、著作权法及相关司法解释确立的责令加害人于诉讼前、诉讼中停止侵权行为的措施以及相关财产保全措施，共同形成了针对知识产权权利人的较为完善的救济制度体系。知识产权保护更多体现的是对当事人私权利的保护，知识产权侵权案件当事人的财产权益通过民事程序能够得到更为快速全面的维护。因而，知识产权案件办理过程中民事程序的引入有助于更好地体现对私权利的重视和保护。

侵害行为的认定以及损害数额的计算是知识产权案件办理的焦点，无论是刑事程序还是民事程序，其核心都在于准确界定侵害事实以及损害数额。尽管知识产权刑法保护十分必要，但民事程序有着区别于刑事程序的独特优势，有助于弥补权利人损失，更好地实现私权保护。

二、知识产权刑民交叉案件办理的司法实践

（一）“先刑后民”办理程序的内涵

“先刑后民”实际上是由刑事诉讼法和最高人民法院《关于在审理经济纠纷案件中涉及经济犯罪嫌疑若干问题的规定》中所确立的解决刑民交叉案件的办理思路。关于“先刑后民”的内涵，目前虽无统一规定，但是理论界、司法界均有相关阐释。

针对刑民交叉案件的处理，有学者对“先刑后民”办理程序作出如下解释：“在民事诉讼活动中，如果发现涉嫌刑事犯罪时，应当在侦查机关对涉嫌刑事犯罪的事实查清后，由法院先对刑事犯罪进行审理，再就涉及的民事案件进行审理，或者由法院在审理刑事犯罪的同时，附带审理民事

责任问题，在此之前，法院不应单独就其中的民事责任予以审理判决。”[①]此外，还有学者从理论层面对“先刑后民”进行界定，认为先刑后民包含“位阶上的刑事优先”与“位序上的刑事优先”两方面的要求。[②]其中，“位阶上的刑事优先”是指刑事判决的效力在位阶上应当高于民事判决，刑事判决的内容要对民事判决发生拘束力，即便民事判决已经先行作出并已生效，但刑事判决仍然可以将其推翻；“位序上的刑事优先”是指在程序上刑事法律关系的确定应当优先于民事法律关系，应当优先适用刑事程序以确定被告人的刑事责任或者在不妨碍刑事责任实现的前提下，在刑事诉讼程序中附带处理民事责任问题。

相关司法解释也对“先刑后民”办理程序作出类似规定。如1987年5月，最高人民法院、最高人民检察院、公安部《关于在审理经济纠纷案件中发现经济犯罪必须及时移送的通知》规定“必须分案审理”。1997年12月，最高人民法院《关于审理存单纠纷案件的若干规定》要求“确须待刑事案件结案后才能审理的”。1998年4月，最高人民法院《关于审理经济纠纷案件中涉及经济犯罪嫌疑若干问题的规定》明确要求，“人民法院已立案审理的经济纠纷案件，公安机关或检察机关认为有经济犯罪嫌疑，并说明理由附有关材料函告受理该案的人民法院的，有关人民法院应当认真审查。经过审查，认为确有经济犯罪嫌疑的，应当将案件移送公安机关或检察机关”。

（二）知识产权“先刑后民”的程序价值及其运用

“先刑后民”体现的是公权优先的司法理念，刑事案件依托侦查机关强大的破案能力、证据搜集能力以及证据运用能力，能够在案发后尽快打击知识产权犯罪，从公权力的层面上保障经济秩序的公平有序进行。作为理论界的通识，“先刑后民”办理程序对于处理知识产权刑民交叉案件有其特有的价值和意义。一是刑事案件证明标准高于民事案件，先适用刑事案件，可以最大限度查明案件事实，在查实基础上实现赔偿的全面性。二

① 肖建国、宋春龙：《责任聚合下民刑交叉案件的诉讼程序——对“先刑后民”的反思》，载《法学杂志》2017年第3期。

② 万毅：《“先刑后民”原则的实践困境及其理论破解》，载《上海交通大学学报（哲学社会科学版）》2007年第2期。

是刑事案件附带处理民事责任，刑事审判的期限较民事审判短，适用刑事附带民事程序，可以更为快捷地处理民事赔偿问题，提升诉讼效率。三是作为保障公权益的刑事诉讼，其社会意义高于民事诉讼，将其作为前置程序在很多案件中能够起到衔接刑民诉讼，节约诉讼资源的作用。

此外，“先刑后民”办理程序是具有共识的一般司法实践规则，司法实践中也有不少运用“先刑后民”程序处理知识产权刑民交叉案件的有力探索。例如，被收入 2016 年第 12 期《最高人民法院公报》的“西安市人民检察院诉裴国良侵犯商业秘密案”，就是西安市检察机关综合运用“先刑后民”程序、融合处理知识产权刑民交叉案件、全面维护知识产权权利人合法权益的典范。

（三）“先刑后民”模式下知识产权刑民交叉案件困境

长期以来，基于“先刑后民”模式所透射的制度理念及其能带来的程序效率，知识产权刑民交叉案件坚持先刑后民模式。[①] 然而，“先刑后民”模式下知识产权民刑交叉案件存在权利保障困难、管辖错位、刑事附带民事诉讼程序构造不完善、案件衔接机制不通畅等四方面的困境，严重制约着知识产权刑民交叉案件办理质效。

第一，知识产权权利人民事权益难以得到有效保障。由于司法实践中知识产权刑民交叉案件中刑事程序前置，致使刑事审判程序周期较长，导致知识产权权利人的权益难以得到有效维护，尤其是商业秘密侵权案件。然而，正是因为刑民交叉案件程序耗时较久，致使商业秘密案件二次泄密风险增加，导致权利人侵权损失难以得到有效弥补且极易陷入“赢了官司，输了市场”的艰难境地。[②]

第二，知识产权刑事、民事管辖错位。目前知识产权“三合一”审判机制尚未在我国完全确立，知识产权民事案件由中级人民法院管辖，而刑事案件却由基层人民法院管辖，且知识产权刑事案件管辖范围通常大于知识产权民事案件管辖范围，导致知识产权刑民交叉案件管辖权级别、范围

---

① 徐家力、张军强：《对知识产权案件先刑后民模式的反思与完善》，载《中国刑事法杂志》2018 年第 4 期。

② 牛正浩：《知识产权刑民交叉程序优化理论研究》，载《湖南社会科学》2024 年第 2 期。

均不匹配。

第三，知识产权刑事附带民事诉讼程序尚未确立。知识产权刑事附带民事诉讼旨在避免法院就知识产权案件中涉及的同一实质法律关系所依据的同一事实作出互相矛盾的裁判，同时也有助于促使权利人及时得到相应的民事赔偿。然而，目前我国知识产权刑事附带民事诉讼程序尚未彻底确立，存在程序地位不独立、救济途径不明确等问题。

第四，知识产权刑民交叉案件衔接机制不通畅。由于知识产权侵权行为一般较为隐蔽、侵权证据难以收集，致使权利人在民事诉讼阶段仅能提供有限证据，能否刑事立案还需要公安机关进一步调查后确定。[①] 然而，目前我国尚未明确规定知识产权刑民交叉案件的移送标准以及检察机关在后续侦查过程中究竟如何发挥监督作用，致使知识产权刑民交叉案件衔接机制不通畅。

三、知识产权刑民交叉案件办理优化方案

知识产权刑民交叉案件涉及的程序适用和事实认定问题繁杂，为化解现阶段我国知识产权刑民交叉案件办理困境，亟须创新知识产权刑民交叉案件司法理念，完善知识产权检察体制机制，优化知识产权刑民交叉案件解决机制，加强知识产权检察专业队伍建设，推进知识产权检察综合履职改革不断深化，促进知识产权刑民交叉案件办理资源整合、理念统一、程序集约，充分发挥知识产权刑事诉讼和民事诉讼的程序优势，推动实现知识产权刑民共治。

（一）创新知识产权刑民交叉案件司法理念

为及时有效化解知识产权刑民交叉案件纠纷，亟须进一步革新“先刑后民”理念，改变传统的以刑事治理为主的知识产权治理模式逐步向刑民协同治理的现代化治理模式转变，推动知识产权公益保护和私益保护的动态平衡。此外，由于“重惩治犯罪、轻向前治理”“重刑轻民”等传统检察理念仍然存在，致使检察机关民事、行政监督与刑事办案时各司其职，

---

① 刘丽娜：《克服认定难点优化知识产权刑民交叉案件办理》，载《检察日报》2023 年 4 月 17 日。

知识产权检察融合保护观念难以贯彻落实。因此，检察机关应充分发挥主观能动性，创新知识产权检察综合履职职能，积极探索知识产权刑民交叉案件解决路径。

（二）完善知识产权检察体制机制

第一，完善知识产权检察“一案四查”工作机制。“一案四查”，即检察机关在办理案件时，同步审查案件中是否存在刑事、民事、行政监督等问题或线索，研判是否存在公共利益受损，以刑事案件办理带动民事、行政、公益诉讼检察职能综合发力，最终综合选择出法律监督和知识产权保护的最优方案，确保案件实现高质效办理。然而，目前知识产权检察“一案四查”工作机制尚未完全建立，全国各地检察机关根据各自实际情况选择了不同组织模式，有的成立了独立的知识产权检察部门，但大多数检察机关则是将知识产权办案组设在经济犯罪检察部门。这类检察机关应当为知识产权办案组开通民事、行政、公益诉讼检察办案权限，保障知识产权办案组统一履职。[①]

第二，推进知识产权检察职能集中统一。知识产权刑民交叉案件中的刑法适用必须着眼于“穿透式”审查知识产权案件所涉及的民事法律关系，通过判断该行为是否违反了民事法律规定的义务进而评判该行为是否符合刑法规定的犯罪构成要件，从而确定是否达到了需要动用刑法进行处罚的程度。[②] 依托知识产权检察办公室开展知识产权刑事、民事法律关系全面审查，促进知识产权案件管辖集中化、处理专门化、程序集约化，实质化推进知识产权检察职能集中统一。

（三）优化知识产权刑民交叉案件解决机制

为推进知识产权刑民交叉案件高质量办理，检察机关应与法院、公安机关等职能部门共同探索建立健全完善的知识产权案件信息共享机制、知识产权违法犯罪线索移送机制、知识产权刑民交叉案件协调办理机制，畅

---

① 天津市和平区人民检察院课题组：《检察机关深度参与下知识产权综合保护的关系协调》，载《山西省政法管理干部学院学报》2024 年第 3 期。

② 王东海：《刑民交叉案件中实质法律关系的锚定判断》，载《检察日报》2024 年 12 月 3 日。

通知识产权刑民交叉案件衔接机制，尤其在证据认定、线索移送、责任追究等方面建立信息互联共享、协调配合的知识产权案件解决机制，推进知识产权刑民一体化保护，促进实现知识产权刑民共治。

（四）加强知识产权检察专业队伍建设

知识产权侵权案件往往具有专业性强、技术性高的特点，为促进提升知识产权刑民交叉案件办理质效，亟须加强知识产权检察专业队伍建设，强化知识产权检察人才培养，逐步实现知识产权案件专门机构专人办理，跟进知识产权刑事案件变化。同时，强化知识产权检察智库建设，加强与高等院校、科研院所等的合作交流，从而为知识产权刑民交叉案件的有效办理提供理论支撑。

以检察工作高质量发展融入基层社会治理的实践研究*

——以青海基层检察机关为例

青海省人民检察院课题组**

基层社会治理是国家治理的基石，是推进国家治理体系和治理能力现代化的重要内容，是实现社会和谐稳定、人民安居乐业的前提和保障。① 2023 年 10 月，最高人民检察院应勇检察长在青海调研时强调，检察工作要不断满足人民群众对公平正义的向往。新时代背景下，检察机关如何积极参与并以高质量检察工作现代化推动基层社会治理现代化，解决社会治理中的重大矛盾问题、将风险隐患化解在萌芽状态是新时期基层检察机关面临的重要课题。探索检察工作现代化背景下基层检察机关融入基层社会治理的实践路径，正是新时代背景下检察机关以检察工作现代化支撑、服务中国式现代化的应有之义。

---

* 本文系青海省人民检察院课题组课题成果。

** 课题组负责人：马晓军，青海省人民检察院党组成员、副检察长。课题组成员：王水明，国家检察官学院青海分院院长、二级高级检察官；魏金轩，青海省人民检察院法律政策研究室三级主任科员；张天佑，青海省西宁市人民检察院法律政策研究室副主任。

① 参见刘勇：《凌河岸畔新市镇 逆势崛起新瓦房》，载《朝阳日报》2020 年 12 月 2 日。

一、青海省检察机关融入基层社会治理的主要做法及工作成效

（一）坚持党的绝对领导，高站位服务基层社会治理发展

1. 强化思想政治引领，牢牢把握检察工作正确发展方向

坚持把学习习近平新时代中国特色社会主义思想和党的二十大精神作为首要政治任务，在学懂弄通做实上下功夫，切实把政治引领落实到基层社会治理的各领域各环节。西宁市检察机关把党的绝对领导根植检察工作各方面全过程，严格执行请示报告制度，把意识形态工作纳入党组重要议事日程，构建检察新媒体矩阵，完善涉检网络安全风险评估、分析报告、处置机制和涉检网络舆情应急指挥体系，发出检察好声音、传播社会正能量。海西州检察机关推动党的建设和业务工作深度融合、双向提升，打造“西检党旗红233”、一核两翼三精神四驱动“七彩党建”以及“3123党徽耀检，检心向党”等工作品牌，相关工作经验获州委、市（工）委的充分肯定和宣传推广。

2. 主动融入中心大局，保障国家法律统一正确实施

深入贯彻落实《中共中央关于加强新时代检察机关法律监督工作的意见》，全省8个市（州）院均研究起草相关落实措施，并提交地方党委常委会审议通过、印发实施，充分体现了“检察元素”与“地方元素”的有机融合。各基层院结合上级院措施制定相关分工方案，并报地方党委印发实施，支持和推动检察机关依法履行法律监督职责，凝聚法治建设最大公约数，全力护航地方经济社会高质量发展。

（二）坚持更新监督理念，高水平打造基层社会治理体系

1. 树立综合治理理念，以检察机关依法履职推动基层内生稳定

发挥检察建议社会治理“助推器”作用，省级层面和8个市（州）将检察建议落实情况纳入法治建设、平安建设考核体系，制发相关检察建议950份，推动检察建议由“办理”向“办复”转变，促进依法治理、源头治理。西宁市检察机关全面建立“人大＋检察”合力监督新模式，各区县人大常委会均在2023年内审议检察机关开展检察建议工作报告，并出台《关于进一步加强检察建议工作的决议》，为法律监督提供制度支持和刚性

保障。果洛州院通过检察建议推动地方政府出台放生放流办法，确保三江源水生态环境得到有效保护，该案例入选最高人民检察院“检察机关服务保障黄河流域生态保护和高质量发展典型案例”。

2. 融入刑事司法制度改革，以公平正义推动人民幸福感可感可触

认真贯彻宽严相济刑事政策，对轻罪案件依法从简从快从宽处理，全省检察机关依法不予批捕 1427 人、不起诉 1888 人，建议变更强制措施 137 人，认罪认罚从宽适用率保持在 93% 以上。海东市平安区院将驻所检察与巡回检察工作有机融合，强化对监外执行和社区矫正监管各环节的法律监督力度，配合上级院开展专项活动 4 次、交叉巡回检察反馈会和“回头看”2 次、社区矫正巡回检察 6 次，发挥更有效的监督作用。玉树州检察机关切实履行检察主导责任，不断深化认罪认罚从宽制度适用，三年内认罪认罚从宽适用率上升 2.06 个百分点，确定刑量刑建议采纳率上升 4.8 个百分点，从源头减少大量上诉、申诉案件，有效化解了矛盾、促进了社会内生稳定。

3. 构建双赢多赢共赢工作格局，以凝聚共识助力法律监督更全面更到位

积极探索检察业务与社会治理融合发展新路径，打造“府检联动”“司法协作”新格局，共同推动法治政府建设，有力维护社会稳定。果洛州达日县院践行新时代“枫桥经验”“浦江经验”，打造的“三江源·检察蓝”联动解纷工作法，被中央政法委评为“枫桥式工作法”先进单位。西宁市城中区院创新“未检 + 全科网格”工作模式，针对罪错未成年人涉罪错行为轻重不同，制定个性化帮教矫治方案，推动实现基层社会治理由单一治理向公众参与转变。

4. 探索公益保护协作机制，服务“大美青海”有为有位善作善成

树牢“绿水青山就是金山银山”理念，全面践行“专业化法律监督 + 恢复性司法实践 + 社会化综合治理”生态检察模式，打好蓝天、碧水、净土保卫战，推动建设一批具有地方特色的公益司法保护方案。西宁市城中区院在开展文物保护公益诉讼检察专项行动中发现文物保护部门未依法履行职责，导致宏觉寺未能得到妥善保护和修缮，通过召开听证会、公开送达检察建议书，推动宏觉寺修缮项目正式立项并实施。2023 年底，宏觉寺行政公益诉讼案入选最高人民检察院发布的文化和文化遗产保护检察公益诉讼典型案例，并被评为 2023 年度十大法律监督案例。海西州检察机关

健全生态环境公益诉讼巡回检察制度，与环保、国土、应急等部门联合制定协作机制 27 项，有力维护“一片”“一圈”“一线”重点区域生态保护。

（三）坚持为民公正司法，高质效提升基层社会治理水平

1. 将法律监督“触角”延伸至人民群众身边

坚持把检察工作与群众路线相结合，用心用情纾解人民群众急难愁盼问题，夯实全过程人民民主的民心基础，积极回应人民群众法治新期待。西宁市城中区院设立各类工作站 12 个，建立集工会维权、劳动监察、法律援助、检察监督等服务功能为一体的多元复合型平台，安排检察官轮流坐班，变群众“上访”为检察官“下访”，形成咨询、援助、调解、监督“四位一体”无缝对接维权模式，实现劳动纠纷“闭环式办理、一揽子调处、全链条解决”。海北州院推动检力下沉、视线前移，创新制定《海北州人民检察院乡村振兴检察联络员制度》，聘任乡村振兴检察联络员 20 名，有效增强全州检察机关服务保障“三农”工作和乡村振兴战略成效。

2. 做实人民群众能体验、得实惠的检察为民

依法履行批捕起诉职能，严厉打击各类刑事犯罪，切实保障国家安全、人民群众人身和财产安全，维护社会秩序、经济秩序和社会稳定。海西州院在坚持对危害国家安全、暴力恐怖等严重犯罪案件依法从严逮捕、起诉的同时，对轻微刑事案件、初犯偶犯依法从宽从简处理，最大限度减少、转化社会对立面。通过释法说理教育犯罪嫌疑人认罪服法，促其向被害人赔礼道歉、赔偿损失，达成刑事和解 24 件 26 人。玉树州玉树市院集中时间、力量下沉，同步摸排、同步整治，抽调 10 名干警参加 27 家单位组成的 19 个专项组，在 2021 年、2023 年对小苏莽乡和巴塘乡开展为期 40 多天 13 个专项领域的综合整治工作，受教僧尼达 1000 余人，受教农牧民群众达 5000 余人，为基层社会长治久安打下坚实基础。

3. 切实加强民生领域司法保障

坚持以人民为中心理念，以“求极致”的工作标准，结合办案做实、做细、做深各项社会服务工作，在检察为民办实事中展现检察担当。西宁市院支持农民工讨薪“检察蓝”在行动专项活动的相关做法得到省检察院主要领导充分肯定。2021 年以来，共受理农民工讨薪案件 577 件，发出支持起诉意见书 189 件，帮助追回农民工薪资 173.8 万余元；达成诉前和解

288件，帮助追回农民工薪资534.5万元；参与调解74次，帮助追回农民工薪资3452.5万余元。黄南州检察机关当好企业“法治服务员”，出台《服务保障民营企业发展、优化营商环境的意见》，依法平等保护民营企业发展。2023年，两级院深入开展助企暖企调研活动，绑定联点帮扶企业4家，统计梳理问题4条，及时上报“助企暖企春风行动问题上报平台”，相关问题经省发改委企业问题分拨中心处理并解决。

（四）坚持自身能力建设，高要求夯实基层社会治理基石

1. 抓实素质能力建设，以“精准施策”打造专业化高素质检察队伍

以开展习近平新时代中国特色社会主义思想主题教育为契机，突出理想信念、思想作风及专业知识学习教育，有效激发干警工作与学习的主动性、积极性，着力提升队伍整体素能。海北州院在建章立制的基础上强化监督检查结果的运用，将定期检查与不定期检查相结合，有效确保监督检查的规范性、科学性、有序性。黄南州院大力弘扬“以老带新”的优良传统，将“走出去”与“请进来”相结合，有效提升干警的实战经验和统筹协调、随机应变、解决复杂问题的能力。

2. 抓强基层基础建设，以“固本强基”推动薄弱基层院脱薄争先

树立“小院也有大作为”思想，破解发展瓶颈，接力推进薄弱基层院脱薄争先，建强老百姓“家门口的检察院”，筑牢新时代青海检察工作的现代化根基。海西州院制定《薄弱基层院“脱薄争先”实施方案》《海西州检察院推动薄弱基层院“脱薄”工作措施》，逐项推进抓好落实。为薄弱院都兰县院开展工作指导、业务培训9次，选配2名副检察长，选调2名岗位急需人员，一定程度缓解人员紧张问题。都兰县院办理的督促整治枸杞违规过量添加焦亚硫酸钠行政公益诉讼案件被最高人民检察院评为检察公益诉讼优秀案例。经过两级院的努力，都兰县院业务综合考评排名逐年上升，于2022年顺利完成“脱薄摘帽”任务。黄南州泽库县院细化完善岗位“AB”责任制，转变工作理念，努力实现个案办理、类案监督与系统治理的新路径，并通过以老带新等方式，有效提升干警实战能力。

3. 抓好数字检察建设，以“大数据”赋能驱动法律监督提质增效

全省检察机关认真贯彻落实最高人民检察院关于数字检察战略的工作部署，逐浪数字蓝海的检察新篇，实现从“个案监督”到“类案监督”、“治罪”到“治理”的转变，并获得最高人民检察院应勇检察长在青海调

研期间的充分肯定："青海数字检察起步不早，但进步很快！"全省各级检察机关构建并取得办案效果的大数据法律监督模型140个，应用全省大数据法律监督模型"淘宝站"等成熟模型达49个，模型搭建和应用均实现"四大检察"全覆盖，市（州）检察院建模全覆盖，基层检察院模型应用全覆盖，大数据法律监督正成为青海省检察机关创新发展的强大引擎。

4. 抓优科学管理，把"有质量的数量""有数量的质量"统筹到更加注重质量上

时刻绷紧"依法办事"这根弦，树立正确的政绩观，严格遵循司法规律。高度重视业务数据的统计和分析作用，不断深化对"三个结构比"的理解、认识、运用，把数据宏观分析功能与微观案件评查紧密结合起来，把管理方式从过于注重数据管理调整到更加注重业务管理、案件管理、质量管理上来，引导广大检察人员把精力放到高质效办好每一个案件上，注重夯实案件的每一个环节，真正实现以高水平管理促进高质效办案。

二、检察机关融入基层社会治理工作存在的不足及原因分析

检察机关在参与基层社会治理的工作实践中取得了一些成绩，但在推进基层社会治理现代化进程中还存在一些困难和短板，具体表现在以下几个方面：

（一）检察机关法律监督融入基层社会治理还不够深、不够实

在建党百年之际，党中央首次印发《中共中央关于加强新时代检察机关法律监督工作的意见》，各省委、各市州委先后出台相关措施，党的二十大报告中也专门强调要"加强检察机关法律监督工作""完善公益诉讼制度"，充分彰显出以习近平同志为核心的党中央对检察工作的重视和支持，检察工作欣逢最好发展时期。[①] 但基层检察机关"四大检察"发展不平衡不充分问题仍然十分突出，民事检察精准监督还不到位，不会监督、"无米下锅"的问题依然存在，行政检察"一手托两家"的作用还未充分发挥，公益诉讼检察依法履职还不彻底。检察监督能力水平跟不上、不适

---

① 参见沈静芳：《以更大力度推进公益诉讼检察工作高质量发展》，载《检察日报》2022年12月14日。

应基层社会治理工作，工作在做深一步上还有所欠缺。各基层院广泛听取人民群众、社会各界意见还不充分，主动接受人民监督意识还不强，对人民群众的司法利益诉求重视程度还不够，对人民群众内心司法意愿了解还不深，距离“做强、做实、做好、做优”检察工作的差距较大。

（二）检察机关法律监督融入基层社会治理的质效还有待提升

检察建议作为检察机关履行法律监督职责的重要方式，在推进社会治理、维护司法公正、促进依法行政、预防和减少违法犯罪、保护国家利益和社会公共利益、维护个人和组织合法权益、保障法律统一、正确实施等方面发挥着重要作用。[①] 但各地检察建议还存在质量不高、文书适用不准确、格式不规范、释法说理不充分等问题。部分院为了追求数量上的“可观”，存在批量发送检察建议问题，以“个案”检察建议代替“类案”检察建议问题凸显。这些问题从侧面反映出检察人员综合素质还不高，发现线索、调查研究和解决问题的能力亟须提升。

（三）检察机关法律监督融入基层社会治理的方法还有待优化

目前基层检察机关基本无法实现派驻检察室的目标，只有个别地区因地制宜地设立了检察工作站，法律监督的触角还未真正全面延伸至基层一线、人民群众身边。同时，部分地区的基层检察机关与地方政府、司法、公安机关的协作机制并不健全、通畅，12309 检察服务中心与法律援助中心咨询热线 12348、地方综治中心尚未搭建起有效的矛盾纠纷多元预防调处化解综合机制，发现矛盾纠纷及线索的平台还不统一，途径还比较狭窄，信息未实现互通，信息化、立体化的社会治理体系还未完全建立。

（四）检察机关法律监督融入基层社会治理的创新举措还有待深化

自数字检察战略实施以来，各地基层检察机关积极发掘法律监督点，实现每一个基层检察院模型应用零突破，但在地方特色、群众热点、治理难点等方面还没有探索出“新”的道路。检察机关作为服务地区经济社会高质量发展的重要法治力量，必须肩负起更重的法治责任。但各基层院在

---

① 参见潘勇、钱地虎：《检察机关参与基层社会治理的实证分析——基于浙江省乐清市人民检察院“巡回检察”工作实践》，载《中国检察官》2020 年第 3 期。

服务地方建设方面，以大数据赋能检察工作还没有叫得响、拿得出手的“硬通货”，个案难以扩展到类案，难以长期、有效地延伸到社会治理层面。同时，基层检察机关的法律宣传力度还远远不够，宣传的覆盖面较窄，形式与内容新意不足，群众参与度不高。分析问题存在的原因，主要有以下几个方面：

一是思想认识不到位，对检察机关参与基层社会治理的认识存在误区。当前，由于对检察机关及其职能不甚了解，基层人民群众及部分职能部门的工作人员对检察机关参与基层社会治理在认识上还存在一些误区，检察机关参与基层社会治理的群众基础还比较薄弱。这一问题突出表现在处理信访问题上，一些职能部门工作人员将涉法涉诉信访事项和普通信访事项混同，在检察机关深入基层走访时，将普通信访事项向检察机关提出，要求或希望检察机关帮忙化解相关矛盾。[①] 在检察机关内部，部分检察人员对检察机关参与社会治理的职能边界也存在认识不清的问题，特别是对利用法律咨询培训、法治宣传教育功能、行政辅助功能等非司法化手段解决社会治理中存在的问题，实现跨界治理尚有一定的争议。

二是触角延伸不全面，基层检察机关法律监督仍有死角。作为国家法律监督机关，对执法部门进行监督，督促其依法、规范执法，是检察机关的基本职责。但从实践来看，检察机关由于编制少、人员少，尤其是部分基层检察院仅有十几个人，工作任务重，难以投入更多精力从事基层社会治理工作。而基层检察机关在乡镇一级长期缺乏固定的阵地，没有派驻相应的机构和力量，导致乡镇行政执法活动监督主体力量分散，监督手段和监督力度不够。同时，作为被监督者，由于害怕影响考核结果等因素，基层执法部门不愿被监督、被动监督，甚至抵触监督情况也还存在，检察机关在推动健全基层法律监督体系方面工作质效不明显。[②]

三是协作机制不健全，在犯罪预防方面的协同性不够。党的十八届四中全会通过的《中共中央关于全面推进依法治国若干重大问题的决定》，明确了国家机关“谁执法谁普法”的普法责任制，为各执法机关立足自身

---

① 参见潘勇、钱地虎：《检察机关参与基层社会治理的实证分析——基于浙江省乐清市人民检察院“巡回检察”工作实践》，载《中国检察官》2020 年第 3 期。

② 参见王明辉、陈钰骞：《坚持和发展新时代“枫桥经验”以检察担当推进市域社会治理现代化 基于太原市尖草坪区人民检察院工作实践》，载《检察风云》2023 年第 S1 期。

工作实际开展丰富多彩、有特色、有针对性的普法工作提供了可能，为推动全民普法提供了制度保障。但同时，普法主体的多元化也容易造成各普法主体各自为战、普法工作重叠的问题，有的甚至会给普法对象造成负担。例如，检察院联合地方教育部门开展“法治进校园”系列巡讲活动时就发现，由于各普法主体之间沟通协作不够，一家学校重复上法治教育课的问题普遍存在，部分学校反映一定时间内要先后安排检察院、法院、公安机关、司法局等部门的法治宣讲课，原本提高学生法治意识的法治宣讲课，反而成为普法对象的负担，使得普法工作的效果大打折扣。

四是大数据赋能不理想，信息化等新型手段运用不足。随着互联网的普及和以网络为载体的新媒体应用的井喷式发展，网络正以开放、包容的姿态迅速成为大众信息交流的重要平台。互联网时代，平台治理的多元化和动态化使得社会治理的格局受到深刻影响。“互联网+”背景下，强化智慧检察应用，提高检察监督环节“枫桥经验”的信息化水平便成为当前迫切的课题。[①] 而从基层实践来看，检察机关对互联网的应用主要以检察宣传和普法为主，检察环节互联网应用手段单一，利用大数据赋能检察办案、提升基层社会治理的信息化水平还不高等问题普遍存在，智慧检察建设亟须加强。

三、检察机关融入基层社会治理工作的实践途径

党的十八大以来，以习近平同志为核心的党中央高度重视基层治理。习近平总书记指出：“基层强则国家强，基层安则天下安，必须抓好基层治理现代化这项基础性工作。”“要在加强基层基础工作、提高基层治理能力上下更大功夫。”[②] 为基层社会治理服务、为人民公平正义司法，是检察机关的政治责任，也是检察工作创新发展的重要牵引。进入新时代，人民群众在民主、法治、公平、正义、安全、环境等方面有了新的更高要求。检察机关作为宪法赋权的法律监督机关，不仅仅是司法办案机关，更是在党的绝对领导下，充分发挥检察职能、厚植党执政基础的政治机关，更有

① 参见张毅：《检察能动履职与诉源治理》，载《人民检察》2023 年第 20 期。

② 申云天、高阳、王飞：《检察机关法律监督方式现代化路径探析——以检察办案模式变革为视角》，载《人民检察》2023 年第 10 期。

责任在融入基层社会治理中依法履职，担负起党和人民赋予的崇高使命。

（一）把准切入点：突出理念引领

习近平总书记指出，“要加强和创新基层社会治理，使每个社会细胞都健康活跃，将矛盾纠纷化解在基层，将和谐稳定创建在基层”。[①] 在新发展理念的指引下，基层检察机关要始终坚持围绕中心服务大局和基层社会治理工作，自觉践行创新、协调、绿色、开放、共享的新发展理念，强化责任担当，依法履职尽责。

1. 切实提高政治站位，以系统思维融入基层社会治理工作

要始终坚持正确政治方向，把党的领导作为检察机关融入基层社会治理的根本保证，把加强党的建设贯穿检察机关融入基层治理的始终，树立系统思维，聚焦强化法律监督主责主业，在履职过程中时刻高度重视社会治理问题，从推进国家治理体系和治理能力现代化的高度，把打击犯罪同保障人权、追求效率同实现公正、司法目的同司法形式有机统一起来，不就案办案、机械办案，坚持以法为据、以理服人、以情感人，一体履职、依法履职、综合履职，努力实现最佳的政治效果、法律效果、社会效果。

2. 切实转变思想理念，在综合履职中高质效办好每一个案件

严格依法履行法律监督职责是基层检察机关参与基层社会治理现代化最直接最有效的手段，聚焦办案主责主业是基层检察机关推进基层社会治理现代化的首要任务与根本保证。要牢固树立“高质效办好每一个案件”的基本价值追求，在检察履职中自觉做到延伸监督、延伸服务、延伸自省，在高质效办好每一个案件中彰显政治自觉、法治自觉和检察自觉。

3. 切实做好“三项保障”，推动基层社会治理工作落地落实

要加强组织领导，出台统一的规范性文件，明确检察机关融入基层社会治理的边界与范围，推动机构设置、人员配置、经费落实等问题得到有效解决。要确保机构设置到位，积极协调各级编办机构，在省级范围内统一设置检察工作站、巡回检察工作组，妥善解决机构设置、人员编制等问题，将法律监督触角延伸至乡镇、村落。要确保人员配置到位，优化检察人员内部协调和人力资源配置，统一调配检察干警，选拔任用能力突出、

---

① 徐国亮、于茜：《习近平关于基层治理重要论述的生成基础、核心要义和鲜明特征》，载《理论学刊》2023 年第 9 期。

经验丰富的检察人员从事基层社会治理岗位，为提升基层社会治理成效提供人才保障。要确保经费落实到位，积极向地方党委、政府汇报，争取财政支持，保证经费的独立性，避免造成行政化弱化司法权力的行使，以致增加影响社会公正和司法公信的风险。

（二）找准突破点：推动工作机制创新

“平安青海建设是一个综合工程，必须全面系统把握，以平安建设为‘总’，以‘十个一’工作任务为‘纲’，以专业力量为‘条’，以各级党委政府为‘块’，做到纲举目张、条专块统。平安青海建设是项兜底工作，必须从机制上理顺，把工作责任落实到管常管长，多做强基层、打基础、织网底的工作，健全长效机制，做到标本兼治。”① 为基层社会治理服务、为人民公平正义司法，是检察机关的政治责任，也是检察工作创新发展的重要牵引。要牢牢把握共建共治共享方向，强化以“开放、共享、法治、服务”为一体的平台建设，找准服务保障市域治理现代化的切入点、着力点，从源头上及时化解各类矛盾纠纷，切实解决人民群众的急难愁盼问题。

1. 搭建“一站式服务”基层社会治理平台

要把融入基层社会治理工作与做好平安建设工作紧密相连，以建设县级综治中心为牵引，创新完善社会矛盾纠纷多元预防调处化解综合平台，引导更多纠纷在诉讼外解决。一是创新构建“一中心一平台一网格”基层社会治理体系，积极参与并推动构建“县级综治中心＋乡镇（街道）基层治理平台＋全科网格”体系，努力实现“小事不出村、大事不出镇、矛盾不上交”。二是打造信息化、立体化的社会治安防控体系，依法惩治黄赌毒等违法犯罪活动，探索开展新型涉网犯罪专项整治，持续推进治安重点地区和治安突出问题排查整治，有效铲除滋生各类违法犯罪的土壤。三是依法整治滥诉行为，推动省委政法委牵头省级政法单位出台相关文件，对虚假诉讼、恶意诉讼、违法滥诉行为的界定、惩戒措施适用情形、程序及政法各单位的职责分工等事项予以明确，合力打击违法滥诉等行为。探索建立滥用诉权人员黑名单制度，加大失信惩戒力度，有效解决虚假诉讼甄

① 参见莫昌伟：《聚力“十个一”夯实平安青海建设根基》，载《青海日报》2023年4月4日。

别难、处罚难等问题。[①]

2. 构建多元化矛盾化解机制

要积极探索“涉法涉诉信访案件公开听证”机制，着力构建代表、委员、律师、人民监督员等社会第三方参与化解涉法涉诉信访案件工作机制。充分发挥12309检察服务中心作用，实现“一站式服务、一条龙解决”；推行“办案人+涉案人单位+社区”综合调解模式，加大对非法信访案件的打击力度和处理力度。[②] 在创新构建多元化矛盾化解机制的基础上，定期进行社会治安综合治理情况调研分析，深入挖掘带有普遍性、倾向性、苗头性的民生诉求和矛盾隐患，分析特点，剖析原因，及时向责任部门提出可行性的治理建议和对策，有效促进管理制度的修改及完善。

3. 健全检察机关内部联动机制

要强化检察一体化履职，注重上下联动、左右互融、内外协同，充分利用检察一体化办案机制，通过信息共享、线索移送、联合办案等常态化工作模式，整合监督资源，形成监督合力，促进检察监督提质增效。强化检察机关内设各部门彼此间的信息联动与工作协调，共同健全及时机动的风险评估预警机制，尽一切可能将风险遏制在萌芽阶段，消除风险隐患。[③] 做好回访及时跟踪问效，针对案件风险可能反复出现的情况，检察机关承办人要发挥主观能动性，随时与侦查机关保持沟通，第一时间了解案件当事人的情绪状态，对可能激化新矛盾进而闹访、缠访的案件，及时采取有效措施释法说理；对已经产生的涉检矛盾纠纷全力进行化解，对重信重访和信访积案加大化解力度，确保矛盾对立情绪逐渐平稳直到化解消除。

（三）抓准落脚点：坚持人才强检

人民检察院必须对人民负责，为人民服务也是检察机关“守初心、担使命”的必然要求。“服务”是推进基层社会治理现代化的重要手段，“稳定”是推进基层社会治理现代化的终极目标，各级检察机关和全体检

① 参见杜家明：《立足职能 守正创新》，载《河北日报》2020年9月3日。

② 参见王廷祥、丰建平：《服务大局——贯穿检察工作的一条主线》，载《检察日报》2019年1月22日。

③ 参见杨义霞：《一体化联动 一体化监督 一体化履职》，载《遵义日报》2023年11月13日。

察人员要勇于担当负责，勇于直面各种挑战，把人民的事情办实办好，把人民得实惠的检察实事做深做细。

1. 推动智慧检务建设

智慧检务建设是基层检察机关深入推进基层社会治理现代化的重要推动引擎，检察机关积极主动参与基层社会治理现代化，要实现惩罚犯罪与保障人权相结合的司法目标，必须通过收集、整理和编辑大量信息，使之最后成为真实有序的数据，实现有针对性的监督。要发挥部门合力，共同搭建统一的共享数据平台，将执法信息录入和数据研判分析等功能融为一体，对大数据进行收集、过滤、分享、研判、分析，实现各部门信息获取等量等质，有效打破检察机关参与社会治理获取信息的有限性和封闭性。[①]要立足各基层院实际，建设符合基层社会治理的法律监督大数据模型，推出既能解决实践难题，又能符合逻辑思维和科学要求的智慧检务项目，赋予检察机关参与基层社会治理的积极性。

2. 提升检察人员综合素质

持续深化检察队伍建设，提升基层检察人员素质是检察机关深入推进基层社会治理现代化的重要战略支撑。要提高检察人员政治素养，高度重视检察干警的思想政治教育工作，深入贯彻落实习近平总书记系列讲话精神，切实提高干警的思想政治素质，促使检察官深刻理解“全心全意为人民服务”的宗旨，全力打造一支忠诚干净担当的检察铁军。要提升检察人员业务素质，通过检察业务岗位大练兵，业务知识竞赛、以老带新等举措，培养优秀的复合型法律人才，把优秀的检察干警挑选出来，放到办案一线岗位进行锤炼，增加其实战经验，提高其业务能力，使其成为新的检察业务条线上的行家里手，使其专长更“专”、特色更“特”，为检察机关参与服务基层社会治理提供人才基础。

3. 激发检察人员工作活力

要深化对“三个结构比”的理解、认识、运用，一体抓实检察业务管理、案件管理、质量管理，下决心纠正检察管理中的不当考核、层层加码等突出问题，引导全省各级检察机关、广大检察人员进一步聚焦法律监督主责主业，把精力真正聚焦到高质效办好每一个案件和案件的每一个环节

① 参见沈静芳：《对持续深化数字检察战略提出要求》，载《检察日报》2023 年 6 月 6 日。

上。要开展培训教育，引领广大干警充分认识检察业务数据的重要作用，扎实做好检察业务数据的收集、整理工作，确保数据真实、客观、准确。在此基础上，充分发挥业务数据对重点案件类型、重点办案领域、重要业务态势的分析研判作用，全面深入分析履职办案的质量、效率、效果，进而有针对性地补短板、强弱项，为高质效履职办案提供更加科学全面的参考和依据。

践行"高质效办好每一个案件"的现状、问题及对策探析
——以 A 市基层院民事检察履职为视角

章　琛　朱晓敏*

一、A 市基层民事检察近五年履职变化

2019 年 A 市基层院内设机构改革，民行检察分设为民事检察、行政检察两个办案团队，民事诉讼监督逐步实现从程序到实体的全流程监督，在权力监督与权利救济相结合的探索中推进精准监督。

（一）对诉讼的全流程监督与特殊群体诉讼权利的保障并重

基层民事检察是运用民事再审检察建议方式监督的主力军。从 2019 年 7 月最高人民检察院部署为期两年的虚假诉讼领域深层次违法监督专项活动以来，A 市检察机关积极探索推进虚假诉讼案件一体化办案监督模式，尤其是 2021 年《人民检察院民事诉讼监督规则》施行以来，基层民事检察便突破虚假诉讼监督的瓶颈。2019 年，全国民事生效裁判案件监督率（提出抗诉及提出再审检察建议数之和除以结案数）分别为 17.00%、21.10%、18.20%、20.00%、17.11%，其中基层院提出民事再审检察建议数占比分别为 60.97%、66.47%、62.34%、67.10%、73.44%，呈总

---

* 章琛，贵州省安顺市普定县人民检察院党组书记、检察长；朱晓敏，贵州省安顺市普定县人民检察院第二检察部三级检察官。

体上升趋势，而提出抗诉则相反，呈整体下降趋势。[①] 同样，A 市检察机关 2019 年以来民事生效裁判案件监督率分别为 19.05%、23.63%、21.67%、6.98%、11.08%，其中基层院提出民事再审检察建议数占比分别为 63.00%、92.31%、75.00%、77.78%、90.90%。[②] 从该组数据来看，基层院以再审检察建议方式开展民事生效裁判监督是保障国家法律统一正确实施，监督落实党和国家民商事司法政策、理念的第一线，也发挥着民事生效裁判监督主力军作用。

基层民事检察是开展民事“两违”监督及支持起诉的主阵地。全国检察机关提出民事审判及执行活动违法监督（以下简称“两违”监督）检察建议从 2019 年的 4.15 万件增长至 2023 年的 12.63 万件，A 市检察机关 2019 年以来提出“两违”监督检察建议分别为 248 件、457 件、519 件、114 件、117 件，除 2019 年、2022 年 A 市检察院向该市中院提出审判、执行活动违法监督检察建议各 1 件外，其余“两违”监督检察建议均集中在基层院办理。支持起诉作为《中华人民共和国民事诉讼法》规定的检察机关为保障特殊困难群体依法平等行使诉权的一项重要职能。根据最高人民检察院民事检察厅制发的《民事检察部门支持起诉工作指引》第 7 条规定，因涉特殊困难群体纠纷案件绝大多数第一审管辖在基层法院，故该类案件的支持起诉亦主要由基层民事检察部门办理。根据 A 市基层院支持起诉案件办案数从 2019 年的 12 件增长至 2023 年的 490 件的情况反映，人民群众法律意识逐步增强，依法诉讼维权的群体逐渐增多，基层民事检察部门保障特殊困难群体平等行使诉权，依困难群众申请调查核实后促进矛盾纠纷得以诉前化解的职能作用日益凸显。

（二）从单一的权力监督向权力监督与权利救济相结合转变

从 2019 年至 2021 年上半年，A 市基层院提出再审检察建议、“两违”监督检察建议的总量较大，但采纳率相对较低。如 A 市某基层院 2019 年、2020 年共提出再审检察建议 30 件，但同级法院仅裁定再审 6 件。同期，

---

① 数据统计来源：范怡倩：《论民事再审检察建议制度的三重困境与出路》，载《中国法律评论》2023 年第 6 期；最高人民检察院发布《民事检察工作白皮书（2023）》、最高人民检察院近年向全国人民代表大会所作的 2018 年至 2023 年工作报告。

② 数据来源于贵州省安顺市人民检察院统计、调研数据。

另有个别基层院提出“两违”监督检察建议近100件，虽监督问题确实存在，但针对“轻微”“瑕疵”问题批量提出内容相同的检察建议情况较为严重，且部分问题对案件当事人权利并无实质性影响，单一地强调对公权力的监督，未充分考虑监督必要性，重数量、规模，轻质量、效果的问题较为突出。2021年6月，《中共中央关于加强新时代检察机关法律监督工作的意见》（以下简称《意见》）对《2018—2022年检察改革工作规划》中监督“精准化”进行延伸，明确提出了畅通司法救济渠道，加强对损害社会公共利益、程序违法、裁判显失公平等突出问题的监督，依法保护公民、法人和其他组织的合法权益。健全抗诉、检察建议等法律监督方式，增强监督主动性、精准度、实效性等精准开展民事诉讼监督的要求。A市基层民事检察部门在该理念指引下，探索聚焦涉民营企业、涉民生保障、涉特殊困难群体等领域案件中对同一时期不同类型问题或长期存在的同类问题在充分研判监督必要性后再制发监督检察建议，更加重视从当事人权利救济角度考量监督必要性。这也体现在前述2022年之后A市民事生效裁判监督率急剧下滑，“两违”监督检察建议数量剧减的办案数据态势上。

二、当前A市基层民事检察监督实践中存在的问题

面对人民日益增长的民事诉讼监督需求，A市基层院民事诉讼监督办案理念更新不到位，办案人员专业能力与履职要求存在差距等跟不上、不适应问题突出，具体表现如下：

（一）办案理念更新、转变上存在偏差

一是贯彻以人民为中心的理念不到位，重程序表象审查，轻客观情况调查。处分原则是民事诉讼的一项基本原则，当事人可据该原则自由决定是否起诉、上诉、申请再审、撤诉等。而实务中部分基层检察院接到民事生效裁判申请监督的案件属于申请人未上诉、亦未在一审裁判生效后法定期间内申请再审的，直接视为当事人行使民事诉讼处分权，对其申请不予受理审查，将案件一推了之，忽视了是否存在因不可归责于申请人自身原因情形的调查审查，或者是否存在损害国家利益、社会公共利益、虚假诉讼等确需监督的情形审查。更有因考虑裁判监督改变率，不愿对应当再审的重大程序方面的问题进行监督，或为了控制监督率的分母，对符合受理

条件的案件暂不受案先予引导和解等情况，限缩了基层民事检察监督案件的受理监督范围或增置了线下流程。

二是片面理解精准监督理念，变相提高法定监督条件。自“精准监督”写入《意见》后，基层民事检察办案人员限于自身专业水平跟不上，片面强调监督案件要具有“纠偏、创新、进步、引领”价值，而这样的监督线索发现难、调查核实难，在事实认定、适用法律、监督方式方面的争议大，监督了法院改判难度大，过于强调监督成功率，无形中提高了监督标准。同时，忽视了依法需要监督的其他重要问题，搞重点监督不搞全面监督，导致不敢、不善监督，基层民事诉讼监督办案数大幅度下滑。

（二）机制运行层面与高质效办好民事监督案件履职要求有差距

高质效办好民事监督案件要求善于领悟法律条文中的法治精神，善于从纷繁复杂的案件中准确把握实质法律关系，善于统筹法理情的有机统一；从坚持习近平法治思想指导、群众急难愁盼突出问题导向，依法履职参与社会治理、创新思维强化自身建设的系统观念出发，通过精准监督的路径实现民事监督案件高质效办理。[①] 而限于长期的民事检察生效裁判申诉案件“倒三角”模式，基层民事检察办案机制在民事检察监督上层制度机制设计上被关注不足，以至于办案机制建设及运行未适应，未跟上新时代、新要求。

一是专业人才引进、培养机制跟不上。A 市基层院从未开展过民商法学专业人才专门招录引进工作。六个基层院均为民事、行政、公益诉讼检察三项业务合在一个部门，共 19 名干警，其中法学专业 11 人，民商法专业仅 1 人。基层院办理案件多集中在虚假诉讼、“两违”监督，案由集中在民间借贷、建设工程等。办案领域、类型均较为单一，导致干警对体系庞大、更新频繁的民商事法律规范学习不及时、不系统。部门主任统筹民事、行政、公益诉讼检察三项业务模式下，人力、资源等多向典型案例发布频次多、社会关注度高、案件成效周期短、新闻媒体报道面广的后两项业务倾斜。干警在民事检察工作方面的成效、获得感越来越不足，多不愿

---

① 冯小光：《坚持系统观念 高质效办好每一个案件》，载童建明主编：《高质效办好每一个案件——新时代检察机关理念更新与创新实践》，中国检察出版社 2023 年版，第 386—392 页。

干民事检察业务，岗位轮换频繁，此项业务能力长期得不到提升。

二是民事办案管理、评价机制不适应。基层院自身缺失重点环节深层次、高质量监督的评价机制，上级管理评价机制单一。从A市对基层民事检察“两违”监督案件管理来看，上级院除了在业务考核机制中评价该两项监督采纳率外，对监督的违法点选择、检察建议文书的说理论证、类案监督、系统治理等管理评价不足。《人民检察院民事诉讼监督规则》中对民事审判及执行活动应当提出检察建议监督的情形作了明确列举，但由于程序监督的事后性、调查核实的限制性、能力水平跟不上等，导致实践中监督事项多集中在法律文书超期送达，未穷尽所有方式即公告送达等送达程序违法、超审限，法律文书的文字性、表述性错误等问题，甚至存在个别基层院为快速达到一定办案规模，对同类问题反复提出个案监督建议的情况。导致基层民事检察干警长期认为民事检察办案量最容易完成，但也最没有履职成就感。

三是上级业务指导、参考机制待优化。上级院指导方式单一，针对性、及时性、实务性不足，集中体现为选取编发典型案例、文章等形式，不够具体、全面，难以应对纷繁复杂的监督实务需要。民事案件调查核实范围、界限、措施、保障等缺乏针对程序、民商实体方面的细化规范，导致基层民事干警对案件是否调查核实、如何调查核实、调查核实结果如何运用等认识不一，存在不愿使用或不当适用等问题。

四是信息数据共享、运用机制待搭建。A市基层检、法两机关关于数据共联互通通道仍未建设，案卷借阅仍存在不同程度的沟通不畅，不够及时、批量调取受限等问题。基层民事检察干警深入钻研民事诉讼活动监督业务，有效整合运用企查查、法信、聚法网、案例库等数据资源的能力不足，难以推进类案监督、系统治理。

三、基层民事检察践行高质效办好每一个案件的几点建议

针对基层民事检察实践中存在的问题，结合“高质效办好每一个案件”在实体、程序、办案效果上的具体要求，作出如下建议。

（一）站稳人民立场，及时、全面、发展地把握民事司法理念内涵

一是始终坚持“以人民为中心”作为业务办案的政治标准。民商事司

法质效关系人民生活的方方面面，决定了“为民”作为民事检察监督的宗旨，不仅体现在加大实体监督力度促使裁判结果公平公正上，还贯彻于案件受理、审查、调查等每一个办案环节对规范高效的极致追求上，更要落实在情同此心，“如我在诉”依法推进矛盾终局性化解、类似问题解决及预防的情怀担当中。对于可能符合监督的案件，要善用会用调查核实权，依法、全面开展监督；对于审查、调查后不符合监督条件的案件，要用好、用足释法说理程序，敢于把自己就案件开展的具体工作、适法过程、价值考量等通过听证形式晒出来。民商事实体、程序的监督均应以该项标准“把总”。

二是全面把握“精准监督”对民事高质效办案的理念引领。要从联系的、全面的、发展的角度理解精准监督的内涵，争取做到监督要点把握得好、事由运用准确、方式适用恰当。还要正确理解把握好全面监督与重点监督，监督法定性与必要性，有质量的数量与有数量的质量三对问题之间的辩证统一关系，准确适用受理、审查规范中的除外情形，坚持法定性、必要性标准进行全面监督，不搞选择监督，不办考核、凑数案，以监督的精准性保障和提升监督的有效性。

（二）坚持问题导向，完善民事检察业务“人、案、事”的内运行机制

一是完善民检人员培养、管理机制。探索建立基层民事检察部门新进人员在法院审判、执行部门委托培养，到上级民事检察部门跟班培养，在本院民事检察部门定岗培养，回高校进行民商法专业理论深化培养等机制。推进去除部门主任统一统筹调度的行政化，探索民事检察专门员额或四级以上检察官助理负责人制，保障民事检察部门干警集中精力研究开展民事检察业务。畅通民事干警县、市、省级检察院之间检察官遴选或定期上派、下挂双向流动渠道，尤其是加大跨越市级的县、省之间双向流动力度，更有利于加强民事对下业务办案指导及管理的针对性。

二是健全民事案件管理、评价制度。重点在上级院发布的主要质量指标评价之外，针对“两违”监督的问题点、文书论证说理质量、办案周期、监督纠正情况等的案卡抓取、流程程序规范、文书证据比对、办案效果等建立完善的基层院内控补充监管机制。形成周期性的案件质量评查、业务态势分析、办案质效评价为内容的管理制度，引导检察官落实好高质

效办案的实体、程序、效果要求，履行好“第一责任”。如对审判或执行类案监督、促进社会系统治理建议的案件或证据扎实、文书说理论证好、监督事项具有典型、引领价值，监督促进法院从审判执行违法情形中反向审视审判执行活动中的源头问题、规范完善审判执行工作相关机制建设的案件予以正向加分激励；对建议文书仅对法院案件卷宗装订不规范、文书表述性瑕疵且未实质影响当事人权利义务的浅层次问题依职权批量制发的给予扣分作负面评价。

（三）积极探索创新，建立汇聚民事司法制约监督合力的外协调机制

一是探索试点政法数据互联共通机制。基层法检应积极立足监督配合实践基础，探索建立法检审判、执行及检察监督法律文书互联共享数据化通道，检察监督数据与政法委执法监督数据协同共享通道，克服民事诉讼监督底数不清，案源面窄，政法司法相互制约监督机制基础载体不适应新时期政法工作高质量发展要求等问题。

二是深化民商事法律职业共同体互动机制建设。基层检察机关在检律互动上除了抓实一直重视的律师行权保障外，亦需重视与地方民商事法律职业律师、专家学者的职业共同体建设，通过新法新规同堂培训，新型民商事问题会商，疑难案件专家论证，民事诉讼监督情况定期通报会，民商法律监督工作征求意见座谈，地方民商司法理论实务论坛等进一步强化地方民商法律职业共同体建设，形成地方民商事执法司法良性互动，汇聚用足民商事诉讼监督智慧。

三是探索智慧借助建设和民商检察服务产品供给。加强对检察机关民商事办案数据的汇聚、整合、应用，在研判规律基础上，探索研发法律监督模型，充分发挥数据聚合、堆叠效应，促进审判及执行活动从个案监督到类案监督、社会治理转化。依托民商事诉讼监督案件办理发现的普遍性、典型性风险，创建智慧小程序，通过发布撰写的贴近人民、贴近实务、容易学习的检察监督案例，给出类型化风险预防及治理建议清单，有效提升民事诉讼监督、支持起诉等职能社会知晓度。通过较为权威可行的民商事检察产品服务提供，积极参与地方一线民商事矛盾纠纷源头预防和综合治理格局建设。如探索民商法检察 e 站、民商法律监督知识加油站、民商事审判执行监督地方论坛等有效拓宽案件线索来源，增进反映问题与监督事项整改情况反馈、同类问题预防性建议等沟通互动，不断满足群众对民商事司法权力运行监督与权利救济提出的更高要求。让人民群众以更便捷的方式参与监督、接触法治、感受正义。

高质效的价值追求决定了作为落实民商事司法政策“最后一公里”的基层院，要在解决民事检察不专、不会共性问题的基础上，立足各院实际找准自身民事司法理念、履职方式、业务管理等方面与推进民事检察高质量、现代化发展不相适应的问题。既目光向内，专理念、提能力、完善机制，又目光向外，胸怀“国之大者”，以每一名基层检察干警高质效办理每一个民事案件为依托，践行好民事检察的高质效履职，助力检察工作现代化发展。

检察机关案件质量评查主体机制研究

吴立娜　张无为　王怡静*

公平与正义是司法的核心价值和生命力所在。案件的质量不仅体现了公平正义的精髓，更回应了民众对司法的基本期待。近年来，最高人民检察院始终将案件质量视为司法工作的生命线，并积极推动了一系列机制，如检察官业绩考评、案件质量评价指标等，旨在规范司法行为并提升案件处理的质量，从而推动检务管理的现代化进程。案件质量评查，是对检察机关已结案件的质量进行审查和评定的管理活动。这一过程中，评查人员负责查找并指出案件中存在的质量问题，以促进办案人员的整改，最终达到提升办案质量的目标。检察机关的案件评查工作能够直观地暴露出办案流程中在程序、实体、文书以及效果等方面的显著问题，这对提升检察官办案质量，强化质量意识，以及推动办案规范化具有深远的意义。然而，在实践中，由于一些评查主体在主观上避免深入挖掘案件问题，或者因自身能力和执法习惯的限制，无法发现更深层次的问题，这导致了评查效果的显著差异。

普遍认为，案件质量评查活动包含四个主要部分：评查主体、评查标准、评查制度以及评查效果。其中，评查主体是整个评查活动的基石，它决定了评查的视角、深度和质量。评查主体的理论素养影响评查的深入程度，其责任意识决定评查质量的方向和水平，其专业能力和水平则直接关系到评查效果的优劣。同时，评查主体的身份和角色也决定了其评查立场的客观性和中立性。简而言之，案件质量评查主体在整个评查活动中占据着举足轻重的地位。

---

* 吴立娜，河北省秦皇岛市卢龙县人民检察院副检察长；张无为，河北省秦皇岛市卢龙县人民检察院三级检察官；王怡静，河北省秦皇岛市卢龙县人民检察院四级主任科员。

一、检察机关案件质量评查主体的当前构成分析

案件质量评查的主体涵盖了负责评查工作的组织架构及人员配置。当前，案件质量评查机构通常是由各业务部门的精英检察官抽调组成，而专门设立固定编制、由员额检察官代表构成的常设性评查机构则较为少见。至于案件质量评查人员的构成，则通常包括以下几个方面。

（一）业务部门检察官

该类主体在案件质量评查中占据重要地位。在进行案件质量评查活动时，案件管理部门会从各业务部门抽调检察官，组成专门的评查小组。这些小组将负责对其分配到的案件进行深入的质量评查，根据既定的评查标准，对所发现的问题进行客观评价，并最终将评查结果提交至案件管理部门进行综合汇总。

（二）案件管理部门检察官

案件管理部门中的检察官，作为新兴的评查主体，在员额制改革后直接参与到案件质量评查工作中。案件质量评查或由案件管理部门独立进行，或与部分业务部门的检察官共同负责。在此评查活动中，案件管理部门的检察官不仅承担着评查职责，还扮演着组织者的角色。

（三）外部邀请评查员

最高人民检察院颁布的《人民检察院办案活动接受人民监督员监督的规定》，对监督范围进行了进一步的调整。根据新规定，人大代表、政协委员以及人民监督员等亦有机会成为案件质量的评查人员。通过引入这些外部的监督力量，检察机关能够更全面地从不同维度和层面，发掘检察办案过程中可能存在的不足，明确改进的方向，从而推动办案人员提高案件处理的质量。

二、案件质量评查活动中评查主体面临的挑战与问题

（一）评查主体的专业性不高

1. 评查人员的主观心理负担

在案件质量评查活动中，业务部门对于参与评查的主动性并不强烈，同时对于接受监督管理的意识也较为薄弱。部分评查员在思想上未能充分认识到案件评查工作的重要性。此外，由于评查结果对个人业绩产生较大影响，评查人员普遍存在一定的心理负担，这在一定程度上制约了评查主体能力的发挥，进而对评查效果产生不利影响。具体来说，这种心理负担主要体现在以下几个方面：首先是“分值”负担，当评查人员面对案卷中需要扣除较多分数的情况时，往往容易心生怜悯，倾向于少扣或不扣分，以避免跨越自身的心理“底线”。其次是“老好人”心态，在评查过程中，评查人员与案卷办案人员相互熟悉的情况并不罕见，这导致在评查时往往只触及表面问题，对深层次问题避而不谈，从而影响评查的客观性和真实性。最后是专业压力，部分评查人员因担心出错而采取保守态度，对于案卷中难以理解的内容选择忽视，避免询问、查证、讨论或寻求帮助，以免暴露自身专业水平的不足，过度依赖法律的明文规定进行字面解读，却忽视了法理的原理作用以及执法效果和社会影响。

2. 评查人员对程序性问题过度关注

由于法律文书和卷宗的表面问题相对容易被察觉，评查人员通常更倾向于审查这些程序性事项。然而，在涉及案件实体性问题时，他们的审查往往不够深入。此外，由于需要评查的案件数量众多而评查人员有限，加之时间紧迫，当评查人员自身还承担大量办案任务时，他们便无法投入足够的时间和精力去深入研究每一个案件的实体性问题。同时，评查工作主要是针对检察内卷进行，这使得全面发现案件质量问题变得困难，因此评查工作往往难以深入到位。在多数情况下，评查人员只能发现一些表层的、浅显的问题，这导致评查工作在一定程度上变得形式化。

3. 案件管理部门检察官参与比例低

案件质量评查工作是案件管理部门业务属性的重要体现。然而，目前案件管理部门更多的是作为评查活动的组织者，而非直接参与评查的评查

者。若要深入了解案件情况，案件管理部门的员额检察官必须直接参与评查阅卷和讨论。只有通过亲身实践，他们才能对评查活动的优缺点有深刻的认识，积累宝贵的评查经验。否则，他们无法对评查质量做出准确的评判，也难以看出评查结果的优劣。这不仅影响了案件管理部门对各业务部门工作的深入了解，也制约了其自身业务能力和素养的提升。因此，案件管理部门应更积极地参与到实际的评查工作中，以充分体现案件质量评查在案件管理中的重要业务属性作用。

（二）评查标准不够明确

1. 抽选评查主体条件设定较为宽泛

评查主体的抽选通常基于业务类别，然而，一个业务类别下涵盖的案件类型众多。例如，在刑事检察工作中，不同层级的检察机关办理的案件类别有明显差异。具体来说，基层检察院主要办理的是一审刑事案件，市级检察院多办理二审刑事案件。由于各级检察机关办案重点的不同，当基层和市级的评查人员进行案件互评时，常因对对方案件类型的不熟悉，导致评查主要集中在法律文书的规范性上，而难以发现程序和实体上的错误。

2. 案件评查主体缺乏专业性与持续性

在多数检察院中，并未专门设立全职评查员来执行常规、重点或专项的评查任务。评查工作通常是根据需要临时安排的。此外，案件管理部门中检察官的配置普遍不足，特别是在基层检察院，由于人员编制有限，部门设置也相应减少，员额更是稀缺。因此，大部分基层检察院的案件管理部门不仅需要负责案件管理，还要兼顾人民监督员工作、法律政策研究、控告申诉以及刑事执行等多项任务。在这种情况下，很难再抽调人员专门从事案件质量的评查工作。

3. 案件质量评查标准存在差异化

鉴于各地检察机关均制定了各自的案件质量评查标准，然而这些标准往往存在缺陷，并且在实践过程中频繁调整，从而对评估效果产生了一定的影响。部分地区所制定的案件质量评查标准过于抽象和模糊，导致难以操作和评判，容易引发理解上的分歧，这无疑增加了评查工作的难度。此外，由于评查标准缺乏足够的权威性和说服力，这可能会降低办案人员参与案件质量评查的积极性和主动性。

（三）评查机制不够健全

1. 案件质量自评缺失客观性与公正性

在检察机关中，案件质量评查员多是从本院各业务部门的精英中挑选出来的。然而，当上级院组织进行评查时，仍然能够发现诸多问题。这一现象揭示了本院评查存在的一个明显弊端：由于同一个业务部门的办案人员长期共事，受办案习惯等因素影响，往往对某些长期存在的问题视而不见，甚至习以为常。因此，当评查员身处这样的环境中时，他们难以用全新的视角去审视和评查案件。此外，本院评查还存在另一个问题，即评查员在评查本部门其他办案人员的案件时，由于评查结果与绩效考核紧密相关，这使得评查员难以保证在评查过程中完全摒弃个人顾虑，做到真正的客观公正。

2. 案件质量评查责任认定主体范围不确定

确定案件质量责任的主体，对办案检察官的工作评价和所担负的责任具有直接影响。在完成案件质量评查后，若仅由质量评查人员个人作出最终判断，可能无法保证结果的客观性和准确性。然而，若所有案件均由检察委员会进行认定，则在实践中难以实施和操作。此外，在界定案件评查员与检察委员会认定的办案质量责任范围时，存在不一致的情况。[①]

3. 案件质量评查培训机制缺失

案件质量评查是一项对业务要求较高的工作，它要求评查主体不仅具备扎实的专业知识，还需拥有出色的综合分析能力，以便能够深入剖析各类案件中存在的程序性和实体性问题。然而，在当前的司法实践中，多数检察机关并未将案件质量评查纳入教育培训体系。在评查工作开始之前，也往往缺乏常规化的案件质量评查培训。由于没有为评查员安排专门的培训时间，并进行有针对性的案件质量评查工作指导，这在客观上削弱了评查人员的专业性，进而影响了评查工作的整体效果。

---

① 莫孙华、周恺：《完善案件质量评查机制初探》，载《人民检察》2012年第20期。

三、完善检察机关案件质量评查主体构建的路径与建议

（一）加强队伍建设，提升专业化水平

1. 加强业务素质培训，提高评查能力

首先，要专注于专业素养的提升。应充分利用业余时间深入学习业务知识，不断回顾并更新自身的知识体系。对于新颁布的法律法规，需及时学习并掌握其精髓，以确保知识储备始终与时代发展同步。其次，培训工作同样重要。在业务部门的培训中，应将案件质量评查作为核心内容之一。对于业务部门的检察官来说，评查能力不仅是对他人工作的审查，更是一种自我检验的能力。在发现他人问题的同时，也能警醒自己避免犯下相同的错误。案件管理部门应定期安排专题培训，针对不同业务类别或案件类型，提供具有针对性和实用性的课程，如评查方法、问题根源分析、整改措施等，以迅速提高评查人员的专业能力。最后，交流与沟通也不容忽视。对于承办人对评查结果提出的异议，我们应给予高度重视并积极进行沟通交流。异议程序实际上是一个反向纠错的过程，通过双方的讨论与碰撞，不仅可以验证评查结果的准确性，增强评查人员的自信心，还能促进承办人进行有效的整改，从而强化评查的效果。这一过程对于提升个人的理论深度和业务水平也具有显著的推动作用。

2. 摒弃思想负担，深入挖掘潜在问题

案件质量评查旨在通过发现和纠正错误、落实整改措施以提升案件的整体质量，它构成了确保承办人案件质量的关键环节。对于承办人而言，能够及早发现案件处理过程中的瑕疵、不足之处乃至错误，实则是对其最有力的保障，有助于防止内部问题的外泄。作为评查人员，在执行案件质量评查任务时，应摒弃一切思想顾虑，既要检查表面层次的规范性问题，也要深入挖掘并纠正深层次的违法行为。在任何情况下，评查人员都不应放松对评查质量的严格控制。否则，那将是对职责的最大懈怠，也不符合一个合格评查人员的标准。

3. 精准选择，有针对性地挑选评查人员

在检察机关构建案件质量评查人才库的过程中，应对每位评查人员的业务专长和擅长领域进行详细记录，并建立完善的评查人才档案，以便对

评查主体进行更为精细的分类。在实施案件质量评查时，应根据案件的具体类型，有针对性地选择适合的评查人员，这样不仅能有效提高评查工作的效率，还有助于发现深层次、普遍存在的问题。同时，当评查人员在评查过程中遇到高质量的案卷时，这也是一个学习和提升的机会，可以借此提高自身的办案能力。这种双向的促进作用，有助于推动评查能力和办案能力的共同提升。

（二）加强结果运用，注重效果延伸

1. 明确评查责任，合理划分认定流程

自司法责任制改革实施以来，检察官被赋予了一定的案件决策权。当员额检察官以评查员的身份对案件进行审查后，他们的职责仅限于发现问题并进行初步评估。特别是对于那些被认为存在质量问题、需要评定结果等级或确定责任归属的案件，应启动一个独立的程序来进行最终的讨论和认定。如果评查人员在审查报告中指出案件存在重大质量缺陷或不合格等问题，那么这些案件将经由分管检察长审批后，提交至案件评鉴委员会或检察委员会进行深入讨论并作出最终裁定。相反，如果评查人员认为案件没有质量问题，则无须提交至检察委员会讨论，评查人员可直接作出最终认定。这样的流程不仅确保了案件质量评查的权威性和严谨性，也考虑到了案件评鉴委员会或检察委员会的工作特性，因此在科学性、合理性和可操作性方面均表现出相对的优势。

2. 推进基层自主评查，保障活动的客观与公正

为确保案件质量评查的实效，建议单独设立案件质量评查机构，并由数位检察官代表构成稳定的评查专员团队。案件质量评查本质上是一种监督管理活动，独立的评查机构能更专注、专业地执行评查职能，从而充分发挥案件质量评查制度的核心作用。此外，该机构的独立设立也遵循了监管与办案分离的原则。若从办案人员中抽调人员组成评查机构，不仅会干扰他们的办案工作、降低评查效率，还会面临如何客观评查自己经办案件的难题。案件管理部门独立进行质量评查，有助于提升其专业化水平，提高评查人员的业务理论素养，确保评查活动的客观性和公正性。同时，这也便于在实践中发现评查活动的不足、探索新方法，从而推动评查工作的迅速发展。我们还应尝试组建专业的案件管理评查团队，通过实战演练不断提升能力，从个案到类案的流程监控，逐步扩大评查范围，从单一的刑

事评查拓展到各业务领域的全面评查，以此彰显独立评查的显著优势。

3. 共享评查成果，借鉴外部经验与智慧

案件质量堪称检察工作的基石，唯有从思想层面深刻认识到案件质量管理的重要性，并持续优化案件质量评查体系、更新评查手段，方能充分释放案件质量评查在提升办案水平方面的潜能。针对评查中所暴露的问题，尽管存在共性，但传统的评查结果仅用于汇总区域内的问题及整改措施，并通知下级检察机关。应当秉持公开透明的原则，推动评查成果的广泛共享。具体而言，可以在全国检察业务应用系统或内部网络共享平台上开设查询通道，从而促进各级检察机关之间的协同评查，加强评查效果的监督与交流。通过更多元化的渠道和更广阔的平台，使评查人员能够更精准、更高效地识别问题、剖析问题并解决问题，进而显著提升评查质量。

（三）加强机制建设，保障评查工作质效

1. 创新评查机制，纵横交织评查

所谓“横”，指的是同级之间进行案件质量评查。鉴于各级检察机关所处理的案件类型因客观条件和权限分级而有所差异，例如，基层检察院的行政监督案件相对较少，而市级检察院则相对较多。在这种情况下，基层检察院在评查这类案件时可能难以进行深度分析。因此，同级之间的评查更有利于发现和解决问题。在同级评查中，应着重由案件管理部门进行独立评查，并在人员不足时协调业务部门协助完成。而“纵”，则指上级对下级的评查。这通常由上级检察机关组织，并从下级检察机关的案件管理和业务部门中抽选员额检察官共同参与评查活动。近年来，随着有办案经验的干警不断加入案件管理队伍，以及案件质量评查活动的持续开展，评查实践经验不断积累，案件管理检察官的理论水平和实践经验也得到了显著提升。在上级检察院对下级检察院的评查中，应逐步提高案件管理检察官作为评查主体的参与比例，以推动案件管理部门与业务部门之间的理论探讨和评查经验交流。这将有助于促进问题的整改落实，并提升评查质量。

2. 完善同级监督衔接，强化横向监督协同

在司法办案的监督体系中，除了案件管理部门扮演着关键角色外，检察长、检察委员会以及业务部门负责人等亦担负着重要的监督职能。案件管理部门的检察官需负责策划并执行案件质量的评估审查，同时，他们还

需在众多监督主体中发挥桥梁与协调的作用，以推动各项监督力量的有效整合，进而形成强大的内部监督合力。在进行案件质量核查时，案件管理部门应与业务部门及纪检监察部门携手进行联合调查，这样不仅便于业务部门及时启动纠错流程，也利于纪检监察部门开展追责工作。此举旨在降低监督成本，汇聚各方监督力量，并显著提升监督的整体效率。

3. 加强外部监督，保障评查公信力

案件质量管理工作具有系统性特点，它不仅要求司法行为规范化、办案程序合法化以及裁决结果的公正性，也强调办案效果的重要性。检察机关在处理个案时，需致力于实现法律评价的社会认同，即让社会了解、接纳并支持案件的处理结果。为此，检察机关应持续探索并实践社会公众在案件质量管理中的参与机制。通过组织评查、听证等活动，积极邀请公众深入检察办案过程，在案件处理过程中及结案后持续关注案件质量。同时，鉴于公众对具体案件的关注度往往高于对普通法律制度的兴趣，对于影响检察机关公信力或引发社会舆论的案件，可赋予外部评查员启动案件质量评查的权力，借助社会力量来消除负面影响，共同捍卫案件质量。因此，邀请具备专业素养的人大代表、政协委员、人民监督员等参与案件质量评查，成为提升检察机关办案效率和质量的重要途径。在人民监督员参与案件质量评查时，他们能结合民情和对传统文化的理解，以直观、理性的方式对涉案事实、证据、法理、情理进行感受和表达，这与检察官的专业判断相辅相成，共同确保案件的公正处理。

新时代西部大开发区域检察协作研究*

张书铭　付文利　柴　攀**

在西部地区的社会治理中，检察机关作为重要的法律监督机构，发挥着重要作用。检察监督能够推动社会治理法治化、规范化、创新化，提高社会治理效能，增强社会治理的公信力，为西部地区社会治理提供有力的法治保障。[①] 一是深入贯彻党的二十大精神，贯彻习近平总书记关于实施区域协调发展战略重要思想，推进西部大开发形成新格局的重要举措。西部地区检察机关以高度的政治自觉，主动融入党和国家工作大局，把西部区域协调发展放在推动西部区域经济高质量发展的重要位置，建立西部大开发区域检察协作平台，促进西部不同区域之间变成一个发展共同体，为西部高质量发展提供更加优质的法治产品、检察产品。二是落实《中共中央关于加强新时代检察机关法律监督工作的意见》的现实需要。西部地区检察机关以高度的法治自觉，本着为大局服务、为人民司法的理念，构建优势互补、合作共赢的西部大开发区域检察协作机制，有助于全面提升西部大开发区域检察法律监督质效，切实维护西部地区司法公正。三是深入推进跨行政区划检察改革，积极推动西部各省份检察机关跨区划协作，充分发挥检察一体化优势的客观要求。目前，最高人民检察院正在深入推进跨行政区划检察改革工作，要求检察机关服务国家区域发展战略，做好跨行政区划检察工作。西部地区检察机关以高度的检察自觉，深化检察工作

* 本文系2023年度贵州省人民检察院检察理论研究课题“新时代西部大开发区域检察协作研究”的阶段性成果。

** 张书铭，中国政法大学国家法律援助研究院研究员，时任贵州省人民检察院党组成员、副检察长；付文利，贵州省人民检察院法律政策研究室主任；柴攀，贵州省人民检察院公益诉讼检察部检察官助理。

① 夏勇：《论西部大开发的法治保障》，载《法学研究》2001年第2期。

机制创新，积极适应西部地区特定案件和跨区域案件特点、司法办案规律和经济社会发展需要，建立西部大开发区域检察协作平台，探索一条适合西部自身特点、符合司法检察工作规律的新路径。

一、新时代西部大开发区域检察协作的重要任务

西部大开发区域检察协作的内容要树立全局观念，抓重点、补短板、强弱项，从中华民族长远利益考虑，有针对性地调动检察资源、发挥各自比较优势，以五位一体为框架，实现常态协作、推动优势互补、形成工作合力，共同促进西部地区检察工作整体高质量发展。

（一）努力营造安全稳定的政治环境

1. 加强刑事办案检察协作

牢牢抓住政治安全这一根本，贯彻总体国家安全观。加强西部地区检察机关在危害国家安全领域检察协作，共同打击宗教极端势力、民族分裂势力、暴力恐怖势力等违法犯罪活动。加强跨区划打击邪教活动检察协作，形成西部地区联合打击上下游犯罪的高压态势，坚决捍卫国家安全。强化军地协作，依法惩治涉军犯罪，保护军人合法权益，支持、服务国防和军队建设。加强打击各类严重刑事犯罪之间的检察协作，在办理中老、中越、中缅、澜—湄等跨国案件中加强检察协作，加强新疆同中亚国家检察机关的交流协作，共同维护边境安全稳定。

2. 加强常态化扫黑除恶斗争检察协作

加强反有组织犯罪法落实的检察协作，共同依法严惩涉黑涉恶犯罪。加强金融放贷、教育等重点行业领域跨区划整治，协同建立健全长效机制，巩固深化西部地区行业领域整治成果。加强打击跨区划涉网络黑恶犯罪、“村霸”“沙霸”等检察协作，加大对黑恶犯罪惯常实施的故意伤害、寻衅滋事、敲诈勒索、强迫交易、涉枪涉毒涉赌犯罪的警情线索的共同研判，循线彻查黑恶违法犯罪和“保护伞”漏网之鱼。

3. 加强综合治理检察协作

协力解决检察履职中发现的倾向性、普遍性问题，加强预防犯罪协作，共同推进源头治理。协同加强西部地区法治乡村建设，防范黑恶势力对农村基层政权的侵蚀。围绕网络黑灰产业、网络诈骗、网络赌博等违法

犯罪，强化个人信息保护，共同推进网络综合治理。保障寄递安全，共同遏制利用寄递渠道实施犯罪的高发多发态势。及时发现查处破坏金融管理秩序、金融诈骗等金融违法犯罪活动，共同守护人民群众的“钱袋子”。

（二）切实推动经济高质量发展

1. 推进要素市场化配置改革检察协作

积极参与跨区划执法司法合作[①]。加强与西部地区纪检监察机关配合制约，依法从严惩处涉及国企国资改革、矿产、能源、土地等重点行业领域的职务犯罪[②]。联合督促行政机关依法履行国资监管职责，探索跨区划土地执法行政非诉执行检察联动。加强行政执法与刑事司法衔接协作，严厉打击非法采矿、破坏性采矿等犯罪。

2. 推进信用体系建设检察协作

持续抓好民法典的贯彻实施，共同开展守信联合激励和失信联合惩戒，推动建成更加科学的社会信用体系。加强民事执行监督协作，维护诚信有序的市场环境，聚焦金融、贸易、证券、票据、担保等领域的民事执行检察案件，加强对法院执行程序违法行为监督协作，强化市场主体法治意识和契约精神。加强民事虚假诉讼监督协作，探索建立西部地区检察机关虚假诉讼信息库，强化对虚假司法调解、虚假仲裁裁决、虚假调解协议司法确认和虚假公证债权文书申请执行等方面的联合监督。

3. 推进优质法治营商环境检察协作

向西开放，为打造亚欧黄金通道和向西开放桥头堡、畅通中欧班列串联大通道、铁路运输和新亚欧大陆桥安全运行、加快丝绸之路经济带核心区建设提供服务保障。向内发力，为内陆开放型经济试验区建设，区域全面经济伙伴关系协定（RCEP）实施贡献检察力量。向南出海，为助推西部陆海新通道成为新动脉，加强北部湾港口建设、现代海洋产业和向海经济等领域提供法治服务。加强对成渝金融法院、北海海事法院等专门人民法院审判活动的监督，不断完善民事、行政检察案件跨区划协作机制。加

---

① 如“一带一路”、中巴经济走廊、中蒙俄经济走廊、长江经济带、粤港澳大湾区、成渝地区双城经济圈、关中—天水经济区等。

② 珠海市人民检察院课题组：《检察机关与纪检监察机关办理职务犯罪案件协作机制研究》，载《中国检察官》2016 年第 4 期。

强西部地区民营企业合法权益保护协作，共同打击侵犯企业合法权益的违法犯罪活动，强化对跨区划涉企行政执行活动的监督，营造各类所有制主体依法平等使用资源要素、公平参与市场竞争、平等获得司法救济的法治环境。

（三）积极加强历史文化的保护传承

1. 强化非物质文化遗产保护检察协作

加强毗邻省跨区划非物质文化遗产保护检察协作，加强非物质文化遗产保护共性问题分析研究，为涉非物质文化遗产检察公益诉讼保护法律供给不足等问题建言献策，为非物质文化遗产的损害认定、修复等提供科学评估方法和参照标准。协同做好列入世界级、国家级、省级名录的非物质文化遗产保护工作，促进非物质文化遗产保护与经济发展同频共振。

2. 强化红色文化资源保护检察协作

加强跨区划红色文化资源检察保护协作[①]，围绕长征文化公园建设，依托红色重点文物保护单位、英烈纪念设施、革命旧址等红色资源开展检察协作。加强综合运用刑事、公益诉讼等检察职能办理涉红色文化资源案件的经验互鉴，形成西部地区“检察蓝”守护“革命红”整体联动的工作格局。

3. 强化文化旅游产业保护检察协作

加强四川、贵州、云南、西藏、新疆、内蒙古、广西等地少数民族文化保护检察协作，对跨区划少数民族文化进行系统性、综合性、产业化保护。加强文物古迹保护检察协作，开展古丝绸之路沿线文物古迹保护联合专项行动，形成文物古迹保护合力。巩固脱贫攻坚成果，加强对民族村寨、传统村落和历史文化名村名镇保护检察协作，推动与旅游产业的有机衔接，服务保障乡村振兴。加强知识产权保护检察协作，实现对知识产权案件是否涉刑事追诉、行政违法、民事追责同步审查。加大对民族文化创意产品、特色优势产品的知识产权保护力度，加强知名品牌、旅游品牌和地理标志保护，助推中医药和民族医药产业发展。

---

① 如陕甘宁、川陕、左右江、黔北等革命老区和川渝、川滇黔、渝黔等。

（四）努力建设公平正义的法治社会

1. 加强信访维稳检察协作

坚持和发展新时代“枫桥经验”，加强西部地区信访工作“三跨三分离”案件处置检察协作，责任共担、信息共享，合力开展释法说理、稳控化解等工作，强化跨省接边地区矛盾纠纷的联防、联调、联控，推动建立检察机关领导包案办理跨区划疑难复杂案件制度。强化西部地区检察机关控告申诉案件材料审查移交协作，积极探索控告申诉案件案发地与属地之间“跨省通办”，通过12309检察服务中心设置“跨省通办”窗口开展便民服务。

2. 加强民生领域公共服务检察协作

积极参与市域社会治理现代化建设，加大对食品药品、社会保障、劳动者权益保护、征地拆迁等民生领域跨区划行政、公益诉讼案件的协作办理力度。依法维护弱势群体的合法权益，加强涉老、弱、病、残、幼等特殊群体跨区划维权保护西部检察协作。加强防范和化解养老服务领域重大风险协作，打击养老诈骗、规范养老服务市场秩序。加强对农村妇女儿童人身权利保护协作，共同惩治拐卖妇女儿童犯罪。强化司法救助推动乡村振兴作用，探索由户籍地和居住地检察机关联合开展司法救助协作，防止因案致贫、因案返贫。协同推进西部地区审查起诉环节刑事辩护全覆盖试点工作，协调司法行政机关建立健全法律服务资源依法跨区划流动机制，畅通律师异地阅卷渠道，依法保障律师执业权利。

3. 加强安全生产领域检察协作

落实好最高人民检察院“八号检察建议”，凝聚预防和打击安全生产领域重大违法犯罪合力，共同开展安全生产专项行动，推动形成大安全大应急西部框架，助力构建跨区划安全生产检察共同体。充分发挥刑事、公益诉讼检察职能，提前介入重大生产安全事故调查，依法办理消防安全、能源安全、矿山安全、交通安全、建筑施工安全、河道安全等领域案件，强化风险防控，推动社会治理，形成重大安全生产领域治罪与治理的工作合力。[1]

---

① 俞蕾：《长三角区域检察协作的实践与探索》，载《中国检察官》2022年第1期。

4. 加强刑事执行检察协作

加强西部地区刑事执行和监管执法检察协作，深化巡回检察，积极开展西部地区跨区划监狱、看守所交叉巡回检察工作。加强跨区划社区矫正检察协作，积极探索跨区划社区矫正巡回检察，健全完善托管监督、异地协查、信息互通等协作机制。加强西部地区涉企社区矫正对象外出管理检察协作，会同司法行政机关探索简化请假的批准程序和方式，着力解决涉企社区矫正对象跨区划生产经营困难。加强对刑罚变更执行、刑罚交付执行、强制医疗执行、财产刑执行等方面的跨区划检察协作，发现纠正深层次问题，提升监督质效。

5. 加强未成年人权益司法保护检察协作

严厉打击侵害西部地区未成年人尤其是边境、民族地区留守儿童犯罪活动。坚决打击向西部地区未成年人灌输宗教极端思想等犯罪案件。[①] 积极开展罪错未成年人分级干预和专门教育矫治协作，畅通西部地区检察机关移送罪错未成年人入校渠道。开展附条件不起诉异地考察帮教协作，提高西部地区附条件不起诉适用率和效果。积极开展跨区划司法救助，联合提供多元化救助措施[②]，助力回归正常生活。集聚西部地区优势法治教育资源，研发符合西部地区实际和少数民族特点的法治教育课程，联合开展“法治进校园”、专题法治巡讲等活动，不断提升西部地区未成年人法治意识。

（五）深入实施大生态战略行动

1. 深化生态保护检察协作

探索建立西部地区检察机关一体化办案协作机制，保护好雪山、冰川、湿地、溶洞等西部地区重要生态资源，服务保障沙漠化、石漠化综合治理。[③] 充分发挥检察职能作用，为四川、西藏、青海等地长江上游生态屏障建设，四川、陕西、甘肃、宁夏、内蒙古等地黄河流域治理，贵州、

---

① 《坚持最有利于未成年人原则　守护每一个年少的“你”》，载《检察日报》2022 年 12 月 9 日。

② 如心理干预、身体康复、复学就业、经济帮扶等。

③ 古峰：《检察工作一体化模式下的横向协作机制研究》，载《人民检察》2008 年第 16 期。

广西等地珠江—西江岸线保护等贡献检察力量，推动解决跨区划重大环境污染治理问题。[①] 创新运用卫星遥感、大数据分析、无人机取证等方式，提升西部生态保护检察调查取证能力。探索创设西部生态环境鉴定联合实验室，破解生态环境资源领域案件鉴定难、费用高等问题。加强毗邻省跨区划生态司法修复联动办案协作，推行“专业化监督 + 恢复性司法 + 社会化治理”生态检察工作模式，促进区域内生态修复齐抓共管、同防同治。充分依托生态文明贵阳国际论坛、青海上合组织环保中心、全球生态文明建设（洱海）等论坛，联合举办生态检察论坛，打造西部地区生态检察工作高端交流平台。[②]

2. 深化重点区域综合治理检察协作

服务保障陕西秦岭、青海三江源、甘肃祁连山等重点区域生态保护与综合治理。以黄土高原、汾渭平原、成渝地区、乌鲁木齐及周边地区为重点，服务保障区域大气污染联防联控。服务保障黔、桂、滇万峰湖流域保护，川、黔、滇赤水河流域保护，持续做好相关流域治后再污防范的法律监督工作。服务保障西藏、青海等地青藏高原生态保护，筑牢国家生态安全屏障。加强西部地区土壤、耕地保护检察协作，积极推进受污染耕地、闲置耕地分类管理和安全利用。加强西部地区大交通检察协作，开展陆海联运、空铁联运、中欧班列沿线和主通道建设检察监督，汇聚交通、电信设施等周边地质、环境等检察公益保护合力。探索建立西部地区跨流域重点污染企业、鉴定机构、专业人员、环境资源专家名录，通过检察门户网站开放共享。

3. 深化绿色发展检察协作

西部地区检察机关立足自身区域的生态资源优势，围绕推进国家生态文明试验区建设和大生态战略行动，加大生态环境和资源保护领域公益诉讼力度，助力西部地区经济社会发展低碳化。加强西部地区碳汇补偿、碳汇修复等生态检察协作，助力实现“碳达峰、碳中和”。加强生态环境保

---

① 李动浩然：《流域环境行政公益诉讼检察协作机制研究》，兰州理工大学 2022 年硕士学位论文。

② 刘家璞、董长青、庞文远：《生态环境和资源保护领域检察公益诉讼大案办理思路——以“万峰湖流域生态环境受损公益诉讼专案”为例》，载《人民检察》2021 年第 12 期。

护合作，依法惩治非法转移、利用和处置危险废物等环境违法犯罪行为。督促有关部门加强固体废物监管整治，推动固体废物源头减量和资源化利用。加强矿产资源、森林、荒地等资源类国有财产保护，共同探索和总结绿色发展保护的办案经验和做法，推动西部地区进行环境损害赔偿协同立法。

二、西部大开发区域检察协作的现状及问题

近年来，中共中央、国务院出台多个指导意见，明确要求西部地区要强化举措抓重点、补短板、强弱项，形成大保护、大开放、高质量发展的新格局，推进西部大开发形成新格局。① 不过在许多人的眼里，西部大开发至今还主要是一个经济问题，即便与法律相关，也不过是借助法律的强制力来推行西部大开发政策和规划。相关学者的研究方向主要集中在加强西部大开发经济发展方面，在法治保障方面主要集中在立法、执法方面，司法尤其是在检察法律监督方面的研究较少。2022 年，最高人民检察院出台指导意见②，要求贵州省检察机关充分发挥检察职能，积极参与西部大开发工作，加强司法服务和保障大保护，维护西部地区的安全稳定。然而，由于西部大开发区域幅员辽阔③。民族成分多样，资源分布不均，检察机关协作履职存在众多问题和挑战。

（一）西部各省检察机关之间协作不足

西部大开发区域检察协作涉及面广，沟通难度大，信息交流不畅，影

---

① 如中共中央、国务院《关于新时代推进西部大开发形成新格局的指导意见》、国务院《关于支持贵州在新时代西部大开发上闯新路的意见》。

② 参见最高人民检察院《关于支持和服务保障贵州在新时代西部大开发上闯新路的意见》。

③ 西部大开发区域主要涉及内蒙古、广西、重庆、四川、贵州、云南、西藏、陕西、甘肃、青海、宁夏、新疆 12 个省（区、市）级检察机关以及新疆生产建设兵团人民检察院、西部战区第一军事检察院、西部战区第二军事检察院、南部战区军事检察院、北部战区军事检察院、中部战区军事检察院。

响了综合治理的效果。[①] 如目前部分西部省份形成了检察协作小圈层，四川和重庆有成渝地区双城经济圈检察协作，西北五省进行服务保障“丝绸之路经济带”（国内西北段）检察协作，大多各自为战。同时在西部地区跨区划涉法涉诉信访中“三跨三分离”[②] 案件较多，需要我们强化跨省接边地区矛盾纠纷联合化解。

（二）西部地区检察司法理念和标准不统一

西部大开发战略实施以来，西部地区作为一个整体，经济社会发展成效显著，但是具体到不同区域，则存在发展程度有高有低、面临问题复杂多样，导致司法理念和标准不统一，跨区划办案不够顺畅。如针对跨区划社区矫正问题，涉企社区矫正对象因需要开展经济活动，经常需要跨区划工作。但是因跨区划委托调查制度不完善，各地托管监督要求不统一，异地协查开展不顺畅，导致涉企矫正人员正常地从事生产经营活动存在较大困难。

（三）西部地区法治环境仍需改善

虽然西部地区检察协同取得了一定成果，但由于西部地区地理环境、经济发展水平等因素的影响，西部地区的检察资源不够均衡，某些区域法治环境仍需改善。个别民族分裂势力、宗教极端势力、暴力恐怖势力仍在西部地区进行违法活动，需要西部检察机关形成联合打击上下游犯罪的高压态势，坚决捍卫国家安全。同时，西部边疆地区仍存在较多贩毒、邪教、网络诈骗、网络赌博、寄递安全等违法犯罪，都存在跨区划协同问题，需要西部检察机关在依法严惩、追赃挽损、治理预防上加强协作，提升法治环境建设。

（四）西部地区人才资源相对较为匮乏

检察机关人员素质和能力有待提高。部分西部地区地理环境较为恶

---

① 周叶中、刘诗琪：《地方制度视域下区域协调发展法制框架研究》，载《法学评论》2019 年第 1 期。

② “三跨”（跨地区、跨部门、跨行业）、“三分离”（人事分离、人户分离、人事户分离）。

劣、经济发展水平较低，人才相对匮乏，部分检察人员在处理复杂案件时，难以适应西部大开发的需求。需要我们合理配置检察资源，提高检察工作的效率和质量。

综上所述，西部大开发中检察协同面临的问题和挑战是多方面的，检察机关要从更深、更广的层面上来理解西部开发的法律问题，思考如何通过西部检察协作推动新时代西部大开发，怎样通过明确西部大开发中的检察协作内容、方式，进而提升西部法治建设水平。

三、建立新时代西部大开发区域检察办案协作方式

我们要以加强法律监督工作为核心，以多方协作共赢为方式，研究通过构建优势互补、合作共赢的西部大开发区域检察协作平台，促进西部不同区域之间形成发展共同体，全面提升西部大开发区域检察法律监督质量和效果，努力推动西部地区互补发展、东西部地区开放协同并进、民族边疆地区繁荣安全稳固，形成保护"一带一路"、大江大河、大山大川、文化脉络等西部地区检察工作合力，以检察工作高质量发展服务保障西部大开发高质量发展。

（一）建立办案协作机制

1. 建立联席会议机制

西部各省级人民检察院、相关战区军事检察院不定期召开联席会议，审议和研究跨区划协作安排及重大事项，协调解决跨区划检察协作中的重大问题，指导督促重要工作落实。

2. 强化线索移送反馈协作

构建西部地区检察机关"一体化履职"机制，西部地区检察机关在工作中发现案件线索涉及区域内其他检察院的，及时依照有关规定予以移送，被移送检察院应及时反馈案件办理情况。推动建立跨区划管辖争议协商机制，毗邻省跨区划的检察院可以快速反应、共同会商、依法解决跨区划案件管辖异议问题。

3. 强化调查取证协作

完善调查取证协作机制，检察机关跨区划查阅、调取、复制卷宗材料，收集证据材料的，出具法律文书或公函后，协作检察机关依据法律规

定，简化协作手续，按照法定程序，积极协助调查。完善异地远程讯问、听证、查询等工作机制，提升调查取证的质量和效率。[①]

4. 强化专案办理和专项活动协作

对西部地区一个时期相关领域的突出问题，集中时间、集中力量共同开展专项活动。制定跨区划专案办理和专项活动会商机制，统筹加强对办案和专项工作的指挥协调，实现工作指导、风险评估、力量调配的协同配合。针对西部地区重点法律监督领域具有普遍性、代表性的突出问题，协同制发社会治理检察建议，增强共管共治履职效果。

5. 强化信息通报协作

加强跨区划检察信息共享，对涉及西部大开发协作案件情况、工作部署、工作信息、重大政策、规章制度、网络舆情等情况及时通报，共同研判。对有关群众举报信息、突发性重大问题等信息实时推送，促进矛盾问题解决，提升检察协作工作质效。

（二）建立数字检察协作

1. 建立健全跨区划检察“数字共建”协作

积极探索建立西部地区检察特色数据库，及时收录相关法律法规、文件政策、上级对有关问题的批示回复。推进西部地区公益诉讼检察、未成年人维权帮教、刑事执行监督、检察视频协同数字平台建设，协同推广西部地区非羁押人员数字监管系统。加强数字检务协作，共享西部地区检察机关主要办案数据、典型案例等数字资源。加强西部地区检察机关与执法司法机关数据共享，拓展业务数据共享范围和深度，做好重点数据解读。

2. 建立健全大数据法律监督“模型共享”协作

加强西部检察大数据法律监督模型联合研发和应用，注重西部检察大数据模型的收集、整理、联通、运用，支持相互查询参考，同步加强数据安全管理工作。探索构建西部检察协作数据库和西部检察大数据线索分析平台，推动实现西部地区检察机关法律监督模型数据跨区划相互交流。注重大数据法律监督模型推广运用，将成效好、能复制、可推广的各类大数据法律监督模型共享共用。

---

① 韩东成：《检察公益诉讼管辖制度存在的问题及对策》，载《中国检察官》2021年第11期。

3. 建立健全检察业务数据“东数西算”协作

进一步深化东西部检察科技创新合作，服务保障“东数西算”协同创新共同体。加强跨区划政法大数据办案平台建设，加强与东中部政法大数据系统衔接，推动智慧借助和大数据应用提档升级。

（三）加强人才队伍建设协作

1. 多举措开展西部人才学习培训

西部地区检察机关加强统筹，推动西部市级人民检察院之间、县级人民检察院之间形成结对检察院，选派人员交流学习，互派干部挂职锻炼。加强西部地区检察机关教育培训协作，推动国家检察官学院西部地区各分院间交流协作。开设检察机关服务保障西部大开发履职培训特色课程，组织西部检察干警同堂培训。

2. 高标准建设西部检察人才库

扎实推进实施人才强检战略，培养选拔西部检察业务专家，为西部检察工作提质增效提供人力、智力保障。从西部地区选取政治立场坚定、业务能力突出、实践经验丰富、理论造诣深厚、纪律作风过硬的业务专家组建西部检察人才库。明确入库条件、退出标准、履职要求、具体任务等，对入库专家进行分类管理，带动西部检察干警提升能力和水平。

3. 全方位推进东西部检察干警交流锻炼

加强东西部地区检察机关跨区划互派人员学习交流，积极选派西部检察干警到东部沿海发达地区检察机关实岗锻炼，消除业务盲区、提升办案质效。探索东部沿海发达地区院和西部地区相对薄弱院进行结对共建、对口帮扶，带动西部地区基层检察院建设水平提升。

（四）加强宣传引导协作

1. 加强普法宣传协作

推进跨区划普法宣传协作，强化军地协作普法工作。共商普法宣传主题，对西部地区其他检察机关宣传所需素材主动及时提供，对经验做法和突出成效，运用宣传平台集中宣传，联合向上级报送。加强跨区划普法教育实践基地建设，讲好检察故事，传播检察声音，弘扬法治理念。

2. 加强负面舆情处置协作

落实“三同步”原则，坚持依法、高效开展检察协作，避免因协作方式和处理时机不当引发负面舆情。强化西部地区检察舆情共同处置意识，发现负面舆情苗头第一时间联系告知相关检察机关，积极协助依法处理。已经发生负面舆情的，按照属地管理原则由当地检察机关及时处置，其他检察机关做好协作配合。

3. 加强指导性案例和典型案例协作

强化案例指导意识，加强跨区划协作指导性案例和典型案例的培育、编研、发布等工作，对可能成为指导性案例或典型案例的“种子案件”，加强办案跟踪指导、注意培养总结、相互沟通配合、确保办案成效。探索建立案例联合发布机制，推动更多检察协作成果上升为最高人民检察院指导性案例或典型案例。

（五）加强检察理论与实践研究协作

加强西部大开发检察理论与实践研究协作，围绕西部地区检察改革和检察管理，共同分析研判解决西部地区检察协作中涉及的法律适用问题。加强与西部高校、科研院所的合作，构建“检学研”一体化的西部地区检察理论研究新格局。鼓励各省、自治区、直辖市检察业务专家到西部高校从事实务教学、西部高校教师到检察机关挂职，推动理论研究教学与检察实践互促共赢。常态化举办西部大开发检察理论研究年度论坛，加强同有关科研院所和新闻出版部门的沟通协调，搭建贯彻习近平法治思想、弘扬法治理念、传递法治思维、交流工作方法、指导检察实践的平台。加强中东西部检察机关、科研院所和专家学者的理论和实务交流，互学互鉴，提高素能，为检察工作高质量发展提供有力的理论支撑和人才支持。

总之，在西部地区社会治理研究中，检察法律监督是至关重要的环节。本文通过对西部大开发区域检察协作的实践进行深入剖析，明确检察机关可以通过遵循法律原则和程序，搭建西部跨行政区划检察协作平台，采取有效的措施和手段，注重法律和社会效果的统一，不断推动西部大开发区域社会治理工作的改进和发展。

服务“高质效办好每一个案件”的案件管理功能价值研究*

广西壮族自治区人民检察院案件管理功能价值研究课题组**

2024 年 10 月 15 日、16 日，最高人民检察院先后召开检委会（扩大）会议和党组会议，分析研判检察办案质效，研究加强检察管理，决定取消一切对各级检察机关特别是基层检察机关的不必要、不恰当、不合理考核，不再执行检察业务评价指标体系，不再设置各类通报值等评价指标，不再对各地业务数据进行排名通报（以下简称“一取消三不再”），强调要坚持严格依法、实事求是、遵循规律，切实、真正把检察管理从简单的数据管理转向更加注重业务管理、案件管理、质量管理上来，推动“高质效办好每一个案件”，努力让人民群众在每一个司法案件中感受到公平正义；要在保证数据真实、客观、准确的基础上，充分发挥业务数据的分析研判功能，对履职办案质量、效率、效果进行全面深入分析，找准影响检察办案质效的“症结”，为高质效履职办案提供更加科学全面的参考和依据；要更加重视、一体抓实检察业务管理、案件管理、质量管理。“三个管理”核心是“高质效办好每一个案件”，主线是落实和完善司法责任制，抓手是案件质量评查和司法责任追究惩戒，目标是努力让人民群众在每一个司法案件中感受到公平正义。在 2023 年 3 月召开的全国检察机关学习贯

---

* 本文为第十二批广西壮族自治区人民检察院检察理论研究重点课题“服务‘高质效办好每一个案件’的案件管理功能价值研究”成果（课题编号：GJ2024A01）。

** 课题组负责人：苏金基，广西壮族自治区人民检察院案件管理室主任、检委会委员。课题组成员：刘元见，广西壮族自治区人民检察院案件管理室三级高级检察官助理；宋伟，广西壮族自治区钟山县人民检察院检委会专职委员、第三检察部主任；易茂荣，广西壮族自治区南宁市西乡塘区人民检察院综合业务部主任；潘容英，广西壮族自治区贵城地区人民检察院副检察长。

彻全国两会精神电视电话会议上，应勇检察长代表新一届最高人民检察院党组首次提出要“高质效办好每一个案件”，这既是理念牵引、工作标准，又是检察机关的履职要求、根本遵循。[①]“高质效办好每一个案件”是落实习近平总书记提出的公平正义目标要求在检察工作中的具体化，体现了推进检察工作现代化的时代特征。高质效既要强调案件办理的高质效，也要强调案件管理的高质效，通过高质效的案件管理促进高质效的案件办理。新形势下，检察机关案件管理部门应适应管理新要求、新变化，更新管理理念，肩负起检察业务管理的监督、管理、服务、保障等重要职能，着力探索更为有力的管理措施、更有实效的管理方式、更有效率的管理途径，促进管理与指导结合、放权与管权平衡、管案与管人衔接，发挥好检察业务管理“枢纽”作用。特别是党的二十届三中全会要求在“确保执法司法各环节全过程在有效制约监督下运行”“深化和规范司法公开、落实和完善司法责任制”背景下，“高质效办好每一个案件”的基本价值追求，决定了必然要以应勇检察长倡导的“严格依法、实事求是、遵循规律”这个本职、本源凝心聚力，提升检察新质办案力，以高质效办案实绩更好为大局服务、为人民司法、为法治担当。

一、服务“高质效办好每一个案件”的案件管理时代内涵

准确把握和全面落实“一取消、三不再”，应与时俱进优化完善检察管理模式，树立正确管理观，适应案件管理高质效要求，更新管理理念，聚焦管理重点，实现管理转型，推动建立“大管理”格局，不断提高案件管理质效，推动整体办案高质效与个案办理高质效有机统一、推动落实司法责任制与全面正确履职有机统一。检察机关应紧密围绕“高质效办好每一个案件”基本价值追求，坚持严格依法、实事求是、遵循规律，构建更加科学合理、切合实际的检察管理制度，一体抓实业务管理、案件管理、质量管理，以高质效案件管理促进做实“高质效办好每一个案件”。“高质效办好每一个案件”离不开高质效管好每一个案件。要实现每个案件办理的高质效，“办好”与“管好”都不可或缺。案件管理必须符合司法规律、检察工作规律和管理学规律，通过科学高质效管理模式，实现检察办

① 参见谢鹏程、王琪：《论检察理念现代化》，载《人民检察》2024年第3期。

案法、理、情相统一的价值目标。从狭义上来看，检察机关案件管理部门专门管理是指设置专门的机构，通过监督管理机制和信息化手段，对所有办理的案件及相关执法司法行为统一进行管理、监督、分析、评价的过程，以此来规范执法办案行为，提高案件质量，强化业务指导，最终达到实现司法公正、效率与效果的目标。案件管理侧重于对案件流程、实体等全方位管理，推动把司法责任制落实到每个具体案件办理中。从具体内容看，案件管理部门的专门管理就是个案的集中统一管理。案件的受理、分流、流程监控、质量评查、数据统计分析等，都属于专门管理。通过案管部门的集中管理，能够贯通检察长的宏观管理、办案部门的自我管理，把整个检察院的案件管理融为一体，才能解决管理中存在的缺位、不全面、不深入等问题，进而实现案件管理的最大质效。

案件办理和案件管理犹如“车之双轮”“鸟之双翼”，有案件办理就有案件管理，越强调案件办理，就越要重视案件管理。强调“高质效办好每一个案件”，要求与之相适应的高质效案件管理予以支持和保障。案件管理部门应做实对在办案件的程序监控，做好对办结案件的质量审视，保障和促进检察办案在实体上实现公平正义，在程序上更有效率，在效果上让人民群众满意，做到检察办案质量、效率、效果有机统一。加强检察业务管理是全面准确落实司法责任制的重要内容，也是完善检察权运行制约监督机制的重要举措。要充分发挥业务管理的牵引作用，全面深化案件管理重心，将质量管理贯穿办案始终。只有加快推进检察业务管理理念、体系、机制、能力现代化，正确处理好宏观管理与微观管理、自我管理与其他管理、管案与管人的关系，健全检察业务指导体系、管控体系、评价体系、制约监督体系，为高质效办案提供持久的内生动力，从管理上为每一个“检察产品”提供新质监管力，才能全面推动检察工作现代化。①

---

① 参见王新建：《数字赋能提升检察业务管理科学化水平的路径》，载《人民检察》2024 年第 2 期。

二、服务“高质效办好每一个案件”的案件管理功能价值意蕴

（一）高质效案件管理的业务基础功能价值

案件管理部门应坚持把对检察权运行的监督管理作为一条主线贯穿于工作的各个方面，积极推动构建权责明确、协作紧密、制约有力、运行高效的检察业务管理新格局，助力实现“高质效办好每一个案件”。

1. 监督管理

监督管理是核心职能、立身之本，[①] 主要体现在对案件办理全流程的监督把控以及各项事务性工作上。《人民检察院刑事诉讼规则》第664条规定：“人民检察院负责案件管理的部门对检察机关办理案件的受理、期限、程序、质量等进行管理、监督、预警。”监督管理包括程序监督、实体监督和数据监督三个部分，涵盖了案件管理部门在收案审查、流程监控、数据核查、信息公开复核、案件质量评查、涉案财物管理等各个流程节点对业务部门进行监督制约，促进案件办理质量的提高。

2. 服务保障

服务原则要求在案件管理中处理好管理与服务的关系，管理人员要强化服务意识，在管理中做好服务，在服务中进行管理。服务保障体现在服务科学决策、服务司法办案、服务诉讼参与人和服务人民群众四个方面。在服务科学决策、服务司法办案方面，主要是以掌握的全量检察业务数据为基础，在保证数据真实、客观、准确的基础上，充分发挥业务质效态势的分析研判功能，对履职办案质量、效率、效果进行全面深入分析，为检察长和检察委员会研判检察业务工作、解决检察工作发展的主要问题提供参考。

（二）高质效案件管理的权力制约功能价值

1. 实体上的质量管理——保障高质量的司法公正

实体的公平正义要求在案件事实认定、证据采信、法律适用等方面，

① 参见顾雪飞：《以习近平法治思想为指导推进检察案件管理职能建设现代化》，载《人民检察》2023年第8期。

必须坚持最严的标准，做到以事实为依据，以法律为准绳。检察机关应聚焦办案主责主业，每一个具体案件都是检察机关为大局服务、为人民司法、为法治担当的“检察产品”。案件质量是否合格，不仅关乎检察履职成果，也会影响人民群众对公平正义的感受。案件管理部门应加大案件质量评查力度，推动重点案件评查、常规案件抽查、专项评查等工作落到实处，自上而下组织进行全面自查和重点抽查，完善案件质量定期自查、逐级评查、重点抽查等机制，逐步实现“每案必评”，让每个案件都能受到“检查”，评定案件结果等次，倒逼案件质量提升，把高质效办案的实体、程序、效果要求落到实处。

2. 程序上的效率管理——促进高效规范的司法公正

检察机关应当充分依托大数据、人工智能等现代科技手段实现对办案全过程的智能化监管，及时发现和纠正办案中存在的超期办案、长期未结等程序不规范行为，推动办案部门在保证办案质量的同时高效率办结案件。通过对个案办理期限、办理时长、期限预警提醒等开展流程管理，定期分析研判检察官办案效率，从而促进检察官增强效率意识、规范意识，以标准化、规范化、体系化、精细化的案件管理促进检察业务工作规范、高效运行。

3. 效果上的目标管理——实现效果佳的司法公正

司法办案的“三个效果”，即政治效果、法律效果、社会效果，应让人民群众能看见、能感知。案件管理部门应围绕这一价值目标，构建更加开放、透明、规范的信息公开体系，让人民群众充分参与司法、监督司法。通过完善便民举措，减少人民群众诉累，增强人民群众对公平正义的获得感。通过强化听证、人民监督员统筹工作，推动办案部门加强释法说理，主动接受社会监督，实现办案部门与当事人、社会各界的良性互动，促进各方司法认同。

4. 行为上的责任管理——保障高效履职的司法公正

落实和完善司法责任制，是检察官全面充分履职的重要保障，也是实现司法公正的重要抓手。检察机关案件管理部门在办案全过程管理中应贯穿“责任落实”，加强与检务督察等部门的沟通衔接，强化对执法办案规范化检查、案件质量评查、流程监控等结果的运用，突出对主动监督、全面充分履职的正向引领，完善对办案质效问题的责任落实机制，明确不同主体在各个办案环节落实司法责任制的内容，以落实司法责任制方式促进检察官依法履职，规范办案行为，坚守客观公正立场，做实有权必有责、有责要担当，失责必追究，全面压实办案主体责任，为实现高效履职的司法公正提供重要保障。

（三）高质效案件管理的治理功能价值

1. 体现党绝对领导下法律监督机关的政治品格

检察机关首先是政治机关，是党领导下的司法机关，必须始终坚持党对检察工作的绝对领导。检察机关案件管理部门以高质效管理促进“高质效办好每一个案件”是坚定拥护“两个确立”，坚决做到“两个维护”的案管担当。习近平总书记多次强调“努力让人民群众在每一个司法案件中感受到公平正义”，要求司法机关紧紧围绕这个目标来解决法治领域突出问题。最高人民检察院出台《关于加快推进新时代检察业务管理现代化的意见》，就是对习近平总书记重要指示的坚决落实，就是把讲政治落实到每一个案件、每一次监督、每一项履职中，以实际行动践行对党忠诚。

2. 实现为国家大局服务的重要保障

检察机关要落实党中央决策部署，充分发挥法律监督职能作用，为大局服务、为人民司法，必须将检察监督融于法治国家建设之中，服务经济社会发展大局，满足新时代人民群众对司法公正更高水平的新要求，高质效司法办案是促进国家治理体系和治理能力现代化的重要方式。高质量的司法办案要求高水平的案件管理，这是实现司法公正的“一体两面”。落实好高水平案件管理可以促进办案的高质效，更好促进检察机关以办案服务经济社会发展。

3. 推进检察工作现代化的必然要求

检察工作现代化是中国式现代化、政法工作现代化的重要组成部分。检察机关在办理每一个案件中应坚持善于运用法治思维，保证办案过程及结果符合法治标准。高质效案件管理是高质效案件办理的重要保障，应契合司法运行规律，为检察工作现代化服务。只有案件管理实现了高质效，案管工作现代化才能实现，才能助推检察业务管理现代化，进而实现检察工作的现代化。

4. 夯实司法为民初心使命的重要根基

为人民司法、让人民满意，是一切检察工作的出发点和落脚点，必须通过“高质效办好每一个案件”来实现。高质效管理是在促进“高质效办好每一个案件”中体现为民司法的重要保障。高质效管好每一个案件是在新时代新征程背景下对检察机关人民立场内涵的丰富和发展，要求与时俱进践行好全过程人民民主，要求聚焦人民群众需求精准履职，要求自觉把人民群众作为司法办案的评判主体，要求通过高质效案件管理促进高质效办案，进而助推法治进步、时代发展，进一步厚植党的执政根基。

三、服务“高质效办好每一个案件”的案件管理功能价值的路径建构

（一）发挥业务管理枢纽职能定位的“双向循环”作用

案件管理部门应充分发挥检察业务中枢作用，主动作为，促进业务工作运转有序高效。既将职责由注重个案向宏观管理拓展，也把功能价值由个案质效把控向引导检察业务方向拓展，实现推动个案高质效办理与整体检察业务协调发展的“双向循环”良性发展。从业务管理的视角来看，落实“高质效办好每一个案件”离不开检察长、检察委员会的决策指导，更需要通过专门履行案件集中统一管理的专门部门落实。服务检察长、检察委员会的宏观管理，应依托业务质效分析研判、案件质量评查、流程监控等方式，及时为检察长、检察委员会提供检察业务决策参考，督促办案部门落实检察长和检察委员会的决策部署。

（二）全面深化高质效管理理念

检察机关在案件管理工作中应落实高质效管理理念，即科学管理、能动管理、智能管理理念，以提升办案质效为导向，尊重办案规律和管理规律，以高质效管理促进“高质效办好每一个案件”的基本价值追求的落实。

1. 以科学管理为检验标准

科学管理是按照管理学的要求，遵从司法办案规律，对检察机关业务工作进行评价、指导、管控、服务等活动。首先，科学管理的对象是案和人。案件管理中对具体的个案开展流程监控、质量评查等活动，对业务运行质效、案件发展态势等进行分析研判，并配合政工部门对检察人员开展考核，监督的是办案活动，服务的是检察官。其次，科学管理要求实事求

是。案件管理过程中应尊重检察官办案自主权，尊重办案的阶段性、地域性特征，实事求是地开展管理。最后，科学管理的判断标准是办案质效。把提高办案质量、效率、效果等作为评判管理科学的唯一标准，管理行为既要促进提高办案质效，也要符合公平正义的基本要求。管理不科学，引导方向有偏差，会产生“合法”的错误。业务质效分析研判、案件质量评查等都需要通过科学的案件管理来实现。[①]

2. 以发挥能动管理为重要引擎

高质效管理应主动适应检察工作大局，适应司法办案需要开展管理和服务工作，达到更好的管理效果。首先，能动管理的核心是增强管理工作的主动性。案件管理部门应想在前、做在前，更加主动地开展工作。一分部署、九分落实，管理是促进工作落实的重要一环，管理是否积极到位，直接影响工作效果。其次，能动管理的实现路径是守正创新。案件管理部门应在做好主责主业的基础上，发挥主观能动性，创新工作方法。最后，能动管理的保障是营造互相协作的管理氛围。案件管理部门要尊重办案部门，管理方式要灵活，注重与办案部门的协作配合，促进案件办理部门配合管理、接受管理、参与管理，达到双赢多赢共赢的效果。

3. 以智能管理为支撑手段

高质效管理就是要向科技要生产力，把“智慧案管”建设作为破解案件管理部门任务重、人员少、管理难等难题的治本之策。检察业务应用系统是集网上司法办案、管理、统计、智能辅助、知识服务、数据共享、大数据应用、政法互联等于一体的大型信息化系统。[②] 案件管理部门作为系统使用管理的主管部门，应统筹好业务部门的办案信息化需求，完善系统应用功能。依托全国检察机关案管系统，探索应用人工智能等新一代信息技术，实现对办案实体、办案程序、办案数据等项目的智能化分析、评价和管理，提高管理效率和质量。

---

① 参见林嘉中、杨光耀：《加强基层院案件管理工作的建议》，载《人民检察》2022 年第 9 期。

② 参见申国军：《“智慧案管”体系建设与实施路径》，载《人民检察》2021 年第 Z1 期。

（三）健全业务管理全方位闭环矩阵体系

1. 建立以宏观业务质效分析研判为引领的业务指导体系

在落实“一取消、三不再”要求中，要正确看待数据基础功能，以正确的业务工作导向指引整体办案高质效，推动会商研判重点从“数据”到“质效”的转变。在保证数据真实、客观、准确的基础上，应充分发挥业务运行态势分析研判功能，重点从数据分析转到对重点类型、重点办案领域、重要业务态势的分析研判上来，对履职办案质量、效率、效果进行全面深入分析，为高质效履职办案提供更加科学全面的参考和依据。业务质效分析是科学管理的重要手段，应将业务质效分析研判工作改进、做实，定期开展检察业务质效分析研判，提出深度分析，为检察长、检察委员会提供业务决策参考，也可以视情形报送党委、人大，争取对法律监督工作的支持。分析研判站位要高，围绕国家安全、社会稳定、经济高质量发展、民生保障等党和国家中心工作，围绕落实认罪认罚从宽制度等检察重点工作来开展分析研判。[①] 分析研判数据基础“准”，案件管理部门应持续加强业务数据的日常审核、专项核查，及时督促纠正数据失真问题。分析研判关键在“商”，案件管理部门应与业务部门共同完善业务质效提醒、分析、会商机制，会商前后要多征求业务部门意见。分析研判目标在“治”，分析研判报告要有理有据，能够精准展现问题，研判以后还要跟踪、督促会商意见的落实，发挥好研判的导向作用。

2. 建立以案件办理全过程为对象的业务管控体系

办案程序没有管控，就可能“走偏”；办案实体没有管控，就可能出错。加强对检察机关办理案件的集中统一管理，实现受理、分流、办理、评查全流程管理闭环，才能充分发挥集中管理作用。案件进出口管理要统一，要坚持案件集中受理、统一结案审核。案件分配流转要统一，认真落实随机分案为主、指定分案为辅的案件分配机制。[②] 案件流程监控要统一，实现对办案程序的全面、实时、动态监督。全面开展“四大检察”流程监

---

① 参见童建明：《深入学习贯彻〈中共中央关于加强新时代检察机关法律监督工作的意见〉乘势而上推动检察工作高质量发展》，载《人民检察》2021 年第 11 期。

② 参见潘祖全：《独任检察官制度创新——以上海市闵行区人民检察院的试点为例》，载《人民检察》2016 年第 3 期。

控，完善“四大检察”流程监控要点，执行好常态化流程监控预警、提醒和定期通报督促制度，提高监控的质量。案件质量评查要统一，质量评查要讲究方式方法，明确评查标准，重点案件要专人评查，院领导办理的案件主要由上级院评查，普通案件要逐步实现“每案必查”。完善案件质量评查系统，探索引入人工智能，通过系统自动评查，为每个办结案件“质检”一次。

3. 建立以人民监督员工作为重点的外部监督体系

《中共中央关于加强新时代检察机关法律监督工作的意见》明确提出“完善人民监督员制度，拓宽群众有序参与和监督司法的渠道”，同时要求“深化检务公开”。[①] 人民监督员工作应实现检察业务的“全覆盖”。监督形式可以多样，采取邀请参与公开听证、巡回检察、案件质量评查等各种方式，提升监督效果。案件信息公开是服务人民群众、接受社会监督的重要方式，案件管理部门应督促办案部门严格按照案件信息公开要求进行公开；定期向社会发布并解读有助于促进社会治理、增强人民群众法治意识的检察业务情况和典型案例。

4. 建立以检察业务应用系统为主平台的信息化保障体系

案件管理部门应依托信息化手段提升管理水平。围绕提升办案质效，搭建以人为中心、面向办案的场景化开放平台；把业务部门提交的需求统筹好，最大程度实现办案部门的要求，确保系统符合办案实际；与技术部门密切配合，发挥系统智能辅助、知识服务、数据应用等功能，满足检察官办案个性化需求，提高办案效率，改善办案体验。积极推广完善最高人民检察院案件管理系统，做到办案数据一键呈现；业务质效一键监测；数据质量一键核查；电子文库一键检索；法律文书敏感词汇的一键筛查；律师身份一键核验；业务管理情况的一键呈现；流程监控一键推送；质量评查的一键办理。[②]

---

① 参见罗施福、谢业：《论人民监督员制度的价值重塑与探索展望》，载《湖南警察学院学报》2022 年第 12 期。

② 参见施鹏鹏、王晨辰：《检察机关对事管理的探索与推进》，载《人民检察》2023 年第 4 期。

（四）完善案件管理一体化履职运行机制

1. 健全案件管理一体化履职机制

强化一体化履行监督管理职责，建立案件流程监控、质量评查和业务质效监管有机结合的常态工作模式，形成各监管环节有序衔接、互为补充的监督管理格局。[①] 上级案件管理部门应加强对下工作统筹指导，及时通报业务质效情况、业务不规范问题，必要时联合办案部门开展督查。注重案管人员的分类培养、一体使用，建立以干代训机制，集中开展业务质效分析、案件质量评查等重要监管活动时，抽调下级检察机关案件管理人员参与，提升监管水平。加强横向一体衔接配合，案件管理部门与案件办理部门既各负其责又通力协作。推动案件管理部门的案中监管、案后评价、业务分析与案件办理部门、办案人员整改落实及反馈的有效衔接，形成案件管理工作的“闭环”。

2. 建立案件管理与其他部门管理协同机制

与检务督察、政工部门等密切配合，健全案件管理部门推动、其他部门联动、全员行动的工作机制。严格执行《人民检察院案件管理与检务督察工作衔接规定》，及时向检务督察部门通报业务不规范问题监管情况，对监管中发现的涉嫌违反检察职责的线索，移送检务督察部门调查、处置。建立定期向政工人事部门提供业务监管情况，为检察人员绩效奖金分配、评优评奖、职务职级晋升、交流任职、检察官等级升降、退出员额等提供参考依据。[②] 全面准确落实司法责任制，统筹优化检察人员考核机制，将案件质量评查、流程监控等案件管理结果，纳入检察人员业绩考核，归入个人档案，作为晋职晋级、表彰奖励等重要参考。细化落实案件管理与检务督察工作衔接机制，将重点案件检查、司法不规范问题整改等案件管理事项，纳入检务督察和检察巡视的重要内容，严格司法责任认定和追究，形成检察机关司法办案内部监督合力。

---

① 参见申国军：《守正创新强基固本以高质效案件管理促进高质效案件办理》，载《人民检察》2024 年第 1 期。

② 参见龙宗智、吕川：《检察机关人员分类管理的问题、矛盾与应对》，载《国家检察官学院学报》2022 年第 7 期。

（五）突出微观个案精准监督管理履职重点

1. 推进案件全流程监控实质化

流程监控是对司法办案进行的动态监督，也是强化过程控制的重要途径。要持续加强个案流程监控，及时发现和纠正办案中存在的问题，保障程序规范，体现程序正义。一是推进个案流程监控实质化。依托人工和智能监管模式协同发力，不断提升监控成效，运用“人工 + 系统”监管模式实现“1 + 1 > 2”的监督效果。紧盯关键环节，做好对法律文书、办案期限、案卡信息等日常提醒，强化对侵犯当事人诉讼权利、超期办案、办案程序违法等严重程序性问题的监督纠正，推动流程监控从形式化向实质化转变。二是完善流程监控制度。定期对流程监控情况进行分析发布，将流程监控情况纳入业绩考核内容，倒逼检察官规范办案，促进办案质量整体提升。健全常态化预警、提醒和定期通报督促制度，及时纠正办案程序违规违法问题。[①] 针对监控发现的类案、共性问题，开展专项监控，强化定向整改。加强与检务督察部门的沟通协作，将流程监控情况向检务督察部门通报，发挥监督合力作用，进一步提高监督实效。

2. 实现微观案件质量评查多维式全覆盖

高质效办案的基础是个案。案件质量评查是落实和完善司法责任制的重要举措，是助推办案质量提升的重要方式，是加强案件质量管理的重要抓手。要通过案件质量评查，精准评价个体案件质量，把司法责任制落到实处。构建提级评查、异地评查、交叉评查等多元化的案件评查体系，自上而下组织进行全面自查和重点抽查，完善案件质量定期自查、逐级评查、重点抽查等机制，逐步扩大评查覆盖面，突出评查重点，把质量评查作为案件办结归档之前的必经程序。充分发挥案件质量评查监督、纠错、考核、指导功能，递进式实现在管理方式上从个案评查到体系性质量检查。加强对案件质量评查结果的运用及综合分析，注重从评查中发现和总结规律性、普遍性、苗头性问题，发挥案件质量评查既管个案也管宏观的作用，把发现的办案程序、实体质量等问题具体落到人，压实办案主体责任，提高案件管理刚性。科学运用评查结果，将案件质量评查与业绩考

---

① 参见莫孙华：《论案件管理部门如何在推进检察机关司法规范化建设中发挥业务管理枢纽作用》，载《河南检察论坛》2021 年第 7 期。

评、执法规范化建设、业务指导、队伍建设等工作有机结合，把案件评查过程转化为促进整体办案质量提高的过程，转化为加强执法管理制度建设的过程。在评查工作中，重在促进转变检察人员履职办案的思维方式，从更深层次领悟法律内涵、把握司法规律，在检察履职办案中树牢正确政绩观，促进把“高质效办好每一个案件”这个基本价值追求贯彻到检察履职办案的全过程，做到检察履职办案质量、效率、效果统一于公平正义。

3. 统筹推进接受外部监督

检察机关作为法律监督机关，应主动引入人民监督员和听证员等外部监督力量监督办案活动，促进依法履职、公正司法，落实以人民为中心的理念。案件管理部门应督促办案部门积极邀请人民监督员、听证员等人员监督办案活动，自觉接受外部监督，主动在提高监督活动质量上下功夫，推进人民监督员监督对“四大检察”全覆盖、“十种监督参与方式”全覆盖。统筹推动办案部门增强接受监督主动性、自觉性，使其牢固树立“检察工作需要监督、检察工作离不开监督”的观念，主动接受人民监督员监督，让人民监督员监督办案成为一种常态。提高监督规范化水平，对相关规定和实施细则明确要求应当邀请开展监督的“三类”情形，严格督促落实。对监督程序不规范、监督意见办理和反馈不及时等问题，要及时督促业务部门和办案检察官纠正，持续跟踪落实监督效果，以外部监督促进办案质效提升。

检察机关公益诉讼调查核实权路径探析

肖　声　仇旭升*

随着公益诉讼工作的全面开展，调查核实权行使的困境在检察实务中日渐凸显，在一定程度上制约了公益诉讼监督职能的发挥。在此情形下，笔者根据办案实际，从立法及实务两个层面对检察机关公益诉讼调查核实权面临的问题进行了初探，并结合国内现行法律规定及检察工作实践，对进一步完善公益诉讼调查核实权的行使提出了浅薄见解，以期对检察机关公益诉讼监督职能得到充分发挥有所裨益。

一、检察机关公益诉讼调查核实权概述

（一）公益诉讼调查核实权基本内涵

公益诉讼中的调查核实权，是指检察机关在办理公益诉讼案件中为查明案情、收集证据而依法定程序进行的专门活动和依法采取的措施。[①]调查核实权是检察机关履行法律监督职责的关键权力，提起行政公益诉讼必须进行必要的调查与核实，因此调查核实权是开展法律监督必不可少的基础和前提。调查核实权可分为调查权和核实权两部分，调查权涉及对相关证据材料的收集与整理，核实权则是对这些证据材料的真实性、合法性进行验证。2018 年修订的人民检察院组织法第 21 条则从法律层面赋予了检察机关提起公益诉讼进行调查核实的权力。

---

* 肖声，宁夏回族自治区银川市永宁县人民检察院党组成员、检察长；仇旭升，宁夏回族自治区银川市永宁县人民检察院第一检察部检察官助理。

① 张贵才、董芹江：《公益诉讼调查核实程序有待完善》，载《检察日报》2016 年 9 月 18 日。

由此可知，公益诉讼调查核实权系检察机关行使法律监督职权所派生出来的权力，是落实检察监督职权的一种具体的表现形式。

（二）国内外公益诉讼调查核实权现状

1. 我国公益诉讼调查核实权现状

作为一种全新的检察监督职能，公益诉讼工作仍然处于探索阶段，与之相匹配的调查核实权也在不断摸索完善。2015 年 12 月，最高人民检察院通过《人民检察院提起公益诉讼试点工作实施办法》（以下简称《公益诉讼试点办法》），对检察机关在污染环境、侵害众多消费者合法权益等公益诉讼领域调查核实权的行使种类作出了规定并进行了限制。[①] 2018 年 3 月，最高人民法院、最高人民检察院《关于检察公益诉讼案件适用法律若干问题的解释》正式施行，已于 2020 年 12 月修订，其中第 6 条对相关行政机关以及其他组织、公民配合检察机关调查取证进行了重申，并指出需要采取证据保全措施的，依照民事诉讼法、行政诉讼法相关规定办理。[②] 2021 年 7 月，《人民检察院公益诉讼办案规则》第 101 条规定，人民检察院可以采取提供法律咨询、向人民法院提交支持起诉意见书、协助调查取证、出席法庭等方式支持起诉。但是，目前尚无立法详细地规定检察机关公益诉讼调查核实权的行使流程、保障措施等。因此，我国公益诉讼调查核实权制度构建尚不成熟，仍亟须完善。

---

① 《人民检察院提起公益诉讼试点工作实施办法》第 6 条规定：“人民检察院可以采取以下方式调查核实污染环境、侵害众多消费者合法权益等违法行为、损害后果涉及的相关证据及有关情况：（一）调阅、复制有关行政执法卷宗材料；（二）询问违法行为人、证人等；（三）收集书证、物证、视听资料等证据；（四）咨询专业人员、相关部门或者行业协会等对专门问题的意见；（五）委托鉴定、评估、审计；（六）勘验物证、现场；（七）其他必要的调查方式。调查核实不得采取限制人身自由以及查封、扣押、冻结财产等强制性措施。人民检察院调查核实有关情况，行政机关及其他有关单位和个人应当配合。”随着检察机关提起公益诉讼的全面推行，该办法已失效。

② 参见最高人民法院、最高人民检察院《关于检察公益诉讼案件适用法律若干问题的解释》第 6 条：“人民检察院办理公益诉讼案件，可以向有关行政机关以及其他组织、公民调查收集证据材料；有关行政机关以及其他组织、公民应当配合；需要采取证据保全措施的，依照民事诉讼法、行政诉讼法相关规定办理。”

2. 国外公益诉讼调查核实权现状

公益诉讼制度最早起源于古罗马时代，后在美国等西方国家逐渐发展完善。但是，对于公益诉讼起诉主体的确定各国并不尽然相同。美国是世界上最早对现代公益诉讼实施立法的国家。1890 年制定的谢尔曼反托拉斯法和 1914 年制定的克莱顿法旨在禁止垄断和破坏市场公平竞争的行为。这些法律不仅允许受害人提起诉讼，还允许司法部门、联邦政府、社会团体和其他个人提起诉讼，要求法院追究违法者责任。在英国，仅限于利益遭受损害的人提起诉讼，对公益受损的司法救济从一定层面来讲相对保守。而最早提出由检察机关代表国家提起公益诉讼的国家是法国。法国的检察理论认为，检察机关的职责就是维护公益。[①] 日本作为大陆法系国家，同样由检察官代表国家维护秩序和善良风俗。然而，这些国家虽然公益诉讼工作起步较早，立法案例也比较丰富，但仍没有制定专业性的、系统性的公益诉讼法律，只在一些单行法中做了简单的规定，对于调查核实权也没有明确的规定和行使方式。

（三）公益诉讼调查核实权的必要性

众所周知，证据是诉讼的核心，认定任何事实都必须有充分的证据予以证明。公益诉讼检察职能作为检察机关法律监督职权的一种，同样不可避免地需要运用调查核实权才能查明案情、公正司法。但是较为特殊的是，在检察机关提起的公益诉讼案件中，检察机关虽然与案件的诉讼标的没有直接的利害关系，但它作为程序意义上的原告，享有与普通原告相似的诉讼权利和义务。这意味着检察机关需要承担举证责任，证明被告的行为已经损害了社会公共利益，并提出相应的诉讼请求。但由于违法行为较为隐蔽、行政机关职责交叉、涉及法律庞杂等多种原因，检察机关唯有开展大量的调查取证工作，才能提出合法有据、操作性强的检察建议或诉讼请求，进而被行政机关采纳或获取法院判决支持，以达到维护国家利益和社会公共利益的最终目的。因此，调查核实权是检察机关实现公益监督职能的必要前提和重要保障，如果调查核实权得不到充分发挥，必将严重影响公益诉讼监督效果的实现。

---

① 参见北大法宝网专题专栏林达铭讲授“浅谈检察机关提起公益诉讼制度”一课。

（四）公益诉讼调查核实权的特征

公益诉讼调查核实权与民事诉讼、刑事诉讼和行政诉讼调查核实权存在一定的区别，主要表现在以下几个方面：

1. 非强制性

检察公益诉讼调查核实权不具有强制性。公益诉讼制度在试点阶段，《公益诉讼试点办法》明文规定，调查核实不得采取限制人身自由以及查封、扣押、冻结财产等强制性措施。现行法律和规范对调查核实权的行权方式作了明确的禁止性规定。《人民检察院公益诉讼办案规则》第35条明确要求，检察机关开展调查和收集证据不得采取限制人身自由或者查封、扣押、冻结财产等强制性措施。在调查核实过程中，检察机关不得拘传被询问人，《调取证据通知书》《调取证据清单》也不具备法律上的强制力。这些规定反映出，调查核实不具有限制人身权利或者财产权利的强制性。

2. 基础性

相较刑事诉讼，公益诉讼案件从线索的初查、证据的收集固定、案件基本事实的认定、国家利益和社会公共利益受损情况以及行政机关回复整改情况的调查，都由检察机关负责核实，这对检察机关调查取证的能力提出了较高的要求。一旦检察机关未充分行使调查核实权，致使证据收集不充分，将会严重影响监督的效果，甚至会出现败诉的不利后果。因此，保障调查核实权充分行使，可以为顺利办理公益诉讼案件、维护好国家利益和社会公共利益提供基础性的作用。

3. 主动性

根据行政诉讼法等相关法律法规的规定，公益诉讼案件线索的来源必须是检察机关在履行法律监督职责中发现。实践中，检察机关发现国家利益或者社会公共利益受到损害或者可能存在受损害的风险时，依法启动公益诉讼程序对违法行为、受损情况、相关行政机关职责等进行调查核实，并通过提出公益诉讼诉前检察建议或者提起公益诉讼的方式实现对国家利益和社会公共利益的保护。因此，公益诉讼调查核实权具有一定的主动性特征。

二、公益诉讼调查核实权存在的不足

（一）行使流程未具体化

《人民检察院提起公益诉讼试点工作实施办法》虽已失效，当时第6条规定了检察机关在调查核实污染环境、侵害众多消费者合法权益等公益时，可以采取调阅、复制有关行政执法卷宗材料等七种措施，但是对于公益诉讼调查核实权的申请调查手续、审批权限、审查监督流程等未予以细化，一定程度上导致检察实务中各个地方操作不一的情形，对检察监督职权的严肃性产生一定的影响。

（二）保障缺乏刚性

《人民检察院提起公益诉讼试点工作实施办法》及最高人民法院、最高人民检察院《关于检察公益诉讼案件适用法律若干问题的解释》等法律法规虽然规定有关单位及个人应当配合检察机关调查核实，但并未明确行政机关及相关组织、个人不予配合时应当承担的法律后果及救济途径，这就导致实践中出现行政机关或当事人借口推脱、消极应对的情形，在一定程度上降低了检察机关调查取证的效率，影响了案件事实的认定。例如，笔者所在院在排查辖区内企业消防设施安全情况的公益诉讼案件线索时，前往县消防救援大队对相关的专业性知识进行了咨询，并提出由县消防救援大队派员与检察干警一起对企业消防设施安全情况进行现场检查，但县消防救援大队总是采用“打太极”的方式避开问题，答非所问，且以领导督查等借口各种推托，不予配合。后为保证公益诉讼案件顺利办理，我们又与具有日常消防监督检查职责的公安派出所联系配合，对辖区内企业消防设施安全情况进行了监督检查，并针对检查出的问题向县应急管理局提出检察建议，督促整改落实。

（三）实际调查手段单一

检察实践中，公益诉讼调查取证主要采用调阅和复制材料、询问、现场拍照等方式，由此所收集的证据较为浅薄表面，且数量较少。当需要检测某种食物是否符合国家食品安全标准、污水排放是否达标及垃圾尾菜是否污染了地下水等时，就必须通过鉴定、评估、现场勘验、咨询专业人员才能实现。但是，由于鉴定费用高昂、不具有专家库等多种原因，办案实践效果不尽如人意。

（四）证明责任不明

《关于检察公益诉讼案件适用法律若干问题的解释》第 14 条、第 22 条规定，检察机关提起公益诉讼，应当提交被告的行为已经损害社会公共利益的初步证明材料或者被告违法行使职权或者不作为，致使国家利益或者社会公共利益受到侵害的证明材料。而具体提供哪些材料才能证明被告违法行使职权或者不作为、国家利益和公共利益受到损害，该两条规定尚未明确，各地检察机关的做法亦存在一些差异。但是，较为统一的是，为了避免败诉的风险，检察机关提起公益诉讼时，通常会尽可能多地承担举证责任，以期获得法院的支持判决，如江苏省常州市人民检察院诉许建惠、许玉仙污染环境案、山东省庆云县人民检察院诉庆云县环境保护局环保行政公益诉讼一案。[①] 然而，在当前立法对公益诉讼案件证明责任规定尚不明确的情形下，检察机关为获得胜诉判决尽可能全面承担证明责任的行为，会导致法官基于司法判例不断拔高检察机关的证明标准，从而对检察机关公益诉讼调查核实权的行使产生了更高层次的要求。我国属于成文法国家，举证责任的分配需要从立法层面加以确定。因此，还需在结合我国基本国情的基础上，不断摸索、完善适合我国国情的公益诉讼举证责任分配制度。

（五）队伍力量及专业性不足

受长期以来形成的“重刑轻民”思想的影响，民事行政检察部门的人员配置本就不足。司法体制改革后，部分基层检察院由民事检察、行政检察、公益诉讼合署形成第二检察部，甚至有关检察工作人员只是兼职公益诉讼工作，但对应的市级检察机关民事、行政、公益诉讼三大检察业务却各成一部，在此情形下，随着工作任务的不断加重，案多人少的矛盾越来越突出。同时，公益诉讼案件所需证据涉及面较广、专业性较强，且在提起公益诉讼时需要检察机关出庭举证，这就对办案人员的专职性、专业性

---

① 参见最高人民检察院 2016 年 1 月 6 日发布的《公益诉讼工作典型案例》。

以及调查核实能力提出了更高的要求。但是，民事行政检察部门干警专业性不强，缺乏调查核实经验，业务能力仍然与当前公益诉讼工作调查核实的要求有所差距。

三、公益诉讼调查核实权完善路径

（一）健全立法，明确调查核实权行使流程

随着公益诉讼工作在全国范围内全面开展，公益诉讼调查核实权在检察实务中存在操作不一的情形，在一定程度上影响了检察监督职权的严肃性。因此，国家必须从立法层面予以完善，如制定专门的公益诉讼法律法规、人民检察院公益诉讼案件办案规则等方式，对公益诉讼调查核实权的申请调查手续、审批权限、审查监督流程等予以明确细化，公益诉讼调查核实权的行使在全国范围内予以统一。具体可以参照民事诉讼法、行政诉讼法的相关规定，进一步细化调查核实办法，围绕起诉、违法行为、损害后果、因果关系涉及的相关证据和案情进行调查核实，使调查核实办法具有可操作性。[①]

（二）强化保障，增强公益诉讼调查核实权刚性

检察机关办理公益诉讼案件，针对的是违法行使职权或者不作为的行政机关，或者损害社会公共利益的组织或个人，而调查核实的主要对象亦是这些行政机关、组织或个人。所以实务中，检察机关进行调查核实时，会出现部分行政机关、组织或个人可能具有抵触情绪，仅仅表面上予以配合的情形。根据一般理论，被纳入调查核实的对象，通常对针对自身实施的调查措施具有抵触的情绪，往往会隐匿对自身不利的证据，从而导致实践中的证明妨害。因此，增强检察机关公益诉讼调查核实权的刚性，对公益诉讼案件的办理将会起到基础性的保障作用。参照《中华人民共和国民事诉讼法》第117条，有义务协助人民法院调查、执行的单位拒绝协助时，人民法院可以责令其履行协助义务，并可以予以罚款，对象是单位

① 参见张贵才、董芹江：《公益诉讼调查核实程序有待完善》，载《检察日报》2016年9月18日。

时，可以对其主要负责人或者直接责任人员予以罚款；对仍不履行协助义务的，可以予以拘留；并可以向监察机关或者有关机关提出予以纪律处分的司法建议。同样，公益诉讼调查核实权的救济程序也可以采取强制性手段，在被调查对象不予配合时，检察机关也可以采取罚款、拘留、向监察机关或者有关机关提出予以纪律处分的司法建议等措施，排除妨碍。但是，为了防止强制措施的滥用，强制措施程序启动权可以赋予上级检察机关或本级检察机关负责人。与此同时，增加被调查人员的救济渠道，确保检察机关自身在行使调查核实权的过程中依法、依规履职。此外，检察机关可以向阻挠、不积极配合行政机关的上级机关或公务员主管部门发送检察建议，并对后续情况进行监督；行政机关也应将其部门、干部是否支持检察机关开展公益诉讼工作作为一项考核指标。①

（三）完善机制，明确公益诉讼案件的证明标准

笔者在工作中发现检察机关公益诉讼举证责任基本达到了刑事案件中的“全面举证责任”，证明标准明显高于普通民事行政证明标准，法官也会基于既有案例拔高证明标准。但公益诉讼案件毕竟不同于刑事诉讼案件，大多数情况下要认定公共利益损害事实均涉及专业技术手段，需要委托鉴定机构做出客观有效的鉴定意见，由行业专家出具专家意见形成可靠的证据，借助科学评估来判断公共利益损害事实或是否存在被损害的风险。公益诉讼工作涉及领域广、专业性强、复杂敏感，且大多信息由被调查人保管。即使是相对简单的行政执法领域，工作规范也是由大量的行政规章、行业标准组成，作出的行政行为的依据，行政机关更清楚。古人云：“闻道有先后，术业有专攻”，负有监督管理职责的行政机关在其领域内具有较强的专业性，工作人员也具有丰富理论与实践经验。在此情形下，在行政公益诉讼和民事公益诉讼中，将举证责任的主要重担交予行政机关或者违法行为主体显得十分必要，检察机关需要达到证明行政机关有某方面的职责、未履行职责导致国家利益或社会公共利益发生了损害，或者证明违法行为人实施了违法行为、造成了损害事实的证明标准即可，即高度盖然性的证明标准，对于举证较为困难的因果关系应由行政机关或违

① 参见任剑炜：《细化行政公益诉讼调查核实机制》，载《检察日报》2019 年 1 月 21 日。

法主体证明。

（四）加强队伍建设，强化设施保障

民行干警是公益诉讼工作的主力军，组建专业的民行队伍，是检察机关开展公益诉讼工作的重要保障。各级检察机关应当将公益诉讼工作作为检察工作的要点来抓，加强人员配备，设置1—2个办案组专门负责公益诉讼工作，并通过聘请专家学者、大学教授授课、实地调研等多种方式提高干警素质，建设一支专业性强的办案队伍。同时，设立公益诉讼案件办理专项资金，由国家财政部门统一拨款，上级检察机关监督使用，确保检察机关公益诉讼调查核实权独立充分行使。此外，强化内外协作，加强与检察机关内部各部门及行政机关的沟通交流，以确保在鉴定、勘验、技术咨询等方面得到支持。

个人信息保护民事公益诉讼的检视与完善*

谢家集区人民检察院课题组**

近年来，人工智能、互联网技术以及算法推荐等新兴科技逐渐成为我们生活中不可或缺的一部分，使得个人信息成为越来越重要的资源。然而，随着个人信息的广泛应用，个人信息侵权行为屡禁不止①，严重威胁公民的个人信息安全，侵害社会公共利益，社会公众对于个人信息保护的呼声因此变得越来越强烈。因此，如何确保公民个人信息安全已经成为我国政府和社会高度关注的问题。《中华人民共和国个人信息保护法》应运而生，这是我国首部专门针对个人信息保护的立法，具有重要的历史意义。它不仅标志着我国在个人信息保护方面的法治建设迈出了坚实的一步，也对全面推进依法治国、构建法治社会具有深远影响。个人信息保护法作为一部兼具公法和私法性质的法律，在民法典的基础上，对个人信息保护的规则进行了更为详尽的规定和发展②，其中，第 70 条赋予了检察机

---

* 本文系 2024 年度安徽省检察理论研究立项课题“个人信息保护检察公益诉讼研究”阶段性成果（课题编号：WJ2024B47）。

** 课题组负责人：计金娣，安徽省淮南市谢家集区人民检察院党组书记、检察长、三级高级检察官。课题组成员：刘维玥，安徽省淮南市谢家集区人民检察院党组成员、副检察长、一级检察官；王丹，安徽省淮南市谢家集区人民检察院第二检察部副主任、一级检察官；尹鑫森，安徽省淮南市谢家集区人民检察院第二检察部检察官助理；王鹏，安徽省淮南市谢家集区人民检察院第二检察部检察官助理。

① 参见都雪：《〈民法典〉背景下的个人信息保护思考》，载《法制博览》2021 年第 21 期。

② 何直橙：《敏感个人信息的概念界定及法律保护研究》，西南政法大学 2017 年硕士学位论文。

关提起个人信息保护公益诉讼的资格。检察机关作为代表公共利益的机构，可以根据相关法律规定依法提起民事公益诉讼，要求侵权者承担公益损害责任，全面维护公民个人信息安全，维护社会公共利益。

一、个人信息保护民事公益诉讼概述

（一）个人信息保护立法的演进

数字时代的到来，人工智能和移动互联网等信息技术的广泛应用，对绝大多数人的个人信息安全产生了深远影响，侵犯公民个人信息的行为时有发生，公民个人信息保护遇到了挑战，因此，我国不断加快个人信息保护立法进程，陆续颁布了《全国人民代表大会常务委员会关于加强网络信息保护的决定》《中华人民共和国网络安全法》《中华人民共和国电子商务法》《中华人民共和国民法典》[①] 等一系列相关法律法规。对个人信息保护中遇到的新问题做出了一定程度的回应，为个人信息保护法的制定奠定了基础。

2021 年 8 月 20 日，经过多年的酝酿和筹备，我国公布了《中华人民共和国个人信息保护法》。这部法律专设公益诉讼条款，明确将个人信息保护纳入公益诉讼检察法定领域[②]，是对个人信息保护问题的一次重要回应，标志着我国已基本建成一个以个人信息保护法为核心的完整体系。这部法律的制定，并非闭门造车，而是积极借鉴了欧盟《通用数据保护条例》等国际先进的立法经验，并结合我国的实际情况，进行了一系列的创新和优化。同时，它也总结了我国在个人信息保护立法、执法和司法方面的实践经验，因此具有明显的实践性、时代性和本土性[③]。它不仅对我国的个人信息保护工作提供了有力的法律支撑，也为全球个人信息保护提供了中国智慧和方案。总体而言，这部法律积极回应了大数据时代加强个人

---

① 参见陈星、梁丁：《大数据时代个人信息利用的法律规制》，载《重庆理工大学学报（社会科学）》2020 年第 6 期。

② 参见楼辉：《涉疫个人信息保护检察公益诉讼观察》，载《中国检察官》2022 年第 7 期。

③ 参见齐爱民：《区块链环境中个人信息保护的法律障碍与应对》，载《现代法学》2022 年第 5 期。

信息保护的需求，有力地提升了我国个人信息保护的水平，推动了社会整体对个人信息安全的关注。同时，该法也为个人信息的处理、使用和保护提供了明确的规定，对于防止个人信息的滥用，保护个人信息的安全，维护个人的隐私权，都具有重要的意义。

中共中央、国务院于2022年12月印发《关于构建数据基础制度更好发挥数据要素作用的意见》，旨在构建更好的数据基础制度以发挥数据要素的作用。该意见明确提出必须建立保障权益、合规使用的数据产权制度和安全可控、弹性包容的数据要素治理制度。此外，2023年3月我国决定成立国家数据局来加强对于数据的管理、开发和利用。这表明数字时代个人信息已经超越私人权益，涉及社会公共利益，并具有很强的公共属性。

（二）个人信息保护民事公益诉讼的必要性

1. 公民个人信息保护的现实需要

中国互联网络信息中心（CNNIC）发布的第54次《中国互联网络发展状况统计报告》显示，截至2024年6月，我国网民规模近11亿人（10.9967亿人），互联网普及率达78.0%。《2022年全国网民网络安全感满意度调查统计总报告》显示，虚假宣传行为、网络谣言和泄露个人隐私是网络失信行为最常见、最突出的问题，遇见率分别为72.81%、71.89%和66.73%。[①] 2022年12月，我国网民网络安全感满意度调查活动组委会联合教育部哲学社会科学实验室——中国政法大学数据法治实验室、中国政法大学数据法治研究院，共同发布了一份名为《个人信息保护和数据安全专题报告》[②] 的报告。该报告利用丰富的调查数据揭示了我国个人信息保护现状。报告显示，有40.36%的受访者在过去的一年时间内遭遇了“比较多”甚至“非常多”的信息泄露。而在所有的信息泄露事件中，以非需求推销为最常见的形式。接近80%的受访者表示，他们曾接到过各类中介的推销电话，近60%的受访者反映收到过垃圾邮件，约50%的受访者表示收到过与其相关性不高但仍然进行推销的短信。

---

① 参见新浪网，https://finance.sina.com.cn/tech/roll/2022-12-20/doc-imxxfzpn3938055.shtml，最后访问日期2024年10月27日。

② 参见中国政法大学数据法治实验室、数据法治研究院官方网站，http://sjfzyjy.cupl.edu.cn/info/1132/2627.htm，最后访问日期2024年10月27日。

这些数据充分说明，我国拥有庞大数量的网民群体，而且个人信息侵权率较高，这无疑揭示出当前我国存在着严重的个人信息安全问题。因此，我们必须高度重视个人信息保护问题，采取有效措施加强个人信息保护，以维护广大网民的合法权益。

2. 民事公益诉讼在个人信息保护中的独特价值

当前，随着个人信息侵权问题日益凸显，我们必须采取多种措施来解决这一问题。民事公益诉讼是一种有效的救济方式，并且具备固有的优势。因此，以民事公益诉讼为手段来维护公民个人信息权利是非常必要的。有学者深度剖析，个人信息保护公益诉讼的规范框架其实蕴含了恢复性司法的精神内涵，这种精神内涵旨在通过公法和私法协同运作，进而实现赔偿与制裁的多个制度目标。在处理一些侵犯公民个人信息犯罪案件时，检察机关通过提起刑事附带民事公益诉讼的方式，不仅对侵犯公民个人信息犯罪的行为进行了严厉惩处，更是对社会公共利益和公民个人信息权益进行有力保护①。刑事附带民事公益诉讼的方式，有利于对刑事责任和公益责任的承担情况进行统筹考量，对于那些积极承担公益损害赔偿责任的违法者，可以依法从轻或减轻处罚。检察机关以公益修复为出发点，在消除危险、停止侵害、赔偿损失等方面提出诉讼请求，并积极探索新型侵害个人信息违法行为责任承担方式，如行为补偿、惩罚性赔偿等，并加大对个人信息保护的监督力度。目前，民事公益诉讼主要涉及以下几类请求：

一是消除危险。例如，湖州市检察机关诉浙江G旅游发展有限公司侵害公民个人信息民事公益诉讼案中，A景区由浙江G旅游发展有限公司负责实际运营②。2020年7月，A景区通过招标委托浙江H科技有限公司建设完成人脸识别系统，并投入运行。系统使用期间，A景区在采集游客人脸信息时未依法履行告知义务，存在强制要求购票游客录入人脸信息、"刷脸"入园的情形，且景区未对采集到的人脸信息定期予以删除，致使游客个人信息被侵害，损害了社会公共利益。截至案发，该景区违规采

---

① 宫桂清：《大数据时代公民个人信息权利的刑法保护研究》，大连海事大学2021年硕士学位论文。

② 郭晓：《个人信息保护民事公益诉讼的司法实践研究》，内蒙古大学2022年硕士学位论文。

集、储存游客人脸信息共计120万余条，检察机关提起公益诉讼后，该景区对违规采集、存储游客人脸信息行为进行了整改，该120万余条人脸信息被完全删除。二是赔偿公益损失。例如，淮南市谢家集区检察院诉马某、杨某、凡某某侵害公民个人信息民事公益诉讼案，马某经营一家中国移动公司业务代办点，杨某、凡某某是该代办点业务员。三人通过使用店内手机激活新卡的便利及欺骗老客户的方式获取短信验证码，并将短信验证码发送至“拉新”微信群，给微信买家注册京东、淘宝等网络账号。截至案发，马某违法所得19300余元，被告人杨某违法所得12500余元、凡某某违法所得4300余元。检察机关提起民事公益诉讼后，法院支持了全部诉讼请求，判令三被告在各自获利额范围内承担赔偿责任并在省级媒体上公开赔礼道歉。[①] 三是行为补偿等替代性修复。例如，广州市越秀区检察机关诉郑某等4人侵害公民个人信息民事公益诉讼案中，法院根据检察机关提出的诉讼请求，判决被告郑某等4人在判决生效之日起1年内，通过开展与保护个人信息相关的警示教育、公益宣传和志愿服务等方式进行行为补偿。[②] 此案中的被告，通过非法手段获取了大量个人信息，并利用这些信息制作动态视频，从中获取身份验证并谋取暴利。这一行为严重侵犯了公民的个人信息安全，破坏了社会管理秩序，引发了社会的广泛关注。

二、个人信息保护民事公益诉讼问题检视

（一）线索来源渠道有待拓展

线索发现难在个人信息保护领域尤为突出。安徽省淮南市区（县）级检察机关近两年以来平均办理个人信息保护民事公益诉讼案件3件左右，且大多数线索来源于刑事检察部门。这与现实中侵害公民个人信息行为多发频发的现象严重不符，主要原因有以下几点：一是我国个人信息保护民事公益诉讼仍处于发展阶段，因此，办案经验和办案力量相对不足。同时，办理个人信息侵权等案件的难度较大，证据收集也存在困难。然而，

---

① 参见淮南市谢家集区人民法院（2022）皖0404民初3423号民事调解书。

② 参见胡婷婷、安静静：《个人信息保护检察公益诉讼的探索与发展》，载《人民检察》2023年第10期。

如果以刑事案件为主要线索来源，则可以通过刑事侦查手段获取更多的案件证据，从而降低办理难度。二是检察机关虽然与相关行政机关建立了加强公益诉讼工作协作机制，但关于个人信息保护的协作不深入，存在行政机关移送线索不积极、不愿共享信息、“两法”衔接平台选择性录入信息等问题，这使得从行政机关获取线索的渠道并不畅通。三是在宣传个人信息保护公益诉讼方面还存在不足之处，导致群众举报意愿较低、举报线索稀缺。由于网络服务高度发达并且个人对其高度依赖，侵犯个人信息行为变得更加隐蔽。因此，个人可能无法意识到自己的信息权益遭到了侵害。即使知道个人信息被泄露了，当绝大多数人接到类似母婴产品、室内装修、车辆保险等广告推销骚扰时，也很少去举报，因为没有产生实际财产损失。

（二）办案力量和能力有待加强

当前，检察机关在个人信息保护民事公益诉讼的办案力量和办案能力上，存在明显不足。尽管公益诉讼自开展以来已经五年有余，并取得了令人瞩目的发展，但在基层检察院，公益诉讼的开展仍然面临着人员配备不足的情况。在个人信息保护领域，我国的检察机关也面临着一些挑战。首先，个人信息保护领域的违法行为往往具有极强的隐蔽性，违法行为人常常利用技术手段来掩盖自己的行为，使得违法行为的发现和查处变得极为困难。其次，由于个人信息保护领域的违法行为涉及的技术问题复杂，需要检察干警具备丰富的专业知识和经验，才能有效地处理这类案件。然而，目前我国基层检察干警中，具备勘验、鉴定、检测、损失评估以及价值评估等专业知识和能力的人员短缺。因此，我国检察机关在加强办案力量，以及在专业人员队伍建设上，还有许多工作要做。只有这样，我国的检察机关才能更好地开展公益诉讼，更好地保护公民的个人信息安全，维护社会的公平正义。

（三）证明责任分配有待优化

民事诉讼法规定了一般的举证原则是“谁主张谁举证”，只有在特殊类型的案件中才会适用举证责任倒置的条文[①]。对于个人信息侵权案件来说，它并不属于特殊类型的侵权案件，也就是说，在法院审理过程中仍然适用一般的举证原则。然而，在实际操作中，由于大多数个人信息侵权案件发生在互联网上，这使得此类案件具有很强的科技性质。侵权者通常是经营网络公司或网络运营商，他们处理信息的方式通常采用秘密渠道和平台，这导致侵权证据都掌握在侵权者手中。一般的组织和个体无法要求他们公开数据处理过程，无法获取案件关键证据。这也使得个人信息保护民事公益诉讼面临着较高的举证难度。与此同时，在许多交易过程中涉及除了买卖双方还存在第三方参与（如美团、携程旅行、去哪儿网等平台），我们的个人信息被买卖双方和第三方所知悉，从而增加了确定侵权主体身份的困难度。因此，在适用过错责任原则中，在提起个人信息保护民事公益诉讼时，起诉主体需要能够证明侵权者存在主观过错；否则可能面临败诉风险。这无疑为个人信息保护民事公益诉讼增加了更大的难度。

（四）损害赔偿标准有待明确

个人信息保护法第 69 条关于损害赔偿标准的规定有待完善。[②] 首先，在无法确定受损额和获利额的情况下，“实际情况”过于抽象，难以为检察机关的诉讼请求和法院的裁判提供明确指引，导致公益损害赔偿金适用不统一。有的案件，法院判决支持检察院的公益损害赔偿金，有的法院则不支持。例如，宁夏回族自治区青铜峡市人民检察院诉张某某等人侵犯公民个人信息刑事附带民事公益诉讼案，一审法院未支持检察机关公益损害赔偿金的诉讼请求，二审法院改判支持。其次，具体案件的受损额或获利额与侵犯个人信息的数量不成比例，无法反映法律适用的平衡性。在实践中，由于难以确定具体案件的受损额，通常会根据获利额来确定公益损害赔偿金。但是，单纯地以获利额来确定公益赔偿金有些不妥。比如，有些

---

① 参见蒋玮、金文浩、张雪：《个人信息保护检察公益诉讼程序充实与强化》，载《中国检察官》2023 年第 9 期。

② 《中华人民共和国个人信息保护法》第 69 条规定：“处理个人信息侵害个人信息权益造成损害，个人信息处理者不能证明自己没有过错的，应当承担损害赔偿等侵权责任。前款规定的损害赔偿责任按照个人因此受到的损失或者个人信息处理者因此获得的利益确定；个人因此受到的损失和个人信息处理者因此获得的利益难以确定的，根据实际情况确定赔偿数额。”

侵权者10万条个人信息卖了1000元，有些侵权者10万条个人信息却卖了600元。但是，这10万条个人信息，侵害的是10万人的个人信息安全和社会公共利益，产生的危害相同。

三、个人信息保护民事公益诉讼的完善

（一）多种举措拓展线索渠道

如果不解决线索来源问题，就会阻碍个人信息保护民事公益诉讼制度价值的发挥。首先，刑事案件作为个人信息保护公益诉讼线索来源的重要途径，要充分挖掘它的价值，重点在侵犯公民个人信息罪、诈骗罪等案件中摸排线索，也可以从犯罪方式着眼，看犯罪过程中是否利用了公民个人信息。其次，要加强与公安机关、网信部门等行政机关合作，在深化个人信息保护民事公益诉讼方面进行协作，完善线索发现和移交机制，并优化利用“两法”衔接平台。在适当时机可以针对人脸识别技术、快递物流行业、常见类型中的移动互联网应用程序以及未成年人、老年人、妇女等特殊群体的个人信息保护问题开展专项行动，以此加大对侵犯公民个人信息行为的打击力度①，维护社会公共利益。最后，要在司法公开透明中，争取最广泛社会力量的参与支持。通过检察宣传和检务公开等方式，让更多的群众了解检察工作，关心检察工作，进而愿意参与其中。通过“两微一端”、拍摄短视频、发布典型案例、普法宣传、新闻发布会等“线上+线下”多种形式，加强个人信息保护民事公益诉讼宣传，强化群众参与，增强群众个人信息保护意识。另外，在运用最高人民检察院开发的“益心为公”志愿者检察云平台上，也能够积极组织“益心为公”志愿者参与办案活动，并主动提供有效线索。

（二）提升队伍素能，优化办案机制

要牢固树立人才是第一资源的战略思想，深入开展检察人才培养计划，加强专业化特色办案团队建设，同时充分发挥检察一体化办案机制优势。一是深化学习固根本，持续强化人才队伍培训工作。为了更好应对个

① 桂艳辉：《APP用户个人信息法律保护的完善》，西北大学2021年硕士学位论文。

人信息保护民事公益诉讼办案能力不强的情况，检察机关要以干警需求为导向，科学合理设计培训，既培养专才，也培养通才，更好满足检察之需、基层之需。要在内容上突出实战性、实用性，让参训人员爱听、听懂、听入脑；形式上强调灵活性、多样性，实现教育培训的最佳效果。要重点抓好师资这一关键因素，选准既懂检察实务又明法学理论的复合型专家，一方面要靠政治部和各业务部门推荐发现，另一方面要加大检察队伍自身优秀师资力量的挖潜培养，努力让“检察官教检察官”成为教育培训的主要方式。要科学用好教材这一培训指南，以检察工作中的典型案事例为主，深入讲解监督理念、办案技巧、履职方式、沟通方法等，实现“办理一案、讲解一课、教育一片”。二是充分发挥检察一体化办案优势。以检察一体化给予基层办案人力和物力方面的支持。各级检察院上下联动，一体化推进办案，加大交办、督办工作力度，重大监督事项案件化办理等方式，统筹发挥各级检察机关的办案优势，办理一批有影响力的个人信息保护公益诉讼案件。

（三）合理分配，优化侵权举证责任

根据“谁主张谁举证”的原则，个人信息侵权案件的民事起诉主体需要提供证据，证明自己的哪些个人信息被侵权者以何种方式侵害，并且证明自己因此受到了损害。在这种情况下，许多普通公民会放弃维权。即使是检察机关、国家网信部门确定的组织和消费者组织也会感到困难重重[①]。笔者认为个人信息民事公益诉讼案件应该适用举证责任倒置的规则。在证明侵权行为与损害结果之间存在因果关系时，只需被侵权方能够证明侵权方对其个人信息权益造成了高度可能性上的侵害即可，让具有相应实力的侵权方承担举证不能的责任更加公平。采用举证责任倒置的规则，应该在以后的法律中予以明确，避免法官在该类案件中举证责任规则适用的混乱。此外，积极发挥法官在分配举证责任上所具备的职权作用也是必要之策。职权探知主义认为，在办理某些案件中，法官可以根据自身职务权限对举证责任的分配发挥补足作用。因此，笔者主张在个人信息民事公益诉讼案件中引入职权探知主义，当双方举证能力存在较大差距时，法官可以

① 参见王杏飞、陈娟：《个人信息检察公益诉讼重大理论与实务问题研究》，载《广西社会科学》2022 年第 2 期。

合理分配举证责任，让双方举证能力达到平衡，促进案件更加公正。

（四）细化规定，明确公益损害赔偿标准

为了实现对被侵权者的损害和公益损害的救济，为了应对“实际情况”过于抽象和具体案件的受损额或获利额与侵犯个人信息的数量不成比例，无法反映法律适用的平衡性，笔者建议明确公益损害赔偿金标准。参考最高人民法院《关于审理利用信息网络侵害人身权益民事纠纷案件适用法律若干问题的规定》第12条的规定，设置每条个人信息的损害赔偿数额为1元，但总金额不超过50万元。当公益损害赔偿金低于5000元或无法确定被侵害个人信息数量时，可以借鉴消费者权益保护法中关于损害赔偿的相关规定，设立下限而不设上限。例如，当无法查明被侵害的个人信息数量或者赔偿金额不足5000元时，按照5000元来赔偿。适用1倍至3倍的惩罚性赔偿金。“收益大风险小”是目前个人信息侵权呈现的特点，如果不能加大惩处力度，则无法有效地遏制日趋严重的个人信息侵权情况。个人信息领域尽管停止侵害、损害赔偿、赔礼道歉等民事责任形式能够起到一定作用，在大数据时代却难以产生震慑效果。采取惩罚性赔偿措施能够充分实现对受害者的救济，并惩治恶意侵权者，在司法方面能产生多种功能如预防、威慑和惩戒等。

交易环节中职务侵占罪“本单位财物”的认定

胡李凯*

一、基本案情

A物流公司系B物流集团公司的全资子公司，C物流公司系B物流集团公司的加盟公司。2020年12月至2021年9月，张某某在担任A物流公司销售经理期间，使用C物流公司吕某某的揽收工号，私自租用B物流集团公司以外的货车，并私自雇用揽件人员，将季某某、郭某某、吴某某、王某某、金某某等5名客户的34.7万余件大件快递以低于A物流公司官方报价的价格私自揽收后，运往比张某某私报价格更低的C物流公司邮寄，从中赚取差价478342.35元人民币。其间，季某某等5名客户均未与张某某就大件运输签订协议，运费均支付给张某某个人，客户打印快递单时要选择C物流公司而非A物流公司。张某某自行支付其私自雇的工作人员的人工费89000元人民币，自行支付私自租用货车的费用20万余元人民币。

二、意见分歧

在案件办理过程中，对于本案是否符合职务侵占罪的对象要件，即张某某赚取的运费是否属于应当上交给A物流公司的“本单位财物”存在不同意见。

---

* 胡李凯，浙江省丽水市莲都区人民检察院第二检察部主任、二级检察官。

第一种意见认为，张某某赚取的运费属于本单位财物，其行为构成职务侵占罪。首先，现有证据足以证实张某某以 A 物流公司的名义活动且客户相信张某某代表单位在活动，张某某与季某某等客户之间成立表见代理，而成立表见代理就决定了 A 物流公司在承担履约义务的同时，张某某赚取的利润也应当归 A 物流公司所有。其次，A 物流公司是 B 物流集团公司的全资子公司，B 物流集团公司对 A 物流公司有完全的支配权，故被害单位可以扩大到 B 物流集团公司。张某某主要因有偿利用了 B 物流集团公司的物流体系而获利。有偿利用和无偿利用的区别只是在于犯罪数额的计算，而不影响是否利用单位资源的判断，已支付给 C 物流公司的运费在计算数额时予以扣除即可。

第二种意见认为，张某某赚取的运费不属于本单位财物，其行为不构成职务侵占罪。首先，A 物流公司与客户并非原本已经就具体业务进入履约环节，故张某某赚取的利润并非 A 物流公司因具体业务进入履约环节而按照约定应当获取的利润。其次，基于运费支付给张某某个人、双方未签订协议等事实，应当推定客户都是知道张某某是瞒着 A 物流公司私自承运的，双方不成立表见代理。最后，被害单位可以扩大到 B 物流集团公司。但因为张某某以市场价支付了全额运费，并没有造成 B 物流集团公司实际损失，故不应当认定张某某主要因消耗单位资源而获利。

三、意见评析

对于上述分歧意见，笔者赞同第二种意见，理由如下：

（一）“本单位财物”的成立需同时满足形式要件和实质要件

职务侵占罪中的本单位财物必须是本单位实际占有的财物或者必然属于本单位的财物，即只能是单位的既得财物或者必得财物，不包括可能取得的财物。要判断某财物是否属于“本单位财物”，其前提应当是确立“本单位财物”的认定标准或必要条件。而在市场交易环节中，因交易方式、代理形式的多样性导致了单位获取财物的方式也具有多样性和复杂性，故交易环节中职务侵占罪“本单位财物”的认定也较为复杂。笔者认为，交易环节中职务侵占罪“本单位财物”须同时具备形式和实质两个方面的要件。一是形式要件，即单位与客户已进入履约环节或成立表见代理；二是实质要件，即财物主要因消耗单位的资源而获取。

（二）交易环节中认定“本单位财物”的形式要件

1. 交易机会不能成为职务侵占罪的犯罪对象

对“本单位财物”进行文理解释时，将单位已经实际取得占有的财物解释为“本单位财物”显然没有超出该刑法用语可能具有的含义。而将尚未由本单位实际占有但必然属于本单位所有的财物解释为“本单位财物”，尚未明显超出本单位财物可能的含义范围，可以认为属于适当的扩大解释。但是关于交易机会，张明楷教授认为：“行为人利用职务上的便利将原本可以由单位承揽的业务变为个人承揽，利用业余时间完成承揽合同获取利益的，不成立职务侵占罪。”[①] 同时，单位通过交易机会可能取得的财物具有不确定性，如果将单位通过交易机会可能取得的财物也纳入“本单位财物”的含义范围，显然超出了国民的预测可能性，是不当的扩大解释。因此，在单位已经与客户就具体业务进入履约环节的情形下，客户不但已经与单位达成了合意，而且已经进入了履约环节，此时如果客户已经支付费用，则按照约定该费用显然属于单位的既得财物；如果客户尚未支付费用，但公司已经开始履约，则该费用按照合同约定也应当属于公司的必得财物，两种情况下均可以认定本单位财物。但是，原本可以由单位承揽的业务这种交易机会并非进入履约环节的既定交易，故交易机会并不能成为职务侵占罪的犯罪对象。

案例中，A 物流公司只是与客户签订了价格协议，等于就是向客户报价，并未针对具体货物签订包含货物名称、时间、数量、总运费的具体运输协议，更没有就具体业务进入履约环节，张某某开展的运输业务只是夺取了 A 物流公司的交易机会而非既定交易。因此，张某某赚取的利润并非 A 物流公司按照合同约定获取的既得利润或者必得利润。

需要说明的是，在一些其他的案例中，行为人成立第三方公司并将所在公司的老客户转移到第三方公司，继而赚取差价，该差价应当归公司所有，该种“虚增交易环节”的行为可以构成职务侵占罪。虽然老客户与原公司之间都没有就具体业务进入履约环节，但是该类案例与本案还是存在明显区别。一是从手段看，在原公司与老客户之间增设第三方公司的行为

---

① 张明楷：《刑法学》（第五版），法律出版社 2016 年版，第 1023 页。

属于“虚增交易环节”；而案例行为人获利的手段是“替换交易环节”，把原本应该由A物流公司承运的环节替换为行为人自己承运。二是从效果看，通过虚增交易环节，间接实现了原公司与客户之间的交易，实质上的履约一方还是原公司，所得货款也应当归原公司所有；而本案中实际履约的一方已经由原公司变为了行为人个人，所得货款就没有充分的理由归原公司所有。因此，“虚增交易环节”的行为可以构成职务侵占罪，但本案却不属于此种类型，不符合“本单位财物”所要求的第一种形式要件。

2. 表见代理的成立须基于相对人信任的真实性

根据民法典第172条的规定，在成立表见代理的情形下，虽然行为人越权代理，但由于行为人以单位的名义活动并隐瞒其无权代理的事实，善意相对人对其无权代理并不知情，民事法律从保护善意第三人利益的角度出发承认该表见代理行为有效。[①] 此时，单位要对善意第三人承担义务，同时行为人取得的财物也应当归单位所有。结合本案来看，若要使张某某的行为成立表见代理并认可其赚取的利润归单位所有，需同时具备两个条件：一是行为人以单位名义活动；二是客户相信行为人代表单位在活动。民法典第172条规定了表见代理成立的一个核心要件是“相对人有理由相信行为人有代理权”。因此，判断职务侵占罪中表见代理的情形是否成立，应当对表见代理进行实质审查，重点审查相对人相信行为人有代理权的理由是否充分，信任是否客观、真实。

笔者认为，虽然无法证实张某某以个人名义活动，但客户信任张某某代表单位的理由并不充分，本案是足以推定客户明知张某某个人私自承揽运输业务的。从案例查明的事实看，所有客户均未与张某某就大件运输签订协议、运费支付给个人、快递单打印时要选择C物流公司而非A物流公司，这些都是与往常的交易明显不同的。从常人的认知角度看，如果是和A物流公司合作，一般是要和A物流公司签订协议，运费也应当是支付给公司对公账户，打印快递单时显然也应当选择A物流公司而非C物流公司。因此，通过实质审查能够发现张某某与季某某等5名客户之间在大件快递运输过程中存在以上种种异常情况，应当推定客户明知张某某瞒着A

① 民法典第172条规定：“行为人没有代理权、超越代理权或者代理权终止后，仍然实施代理行为，相对人有理由相信行为人有代理权的，代理行为有效。”

物流公司私自承运的事实，双方不能成立表见代理。

（三）交易环节中认定“本单位财物”的实质要件

财物主要因消耗单位的资源而获取是成立本单位财物的前提条件和本质要求。首先，资源的消耗与遭受的损失应当是对等的，付出与回报也应当是对等的，如果单位资源在几乎没有被消耗的情况下还要将行为人的获利归为本单位财物，显然不符合基本的公平准则。其次，本案存在单位资源消耗和个人成本投入同时存在的情况，故应当根据矛盾的主要方面决定事物的性质这一基本哲学原理，以是否主要因消耗单位的资源而获取来判断案例是否具备“本单位财物”的实质要件。

本案在“消耗单位的资源是否包括有偿消耗”和“被害单位是否可以扩大到B物流集团公司”这两个问题上存在争议，继而在实质要件的判断上产生了不同的意见。笔者认为，消耗单位资源仅限于无偿消耗，被害单位也仅限于A物流公司，张某某的获利并非主要因消耗单位资源而获取。

第一，虽然A物流公司由B物流集团公司全资控股，但A物流公司属于有限责任公司，具备独立的法人资格，该公司的财物也应当由该公司独立占有、控制。一般未经股东会等决策机构决议并按照公司章程处置，公司财物是不得直接转化为股东所有的，否则会侵害该公司债权人的合法权益。故A物流公司的财物并不当然地、直接地归B物流集团公司所有，应当将被害单位限制在A物流公司。

第二，张某某绕开A物流公司与季某某等客户进行交易，自己雇用货车和驾驶员将客户的货物运往C物流公司邮寄，并没有利用A物流公司的车辆、人员和运输体系等资源。张某某在整个私运货物过程中无偿利用了A物流公司的两方面资源：一是其利用了业务经理身份掌握的客户信息资源；二是其利用了A物流公司业务经理的身份使客户对其产生一定的信任（可以归纳为公司信誉）。虽然从发挥的作用角度看，如果张某某没有利用该两项资源，其赚取差价的目的很难实现，但该两项资源并不能直接体现为数额明确的经济价值。反观从成本投入的角度看，张某某自己雇用货车和驾驶员将客户的货物运往C物流公司，显然占了绝大部分。因此，张某某个人的成本投入是其获利的主要原因，张某某的获利并非主要因消耗单位资源而获取，故不符合“本单位财物”的实质要件。

综上所述，案例中A物流公司与客户并未就具体业务进入履约环节，双方也不成立表见代理，不符合本单位财物的形式要件；张某某的获利并非主要因消耗单位资源而获取，不符合本单位财物的实质要件。故张某某的行为不构成职务侵占罪。2022年10月，检察院依法对张某某涉嫌职务侵占案作不起诉处理。

有案不立、压案不查型渎职犯罪定性分析

黄　林*

一、基本案情

犯罪嫌疑人王某因涉嫌强奸罪于2017年6月8日被某公安局刑侦队立案侦查并网上追逃。2017年7月5日上午，王某来到同村村民黄某家中，告知其杀了人要求黄某开车送其去云南以便逃往缅甸，遭到拒绝后，王某捡起一根木棒将黄某打伤，并用绳子捆住黄某，拿一块白布拴在黄某头上，将黄某扛到黄某的五菱商务车上，驾驶黄某的车行驶至某村附近时，因黄某伤势严重，王某便谎称要打电话找人医治黄某将黄某的手机拿走，黄某趁机逃离现场并报警。

黄某报警后该辖区派出所片区民警彭某出警后将黄某带回派出所进行询问，因黄某伤势较重需要就医治疗，中断了对黄某的询问，扣押了涉案物品白布条、绳子、T恤等，并将该案受理为行政案件。受案后，彭某安排其他人员到医院再次对黄某进行询问，制作了询问笔录。彭某带人到王某家附近对王某进行抓捕但未抓获。因王某系网上追逃人员，其间，该派出所将王某出现并殴打黄某的情况报告给某公安局刑侦队，因王某一直未到案，彭某一直未将该案立为刑事案件侦查。

之后至2020年8月王某被公安机关抓获前，王某在该辖区内连续实施盗窃、强奸等案件18起。王某被抓获后，如实供述了抢劫黄某的事实，公安机关遂将该案转立为刑事案件，经鉴定，黄某的伤情为轻伤二级，被

* 黄林，贵州省毕节市大方县人民检察院检委会专职委员、四级高级检察官。

抢走的手机价值人民币 2547 元，最终法院对该起事实予以判决。

据查，根据某公安局的规定，辖区派出所有查办刑事案件职责。

二、意见分歧

案件办理过程中，关于彭某的行为是否构成玩忽职守罪存在以下分歧。

第一种意见认为，彭某的行为构成玩忽职守罪。理由是：彭某作为派出所片区民警，负有查办刑事案件、行政案件的职责，在受理王某抢劫案时，严重不负责任，将本应立为刑事案件的抢劫案立为行政案件，之后未对该案开展调查取证工作，未对王某进行抓捕，导致了两个危害结果发生，两个危害结果单独符合最高人民法院、最高人民检察院《关于办理渎职刑事案件适用法律若干问题的解释（一）》第 1 条第 4 项“其他致使公共财产、国家和人民利益遭受重大损失的情形”的规定。第一个结果是导致王某抢劫黄某的犯罪事实未得到及时追诉，严重影响了司法机关对犯罪的打击，损害司法公信力。本案中，彭某作为工作多年的民警，在受理黄某被抢劫案时，知道王某将黄某严重打伤并抢走黄某手机，王某的行为符合刑事立案标准，应当立为刑事案件，但彭某严重不负责任，仅将该案立为行政案件，之后也未采取有效调查取证措施，未对王某进行抓捕，直到王某因其他案件被抓获主动供述该案后，公安机关才将该案转立为刑事案件侦查，该起事实才得以追诉，如王某到案后不如实供述，该起事实有可能得不到追诉，彭某的行为严重影响了司法机关对犯罪的打击，损害了司法公信力。第二个结果是王某在该案后的 3 年内继续实施了 18 起盗窃、强奸等犯罪。彭某在受案时明知该案系王某所为，王某系网上追逃人员，被害人黄某的手机被王某抢走，且从王某到案后的情况看，王某一直在该辖区范围内活动，王某后来实施的 18 起案件中，离黄某案时间最近的为 2 个月，最远的为 3 年，如果彭某及时将该案立为刑事案件，积极开展调查取证工作，通过技侦手段加大抓捕力度，极有可能及时将王某抓捕归案，虽不一定能够避免之后的所有案件发生，但有极大的可能避免部分案件发生。因此，王某后来实施的部分案件与彭某的渎职行为存在刑法上的因果关系，应认定为彭某渎职行为的结果。彭某的行为破坏了国家司法机关的威信和正常活动，损害了法律的严肃性，符合玩忽职守罪的构成要件，构成玩忽职守罪。

第二种意见认为，彭某的行为没有造成重大损失，不符合玩忽职守罪的客观要件，不构成玩忽职守罪。王某在实施该案时已被某公安局刑侦队网上追逃，辖区派出所在该案案发后及时将王某出现并殴打黄某的情况报告给刑侦部门，刑侦部门及时介入该案，对王某进行了查找，但未能成功抓获。因此，即使彭某当时就对该案立案侦查，也不可能快速抓获王某，避免后续18起案件的发生，且在王某到案后，该案也得到了追诉。故彭某未对该案立案侦查的行为并没有造成重大损失，不符合玩忽职守罪的客观要件，不构成玩忽职守罪。

三、意见评析

对于上述分歧意见，笔者同意第二种意见，理由如下：

（一）正确区分玩忽职守行为与一般工作失误

玩忽职守罪，是指国家机关工作人员严重不负责任，不履行或不认真履行职责，致使公共财产、国家和人民利益遭受重大损失的行为。本罪的主体是国家机关工作人员；客体是国家机关的正常管理活动；客观方面表现为行为人严重不负责任，不履行或者不正确履行职责，致使公共财产、国家和人民利益遭受重大损失的行为；主观方面为过失。

实践中，国家工作人员的工作失误也有可能导致重大损失结果的发生，但工作失误导致重大损失的，不构成玩忽职守罪，只有玩忽职守行为导致重大损失的，才构成玩忽职守罪。因此，准确界定二者的界限，对于判断行为人是否构成玩忽职守罪具有重要意义。首先，从客观表现看，工作失误，是由于机制、制度等不健全、不完善，具体政策界限不够清晰，管理存在漏洞，以及由于国家工作人员业务能力不足，工作经验缺乏，因而计划不周，措施不当，方法不对，以至于在积极工作中发生失误，造成国家和人民利益遭受损失。而玩忽职守行为是不履行或不认真履行职责。不履行职责一般是指根据职责的要求，应该作为而不作为，或者放弃值守，擅离职守。不认真履行职责，一般是指虽然履行了职责，但不符合相关规定，工作马虎，敷衍塞责。其次，从主观心态上看，工作失误一般是因为意志以外的原因导致的，行为人主观上没有玩忽职守的想法，而是想把事情做好，只是受经验缺乏、能力不足等客观原因的限制而出现工作失误。而玩忽职守罪却是行为人有正确履行工作职责的条件、水平和能力，因严重不负责任，不履行或不正确履行职责，导致重大损失的发生。

本案例中，彭某的行为不属于工作失误，属于玩忽职守罪中的不认真履行职责。彭某在受理该案时，能够明确地判断王某对黄某进行了捆绑、殴打导致黄某受伤，在不能准确地判断王某的行为是抢劫还是故意伤害，且还未对黄某的伤情进行鉴定的情况下，先将该案立为行政案件符合规定。但根据《公安机关办理刑事案件程序规定》第174条的规定，在受案后，彭某应当及时对受理的案件进行审查，审查后按照《公安机关办理刑事案件程序规定》第175条、第176条、第177条、第178条的规定处理，对于符合立案条件的，应当及时立案侦查。彭某在受案后，仅对黄某进行了询问，在对王某抓捕未果后，便未再采取任何调查措施，也未按要求及时对黄某的伤情进行鉴定，导致本应立为刑事案件的黄某案一直未被立案，彭某的行为严重违反工作职责，属于不认真履行职责。

（二）准确认定玩忽职守罪中的“重大损失”

玩忽职守罪是典型的结果犯，玩忽职守行为只有造成了重大损失才能入罪处理。重大损失既包括有形损失也包括无形损失。实践中，有形损失如经济损失、人员伤亡等比较容易认定，但对无形损失的认定则相对难以把握。

最高人民法院、最高人民检察院《关于办理渎职刑事案件适用法律若干问题的解释（一）》（以下简称《渎职案件解释（一）》）第1条规定，下列情形应当认定为造成重大损失：“（一）造成死亡1人以上，或者重伤3人以上，或者轻伤9人以上，或者重伤2人、轻伤3人以上，或者重伤1人、轻伤6人以上的；（二）造成经济损失30万元以上的；（三）造成恶劣社会影响的；（四）其他致使公共财产、国家和人民利益遭受重大损失的情形。”其中，第3项“造成恶劣社会影响”就属于无形损失。恶劣社会影响是玩忽职守行为对“社会”造成的“恶劣”影响。社会代表的是不特定多数人的利益，只有玩忽职守行为严重影响了社会公众的现实利益，造成社会层面对政府相关部门、司法机关一定程度的负面评价或影响时，才能认定达到恶劣社会影响。在认定时应根据渎职行为造成的危害后果、社会影响等客观因素，结合渎职行为的性质、手段等综合因素判断。

例如，渎职行为引发新闻媒体的广泛关注，引起强烈社会反响的；严重损害国家形象，致使政府公信力下降的；引发群体性事件、矛盾纠纷和上访活动等都属于造成恶劣社会影响。第 4 项“其他致使公共财产、国家和人民利益遭受重大损失的情形”属于兜底性条款，其严重程度必须达到与致人死亡、重伤、大量财产损失、恶劣社会影响相当的程度时，才能认为属于重大损失。

本案中，彭某未将黄某被抢劫案立为刑事案件的行为并未造成重大损失。首先，虽然彭某未将该案立为刑事案件侦查，但在该案案发时，王某已经因为其他案件被公安机关网上追逃，且王某到案后，如实供述了该起事实，最终该起事实也得到追诉，从客观结果上看，彭某的行为并未造成该案未被追诉的结果，即未使公共财产、国家和人民利益遭受重大损失。其次，即使认定黄某被抢劫案未及时得到追诉属于重大损失，但该结果不能归责于彭某的行为。本案中，王某抢劫黄某时，已经因其他案件被公安机关采取了网上追逃措施，刑侦队也对王某采取了一定的抓捕行动，但一直未能抓获王某，作为基层派出所，无论是从警力还是侦查技术上都不能与刑侦队相比。因此，即便彭某当时就将黄某案立为刑事案件侦查，也不一定能在刑侦队之前抓获王某，不一定能够使王某抢劫黄某的事实得到提前追诉。因此，黄某案未能得到及时追诉的后果不能归责于彭某的行为。最后，即便黄某被抢劫案未能得到及时追诉的后果能够归责于彭某的渎职行为，但该危害后果与《渎职案件解释（一）》第 1 条第 1 项至第 3 项规定的危害后果不具有相当性，也不能认定彭某的渎职行为造成了重大损失。

（三）精准把握重大损失与渎职行为之间的因果关系

玩忽职守罪是结果犯，在结果犯中，无论发生的危害后果是物质性的还是非物质性的，认定犯罪时都需要证明危害行为与危害结果之间存在刑法上的因果关系。

在判断玩忽职守行为与重大损失之间是否存在刑法上的因果关系时，应以行为时客观存在的事实、条件为基础，按照一般人的标准进行判断。在存在介入因素的情况下，判断因果关系是否被介入因素阻断时，先判断先行行为与危害结果之间具有事实上的因果关系，如果具有事实上的因果关系，再判断介入因素是否异常，哪个因素对危害结果起决定作用，如果介入因素并不异常，且先行行为对危害结果起决定或主要作用，可以认定介入因素未阻断先行行为与危害结果之间的因果关系，反之则阻断因果关系。

对于公安民警没有履行侦查职责，导致犯罪嫌疑人再次犯罪的，再犯罪与民警的渎职行为是否存在刑法上的因果关系应当具体问题具体分析。从规范保护的目的来看，民警履行侦查职能的目的一是要对犯罪嫌疑人进行追诉，二是要防止犯罪嫌疑人再犯罪。民警没有履行好侦查职能，造成的结果恰恰是其职责规范所要避免的。结果发生在规范保护目的之内，有可能成立因果关系，也就具备了将犯罪结果归咎于民警渎职行为的前提条件。因为玩忽职守罪是过失犯罪，除此之外，还要考虑如果民警正确履行职能，能否避免重大损失结果发生，如果行为人正确履行义务，有很大的概率不会发生损害后果，行为人就可能构成玩忽职守罪；但如果即使行为人正确履行职责，危害后果也不可能避免的话，行为人就不构成玩忽职守罪。

本案例中，王某在黄某案后的3年内连续实施盗窃、强奸等案18起，这18起案件与彭某的行为不具有刑法上的因果关系。如前所述，即使彭某积极履行职责，也不可能及时将王某抓捕归案，也就不可能避免黄某案后系列案件的发生，不具有结果回避的可能性，黄某案后的系列案件与彭某的行为不具有刑法上的因果关系，不能归责于彭某的行为。

综上，彭某的玩忽职守行为没有造成重大损失，不符合玩忽职守罪的客观要件，不构成玩忽职守罪。

浅谈交通肇事后逃逸情节的理解与适用

吴海南　王金红　刘彦玲*

我国刑法第133条规定："违反交通运输管理法规，因而发生重大事故，致人重伤、死亡或者使公私财产遭受重大损失的，处三年以下有期徒刑或者拘役；交通运输肇事后逃逸或者有其他特别恶劣情节的，处三年以上七年以下有期徒刑；因逃逸致人死亡的，处七年以上有期徒刑。"交通肇事后的逃逸行为是交通肇事罪的加重情节，其设定的初衷是为了保护被害人的权益，确保相关部门正常执法司法，以维护公共安全和社会秩序。在司法实务中经常遇到交通肇事后逃逸情节的认定问题，有的行为人案发后驾车离开，有的弃车离开，有的行为人虽未离开现场，但找人冒名顶替，还有的因害怕被家属围殴或者案发后心理应激离开现场……但能否认定为交通肇事罪中的肇事后逃逸情节，有些情况尚存在争议。笔者以3起判决生效的交通肇事案件为例，就被告人是否构成交通肇事后逃逸的问题展开分析，以期为类案办理提供参考。

一、基本案情

[**案例1**] 2022年7月15日20时许，犯罪嫌疑人朱某某驾驶某牌电动三轮车，沿临沂市兰山区白沙埠镇国道205线由东向西行驶至A村路段时，碰撞闫某某骑行停靠路边的电动二轮车致闫某某重伤二级。事故发生

* 吴海南，山东省临沂市兰山区人民检察院党组成员、副检察长、四级高级检察官；王金红，山东省临沂市兰山区人民检察院检委会委员、四级高级检察官；刘彦玲，山东省临沂市兰山区人民检察院检察业务管理部副主任、一级检察官。

后，朱某某驾车逃离现场。经道路交通事故责任认定书认定，被告人朱某某负事故全部责任。

［**案例 2**］2021 年 11 月 18 日 17 时 24 分许，被告人张某某驾驶二轮电动车沿临沂市兰山区 B 镇 C 村东西中心街由东向西行驶至某超市门口路段时，电动车车把与手持拐杖由北向南行至道路中间的行人范某某后背发生刮擦，张某某略作停顿后即驾车离开，其后范某某因被刮擦导致重心不稳随即向后倒地，数秒后，范某某被过路车辆碾压致死。经道路交通事故责任认定书认定，被告人张某某负事故全部责任。

［**案例 3**］2022 年 2 月 8 日 19 时 40 分许，被告人李某某醉酒（血液中乙醇含量为 218.6mg/100ml）驾驶小型轿车，沿临沂市兰山区 B 镇 D 路由东向西行驶至某学校东侧路口时，将过路的行人朱某某撞倒，致朱某某重型颅脑损伤死亡。经道路交通事故责任认定书认定，被告人李某某负事故全部责任。案发后，路人报警。被告人李某某一直在现场等待，并通知其妻林某某到达现场为其顶罪。后被告人李某某在其妻被带往交警队的途中，主动交代了案件事实。

二、意见分歧

对于案例 1，第一种观点认为：被告人朱某某的行为应认定为交通肇事罪的基本犯。第二种观点认为，朱某某有发生事故后为逃避法律追究而驾车逃离现场的行为，应认定为交通肇事后逃逸的加重犯。

对于案例 2，第一种观点认为：被告人张某某的行为应认定为交通肇事罪的基本犯。第二种观点认为：张某某有发生事故后没有报警和离开现场的行为，应认定为交通肇事后逃逸的加重犯。

对于案例 3，第一种观点认为：被告人李某某的行为应认定为交通肇事罪的基本犯。第二种观点认为：李某某有发生事故后找人顶罪的行为，应认定为交通肇事后逃逸的加重犯。

以上三个案例，笔者均同意第一种观点，认为 3 名被告人均系交通肇事罪的基本犯。

三、意见评析

关于交通肇事罪，最高人民法院《关于审理交通肇事刑事案件具体应用法律若干问题的解释》（法释〔2000〕33号，以下简称《解释》）第2条规定了以交通肇事罪基本犯定罪处罚的情形：“交通肇事具有下列情形之一的，处三年以下有期徒刑或者拘役：（一）死亡一人或者重伤三人以上，负事故全部或者主要责任的；（二）死亡三人以上，负事故同等责任的；（三）造成公共财产或者他人财产直接损失，负事故全部或者主要责任，无能力赔偿数额在三十万元以上的。交通肇事致一人以上重伤，负事故全部或者主要责任，并具有下列情形之一的，以交通肇事罪定罪处罚：（一）酒后、吸食毒品后驾驶机动车辆的；（二）无驾驶资格驾驶机动车辆的；（三）明知是安全装置不全或者安全机件失灵的机动车辆而驾驶的；（四）明知是无牌证或者已报废的机动车辆而驾驶的；（五）严重超载驾驶的；（六）为逃避法律追究逃离事故现场的。”

关于交通肇事罪中肇事后逃逸情节的认定，《解释》第3条规定：“‘交通运输肇事后逃逸’，是指行为人具有本解释第二条第一款规定和第二款第（一）至（五）项规定的情形之一，在发生交通事故后，为逃避法律追究而逃跑的行为。”《解释》第5条第1款规定：“‘因逃逸致人死亡’，是指行为人在交通肇事后为逃避法律追究而逃跑，致使被害人因得不到救助而死亡的情形。”

由此可见，交通肇事后逃逸情节的认定需要同时满足两个条件：一是行为人先前行为构成交通肇事罪；二是行为人为逃避法律追究而逃跑。

案例1中，笔者认为被告人朱某某确有发生事故后为逃避法律追究而逃离事故现场的行为，但其逃逸行为系交通肇事罪入罪情节，不宜认定为交通肇事后逃逸的加重情节。理由如下：一是朱某某的先前行为不构成交通肇事罪。根据《解释》第3条，认定交通肇事后逃逸，行为人应具有“本解释第二条第一款规定和第二款第（一）至（五）项规定的情形之一”。本案中朱某某驾驶车辆在道路上行驶，违反交通运输管理法规，致一人重伤，负事故全部责任，但无《解释》第2条第2款第1项至第5项规定的情形，即朱某某的先前行为不构成交通肇事罪。二是朱某某确有发生事故后为逃避法律追究逃离事故现场的行为。本案中，张某某致一人重伤，且为逃避法律追究逃离事故现场，符合《解释》第2条第2款第6项的规定，构成交通肇事罪的基本犯。本案法院认定朱某某为逃避法律追究而逃离事故现场的行为系交通肇事罪的入罪情节，判决朱某某犯交通肇事罪，判处朱某某有期徒刑1年5个月。

案例2中，笔者认为被告人张某某的先前行为与范某某死亡之间具有刑法上的因果关系，构成交通肇事罪的基本犯，但张某某驾车离开的行为不宜认定为交通肇事后逃逸。理由如下：一是张某某离开现场时对自己涉嫌交通肇事罪没有主观上的认知。张某某的先前行为虽构成交通肇事罪，但张某某驾车离开时，范某某尚未倒地，此时张某某对刮擦事故可能导致范某某被后车碾压没有主观上的认知。二是张某某驾车离开的行为不宜认定为"为逃避法律追究而逃跑"。交通肇事罪中肇事后逃逸情节的认定，要求行为人先前行为构成交通肇事罪，并为逃避法律追究而逃跑。本案案发当时张某某对自己涉嫌交通肇事罪没有主观上的认知，也自然没有逃避法律追究的意思。本案法院最终认定张某某离开现场的行为不构成交通肇事后逃逸，判决张某某犯交通肇事罪，判处有期徒刑8个月，缓刑1年。

案例3中，笔者认为被告人李某某的行为构成交通肇事罪的基本犯，李某某虽有案发后指使他人冒名顶替的行为，但其行为不宜认定为交通肇事后逃逸。因为李某某的行为尚未形成"为逃避法律追究而逃跑"的法律事实：一是李某某案发后一直在现场等待，没有"逃跑"。二是李某某虽然一开始有逃避法律追究的意思，并让妻子林某某冒名顶替，但在侦查机关尚未发觉的情况下主动放弃，未对执法司法造成干扰，尚未形成冒名顶替的法律事实。本案法院认定李某某指使妻子冒名顶替的行为尚未形成交通肇事后逃逸的法律事实，判决李某某犯交通肇事罪，判处有期徒刑1年9个月，缓刑2年。

四、关于交通肇事后逃逸情节认定的几点思考

对于交通肇事罪中肇事后逃逸情节的认定，应根据案件的事实和证据，并结合行为人的主观意图、行为过程、对执法司法及社会秩序造成的影响等因素进行综合判断。实践中，应注意以下三个问题：

一是严把案件事实证据，准确定性行为人先前行为。在交通肇事罪中，肇事后逃逸情节的认定，首先应确定行为人先前行为是否构成交通肇

事罪。对于先前行为构成交通肇事罪的，行为人不施救、不报警，为逃避法律责任逃离现场，严重损害被害人权益、影响正常执法司法的，应依法认定为交通肇事后逃逸并严厉打击。但是，对于先前行为不构成交通肇事罪的，如行为人为逃避法律追究逃离现场，则需根据案件情况具体分析，需要追究刑事责任的，应依法从严打击。如案例 1 中，朱某某导致一人重伤，其为逃避法律追究而逃离现场的行为，符合《解释》第 2 条第 2 款第 6 项认定交通肇事罪基本犯的构成要件，应以交通肇事罪追究朱某某的责任，并从严处理。

二是坚持主客观相一致的原则，对于行为人离开现场的交通肇事案件，认定交通肇事后逃逸时，应注意还原案发细节，确定行为人离开现场的原因，是否系“为逃避法律追究而逃跑”。离开现场不等于逃跑，更不等于“为逃避法律追究而逃跑”，尤其是对于弃车离开现场的行为人，要结合行为人是否报警、是否陪同被害人就医，并结合案发时现场情况、证人证言、视听资料及行为人精神心理状况等情况，综合评定。如果行为人明知发生了交通事故，却故意规避法律责任，有意选择逃逸行为，则应认定行为人有交通肇事后逃逸情节。需要注意的是，案例 2 中事故系轻微刮擦，被害人范某某未紧接着倒地，被告人张某某对范某某可能处于危险的情况无认知，故无法认定张某某是为逃避法律追究而逃跑。实践中，对于发生事故后被害人当即倒地，位于道路中间暴露于危险之中的情形，如果行为人离开现场则应另当别论。

三是对于交通肇事类案件中常见的冒名顶替行为，是否认定交通肇事后逃逸的关键在于明确行为人是否有“逃跑”的行为。冒名顶替是一种有意规避法律责任的行为，行为人隐藏身份、逃避侦查机关依法检查、妨害司法，“逃避法律追究”的意图明显。在此条件下，如若行为人逃离事故现场，则符合《解释》第 3 条规定的“为逃避法律追究而逃跑”，应依法认定为交通肇事后逃逸；如若行为人未逃离事故现场，即不具有“逃跑”的行为，则不应认定为交通肇事后逃逸。案例 3 中，一方面，李某某没有离开现场，无“逃跑”行为；另一方面，李某某主动放弃让其妻子林某某冒名顶替的想法，尚未形成冒名顶替的法律事实，不再具有逃避法律追究的意图，故笔者认为不宜认定为交通肇事后逃逸。

《检察调研与指导》征稿启事

《检察调研与指导》创刊于2014年，是最高人民检察院法律政策研究室和中国检察出版社共同主办的公开发行的唯一综合性连续出版物。

《检察调研与指导》以指导开展检察理论研究工作以及检察业务调研工作为宗旨，立足于新时代检察理论与实践研究，努力打造为广大检察干警了解最高检重要工作部署、学习交流办案经验，发表调研成果并参评“全国检察机关调研骨干人才”的重要平台，具有很强的实践性、指导性、权威性。

全国检察长会议强调，法律监督理念现代化是检察工作现代化的先导。《检察调研与指导》服务检察，面向基层，内设特稿、专题研讨、调研聚焦、实务研究、案例剖析等栏目，与时俱进深化法律监督理念创新。特稿，围绕新时代检察工作新发展，刊发最高人民检察院领导对检察工作的重要讲话及理论文章，尤其是法律政策研究工作的展望与部署；专题研讨，每辑确定一个重点专题，集中刊发与法律政策研究室当年工作重点相关的研究成果、实务探讨等文章；调研聚焦，围绕当下检察理论与实践，刊发法律分析准确、透彻，逻辑性和说理性较强的理论调研文章；实务研究，围绕“在办案中监督，在监督中办案”，刊发创新开展“四大检察”业务工作的经验做法、实务研究成果等文章；案例剖析，刊载的文章体例固定，内容为地方检察院办理的具有影响力、可供其他院借鉴的典型案例及分析。

此外，为丰富检察机关的文化生活，展示检察人员的业务素能和精神风貌，《检察调研与指导》封二刊发全国检察机关工作人员拍摄的以一年四季风景为主题的摄影作品，要求作品为原创，符合社会主义核心价值观要求，弘扬主旋律，传递正能量，JPEG格式，建议横版，高清原图，可作必要的后期处理，但不得通过技术合成等方式改变作品原貌，并附注作品名称，拍摄者姓名、单位职务及联系方式。

欢迎各级检察院及检察官投稿。

《检察调研与指导》编辑部

2024年10月

《检察调研与指导》征订单

《检察调研与指导》是由最高人民检察院法律政策研究室和中国检察出版社共同编辑出版的连续出版物。《检察调研与指导》服务检察，面向基层，内设特稿、专题研讨、调研聚焦、实务研究、案例剖析等栏目，对广大检察干警了解检察工作重要部署、学习交流办案和调研经验、提高调研能力和水平，具有很强的促进和指导作用。

为进一步扩大《检察调研与指导》连续出版物的影响力，《检察调研与指导》2025 年面向全国公开发行，请各级检察机关积极订阅。

《检察调研与指导》全年共 4 辑，每辑定价 60 元，全年定价 240 元（免邮寄费）。可通过中国检察出版社官网进行网上征订（www.zgjccbs.com）。中国检察出版社将以网上征订平台上确认的信息作为发书的依据，请尽量使用网上征订平台，如无法网上订阅，请填写附件回执（复印有效），并传真至出版社。

中国检察出版社

2024 年 10 月

2025 年《检察调研与指导》订阅回执单

（汇款必传）

订购单位名称		收书人		
地　址		电话（手机）		
单位统一信用代码				
电子发票接收邮箱				
名　称		定　价	订　数	金　额
2025年《检察调研与指导》		240.00		
合计金额（大写）	万　仟　佰　拾　元整			
备注：款到后三个工作日，发票发送至您的邮箱！				

订购方式说明

第一种：网站订购（www.zgjccbs.com）（不用发传真、款到开票）

1. 网站下单，直接在线支付（微信、支付宝）
2. 网站下单，银行汇款需备注订单编号后6位数字

网站订购负责人　张惠 010-86423745、18101137669　技术咨询 010-86423763

第二种：微信订购（仅支持微信在线支付）

1. 使用微信扫描右侧二维码可直接在线订购
2. 了解最新书讯请关注“中国检察出版社”微信公众号

第三种：传真订购

书款汇至出版社账号后，请传真订书回执单至 010-68659465

中国检察出版社账户信息

户　名：中国检察出版社有限公司　　**开户行：**建设银行北京西山枫林支行

账　号：11050164860000000056　　**行　号：**105100050751

中国检察出版社联系人：

盛　丹 010-86423727　18101137660（微信同号）传真 010-68659465
（北京、天津、山西、陕西、河北、黑龙江、吉林、辽宁、内蒙古、青海、山东）

董艳芬 010-86423726　18101137661（微信同号）传真 010-68659465
（河南、浙江、江苏、安徽、上海、福建、甘肃、江西、新疆、西藏）

薛建娜 010-86423728　18101137662（微信同号）传真 010-68659465
（广东、广西、海南、重庆、四川、云南、贵州、湖北、湖南、宁夏）